꿈을 가진 자의 연단

꿈을 가진 자의 연단

창세기 강해설교 ⑧

지은이 김서택
펴낸곳 주식회사 홍성사
펴낸이 정애주
국효숙 김기민 김서현 김의연 김준표 김진원 박세정 송승호 오민택
오형탁 윤진숙 임승철 임진아 임영주 정성혜 차길환 최선경 허은

2000. 7. 12. 초판 발행 2018. 8. 14. 12쇄 발행
등록번호 제1-499호 1977. 8. 1.
주소 (04084) 서울시 마포구 양화진4길 3 전화 02) 333-5161 팩스 02) 333-5165
홈페이지 hongsungsa.com 이메일 hsbooks@hsbooks.com 페이스북 facebook.com/hongsungsa
양화진책방 02) 333-5163

ISBN 978-89-365-0484-7
ISBN 978-89-365-0521-9 (전10권)

창세기 강해설교 ⑧ (33~39장)

꿈을 가진 자의 연단

김 서 택

홍성사

말씀의 성육신

요즘 우리 나라처럼 설교의 홍수를 이루고 있는 나라도 없을 것입니다. 라디오, 텔레비전, 인터넷 등 어떤 매체를 통해서도 하나님의 말씀을 들을 수 있을 정도로 말씀이 풍성합니다. 그러나 문제는, 말씀은 그렇게 풍성한데도 사람은 전혀 변하지 않는다는 것, 말씀이 세상을 변화시키지 못하고 있다는 데 있습니다. 그 원인을 어디에서 찾을 수 있을까요?

요셉은 이 문제에 명쾌한 해답을 주는 인물입니다. 요셉은 어렸을 때부터 말씀에 붙들린 삶을 살았습니다. 그는 어렸을 때 꾸었던 꿈의 영향을 한평생 받았습니다. 꿈 때문에 형들의 미움을 받았고 꿈 때문에 노예로 팔렸으며 꿈 때문에 감옥에 들어갔습니다. 그 꿈은 바로 계시의 말씀이었습니다.

요셉은 형들에게 자기 꿈 이야기를 하면 형들이 변할 줄 알았습니다. 그러나 형들은 그 꿈 때문에 요셉을 더 미워했고, 요셉은 결국 그 미움 때문에 노예로 팔려 가야 했습니다. 그는 애굽에서는 꿈 이야기를 전혀 하지 않았습니다. 그 대신 철저하게 노예의 생활에 충실했습니다. 그 과정을 통해 요셉의 꿈은 그의 인격으로, 삶의 지혜로 성육신(incarnation)

되었습니다. 허공에 외쳐진 진리로는 사람을 바꿀 수도, 세상을 설득할 수도 없습니다. 말씀에 붙잡혀 대가를 지불한 사람, 말씀이 그 인격과 삶의 한 부분이 된 사람의 진리만이 세상을 설득하며 세상을 살릴 수 있습니다.

요즘 우리 나라에는 많은 그리스도인들이 있습니다. 그런데 이들이 세상을 바꾸지 못하는 것은 말씀이 귀와 머리에만 들어와 있을 뿐, 아직 몸으로 체득되지 못했기 때문입니다. 우리 나라가 살기 위해서는 말씀을 가지고 몸부림을 치다가 인생 밑바닥까지 내려갔다 올라오는 사람들이 많아져야 합니다.

이 시대에 많은 고생을 하고 있는 그리스도인 형제와 자매들에게 이 부족한 설교집이 위로와 축복이 되기를 바라마지 않습니다.

새 천년 봄을 맞이하여
대구 수성교 옆에서

김희택

1 에서와의 만남

야곱이 눈을 들어 보니 에서가 400인을 거느리고
오는지라. 그 자식들을 나누어 레아와 라헬과
두 여종에게 맡기고 여종과 그 자식들은 앞에
두고 레아와 그 자식들은 다음에 두고 라헬과
요셉은 뒤에 두고 자기는 그들 앞에서 나아가되
몸을 일곱 번 땅에 굽히며 그 형 에서에게 가까이
하니 에서가 달려와서 그를 맞아서 안고
목을 어긋맞기고 그와 입맞추고 피차 우니라.
에서가 눈을 들어 여인과 자식들을 보고 묻되
"너와 함께한 이들은 누구냐?"
야곱이 가로되 "하나님이 주의 종에게 은혜로
주신 자식이니이다."
때에 여종들이 그 자식으로 더불어 나아와 절하고
레아도 그 자식으로 더불어 나아와 절하고
그 후에 요셉이 라헬로 더불어 나아와 절하니
에서가 또 가로되 "나의 만난 바 이 모든 떼는
무슨 까닭이냐?" 야곱이 가로되
"내 주께 은혜를 입으려 함이니이다."
에서가 가로되 "내 동생아, 내게 있는 것이
족하니 네 소유는 네게 두라."
야곱이 가로되 "그렇지 아니하니이다!
형님께 은혜를 얻었사오면 청컨대 내 손에서

이 예물을 받으소서. 내가 형님의 얼굴을 뵈온즉
하나님의 얼굴을 본 것 같사오며 형님도 나를
기뻐하심이니이다. 하나님이 내게 은혜를 베푸셨고
나의 소유도 족하오니 청컨대 내가 형님께 드리는
예물을 받으소서" 하고 그에게 강권하매 받으니라.
에서가 가로되 "우리가 떠나가자. 내가 너의
앞잡이가 되리라." 야곱이 그에게 이르되
"내 주도 아시거니와 자식들은 유약하고
내게 있는 양 떼와 소가 새끼를 데렸은즉
하루만 과히 몰면 모든 떼가 죽으리니
청컨대 내 주는 종보다 앞서 가소서.
나는 앞에 가는 짐승과 자식의 행보대로 천천히
인도하여 세일로 가서 내 주께 나아가리이다."
에서가 가로되 "내가 내 종자 수인을
네게 머물리라." 야곱이 가로되 "어찌하여
그리 하리이까? 나로 내 주께 은혜를 얻게 하소서"
하매 이 날에 에서는 세일로 회정하고
야곱은 숙곳에 이르러 자기를 위하여 집을
짓고 짐승을 위하여 우릿간을 지은 고로
그 땅 이름을 '숙곳' 이라 부르더라.

창 33:1-17

요즘은 형사정책이 많이 바뀌어서 옛날 같으면 구속되어 재판을 받아야 할 사람들도 불구속 상태에서 재판받는 경우가 많아졌습니다. 그러다 보니 이제는 법정구속 되는 사례가 많습니다. 법정구속이란 구속되지 않은 일반인의 상태에서 재판을 받으러 갔다가, 법정에서 유죄가 확정되어 바로 구속되는 경우를 말합니다.

어떤 사람이 그런 재판을 앞두고 있다고 합시다. 아마 그 때처럼 마음이 불안하고 복잡한 경우는 없을 것입니다. 어쩌면 재판받는 그 자리에서 유죄가 확정되어 곧장 감옥으로 가게 될지도 모릅니다. 반대로 무죄가 선고되어 그 자리에서 자유의 몸이 될 수도 있습니다. 그가 현명한 사람이라면 두 경우 모두 대비해 놓는 것이 좋을 것입니다. 일단은 구속될 것에 대비해서 재산이나 가정의 제반 문제들을 처리해 놓고 재판받으러 가는 것이 좋습니다. 그렇게 대비하고 갔는데 무죄 판결이 내려져서 자유인이 된다면 그보다 더 좋은 일이 없겠지요.

자기 집안에 신앙적으로 도무지 대화가 되지 않을 뿐 아니라 신앙을 이유 삼아 막무가내로 나를 미워하며 이해할 수 없는 행동을 하는 친척이나 가족이 있다고 합시다. 바로 그 사람이 몇 년 만에 우리 집을 굳이 찾아오겠다고 한다든지 혹은 가족들의 모임에서 만나야만 할 때, 우리는 재판받으러 가는 사람의 심정을 실감하게 됩니다. 그 날 과연 어떤 일이 일어날지 예측할 수가 없어요. 운이 좋으면 성한 몸과 마음으로 돌아올 것이요, 일이 잘못되면 말로 실컷 두들겨 맞거나 칼에 찔려 상처입은 마음으로 돌아올 것입니다. 모든 것이 그 날 그 사람의 태도에 달려 있습니다. 그가 나를 잘 봐 주느냐 아니면 분노를 터뜨리느냐에 달려 있어요.

우리는 오늘 본문에서 에서를 만나러 가는 야곱의 심정이 바로 이런 것이었음을 알 수 있습니다. 그의 모든 형편은 오직 에서의 손에 달려 있습니다. 만일 에서가 야곱을 좋게 봐 주어서 형제로 받아 준다면 그보다 더 다행스러운 일이 없습니다. 그러나 그의 마음이 완악해져서 옛날의 분노를 그대로 가지고 나온다면 과연 상황이 어떻게 될지 알 수가 없습니다. 모든 것이 이 날 에서의 태도에 달려 있습니다.

이 만남을 피할 수는 없을까? 물론 오늘 우리가 성경 본문에서 보게 되는 것은 '해피엔딩' 입니다. 에서가 야곱을 우호적으로 받아 줌으로써 두 형제는 과거의 원한 관계를 뛰어넘어 눈물로 포용하게 됩니다. 그런데 우리에게 중요한 것은 아주 옛날에 야곱이 에서를 이런 식으로 만났다는 것 그 자체가 아니라, 이 사실이 오늘 우리에게 던지는 의미가 무엇이냐 하는 점입니다. 왜 야곱은 약속의 땅에서 이런 고통스러운 만남, 이런 숨막히는 경험을 하지 않으면 안 되는 것입니까? 우리가 신앙생활을 할 때 이런 부담스러운 만남이나 부담스러운 관계를 완전히 없애 버릴 수는 없습니까?

1. 절하는 야곱

에서를 만나러 가는 야곱의 모습은 마치 재판을 받으러 법정에 나가는 죄수 같습니다. 33장 1절부터 3절까지 보십시오.

야곱이 눈을 들어 보니 에서가 400인을 거느리고
오는지라. 그 자식들을 나누어 레아와 라헬과
두 여종에게 맡기고 여종과 그 자식들은 앞에 두고
레아와 그 자식들은 다음에 두고 라헬과 요셉은
뒤에 두고 자기는 그들 앞에서 나아가되 몸을
일곱 번 땅에 굽히며 그 형 에서에게 가까이 하니

그는 에서를 만나는 이 순간 일이 잘못되어서 자기와 가족이 죽임을 당할지도 모른다고 생각했습니다. 그래서 혹시 자기는 죽더라도 가족들은 피할 수 있도록 자신에게 중요한 순서대로 배치하고 있는 것을 볼 수 있습니다. 그는 여종과 그 자식들을 최전방에, 레아와 그 자식들을 다음에 두었습니다. 그리고 가장 사랑하는 라헬과 요셉은 맨 뒤에 두었습니다.

불신앙의 흔적

물론 야곱이 아내와 자식들을 이런 식으로 배치한 데 의문이 없는 것은 아닙니다. 부모에게 자식은 다 소중한 존재인데 종의 아이라고 맨 앞에 두고, 덜 사랑하는 레아의 자식이라고 중간에 두고, 라헬과 요셉은 후방에 두는 것이 과연 믿음의 조상이 할 바입니까? 그래서 칼빈 같은 사람은 야곱이 도망치기 위해서 이렇게 배치한 것이 아니라 에서에게 점점 더 중요한 인물들을 만나게 함으로써 그를 감동시키기 위해 이렇게 했다고 설명하기도 합니다.

제가 보기에 여종의 아들은 먼저 죽어도 괜찮다는 생각으로 이렇게 한 것 같지는 않습니다. 그러나 혹시라도 유혈참사가 일어나서 가족 중에 일부라도 건져야 한다면 아마 이런 순서로 건지고 싶었던 것 같습니다. 이것은 아직도 그의 마음 속에 극복되지 못한 채 남아 있는 불신앙의 흔적이라고 볼 수 있습니다. 참으로 그가 믿음의 아버지라면 아내들을 중심으로 원을 만들어 자식들을 다 에워싸게 함으로써 똑같이 지켰어야 할 것입니다. 그러나 이 위대한 믿음의 사람에게도 아직 인간적인 편견이 남아 있어서, 더 사랑하는 자식과 덜 사랑하는 자식을 나누었습니다.

에서의 법정에 서다

야곱은 이렇게 한 후에 에서와 그와 함께한 사람들 앞에 나아가서 무려 일곱 번이나 몸을 땅에 굽혀 절을 합니다. 이것은 형제 사이의 예의가 아닙니다. 형제 사이에 몸을 일곱 번이나 굽혀서 절하는 경우는 없어요. 이것은 왕을 맞이하는 신하의 자세이거나 재판받는 죄수가 재판장의 호의를 바라는 마음으로 전적인 경의를 표하는 자세입니다. 그런데 지금 야곱은 신하로서 왕을 맞이하고 있는 것이 아닙니다. 물론 형을 머리로 삼고 절대 복종하겠다는 표시를 하는 것을 보면 단순히 신하의 자세를 취하고 있는 것 같지만, 속으로는 완전히 재판받는 죄수의 심정이었고 실제 형편도 그러했습니다. 에서의 기분이 좋지 못할 경우 그는 죽임을 당할 수도 있었습니다. 도대체 무엇 때문에 그가 이런 굴욕적인 상황에 처해야 하는 것입니까? 무엇을 잘못했길래 에서 앞에서 마치 재판받는 죄수처럼 행동해야 하는 것입니까?

단순히 20년 전에 장자권을 차지하기 위해 아버지와 형을 속였기 때문만은 아닙니다. 진짜 원인은 야곱의 신앙에 있었습니다. 에서에게 신앙이란 액세서리에 불과했습니다. 그러나 야곱에게 신앙은 그의 생명이자 모든 것이었습니다. 신앙이 그다지 중요하지 않은 사람과 신앙이 자기의 모든 것인 사람이 만나는 현장은 곧 신앙을 재판하는 자리가 될 수밖에 없습니다.

사람들은 각자 자기 나름대로 신앙을 가지고 있습니다. 인생에는 절대자를 의지하지 않고서는 견딜 수 없는 어려움이나 혼자 힘으로 극복할 수 없는 의외의 변수들이 너무나도 많기 때문입니다. 그러나 그냥 믿는 사람과 신앙이 자기의 생명이요 모든 것인 사람 사이에는 근본적인 차이가 있게 마련입니다. 그냥 믿는 사람은 항상 현실지향적입니다. 그는 이 세상에서 살아남기 위해 체제에 순응하면서 삽니다. 세상이 하자는 대로 잘 따라해요. 그러나 신앙이 자기의 모든 것인 사람은 체제에 순응하지 않습니다. 때로는 가정의 일이나 사회의 일에 비협조적으로 나오기도 하고 때로는 도전적으로 나오기까지 합니다. 이렇게 신앙이 자기의 모든 것인 사람은 그렇지 않은 사람에게 '믿어도 왜 그리 유별나게 믿느냐'를 놓고 재판을 받지 않을 수 없습니다.

야곱도 에서에게 죽도록 헌신했다면, 또는 하나님의 말씀을 붙들지 않았더라면 이런 어려움에 처해야 할 이유가 없습니다. 그러나 그는 '큰 자가 어린 자를 섬기리라'는 하나님의 말씀을 붙드는 바람에 에서의 눈에 도대체 이해할 수 없는 사람이 되고 말았습니다.

이 세상에서 거의 대부분의 그리스도인들이 경험하고 있는 어려움이 바로 이것입니다. 그들은 체제에 순응하지 못합니다. 이 세상이 자신의 모든 것이며 행복이라고 생각하는 사람과 하나님을 주인으로 섬기며 그의 말씀에 우선적으로 복종하려는 사람 사이에는 근본적인 차이가 있게 마련입니다.

결국 이 세상에 속한 사람들은 하나님의 사람들을 심문의 자리에 세우게 되어 있습니다. "너는 도대체 무엇 때문에 그렇게 도도하게 행동하느냐? 도대체 뭘 믿고 우리의 존재를 우습게 알며 깔보는 거냐?"라는 질문을 하게 되어 있어요. 이것은 단순히 묻는 것이 아니라 재판하는 것입니다. 어느 한순간 그들에게 분노의 불이 붙으면 눈에 보이는 것이 없어져서, 하나님의 백성을 파멸시키며 죽음의 자리까지 끌고 가는 일이 얼마든지 일어날 수 있습니다. 그래서 예수님께서는 제자들에게 이렇게 말씀하셨습니다.

"너희가 세상에 속하였으면 세상이 자기의 것을
사랑할 터이나 너희는 세상에 속한 자가 아니요
도리어 세상에서 나의 택함을 입은 자인 고로
세상이 너희를 미워하느니라"(요 15:19).

이것은
영적 전쟁

우리의 영적인 전쟁이 무엇입니까? 신앙 때문에 내 모든 것을 주위 사람들에게 빼앗길 위험에 처하게 되는 것입니다. 물론 이 세상은 때로 하나님의 백성들에 대해 우호적으로 나오기도 합니다. 그러나 그러다가 한 번씩 자기가 가지고 있는 모든 세력과 힘을 모아 공격해 올 때가 있습니다. 그 때 영적인 전쟁이 일어납니다. 다른 사람들은 단순한 장난이나 일시적인 감정으로 하는 일일지 몰라도, 하나님의 백성들에게는 사활이 걸린 중요한 고비가 됩니다.

요한계시록에는 '아마겟돈 전쟁'이라는 말이 나옵니다. 이것은 하나님의 백성과 세상 사람들 사이의 전쟁을 가리킵니다. 이것이 3차대전이나 4차대전을 의미한다고 말하는 사람도 있습니다만, 사실은 신앙적인 이유 때문에 하나님의 백성과 그 주위 사람이 격돌하는 것은 전부 아마겟돈 전쟁입니다. '아마겟돈'은 '므깃도의 산'이라는 뜻으로서, 사사 시대 때 하솔 왕의 부하인 시스라가 하나님의 백성들을 멸절시키기 위해 자기 군대를 다 모아 므깃도의 산에서 대격돌을 벌인 데서 유래된 말입니다. 우리가 알아야 할 것이 무엇입니까? 신앙적인 이유로 주변 사람들과 싸움이 붙을 때, 그것은 더 이상 나와 그 사람의 싸움이 아니라, 내 뒤에 계신 하나님과 그 사람 뒤에 있는 악한 영과의 싸움이라는 것입니다.

우리가 보기에 야곱이 에서 앞에서 무려 일곱 번씩이나 절을 하는 것은 대단히 비겁한 행동인 것 같습니다. 그러나 이것은 비겁한 행동이 아니라 엄청나게 훌륭한 행동입니다. 한번 생각해 보십시오. 아무리 에서가 강하다 하더라도 에서와 야곱은 형제 사이입니다. 그것도 열 살 스무 살씩 차이가 나는 형제도 아니고 쌍둥이에요. 게다가 야곱의 눈에 에서는 무식한 들짐승에 지나지 않았습니다. 그럼에도 불구하고 야곱이 에서 앞에서 전적으로 낮아질 수 있었던 것은 성령의 능력 때문이었습니다.

낮아질 필요가 없는 사람 앞에서 낮아진다는 것은 불가능한 일입니다. 사람은 어떻게 해서든지 자기를 주장하려고 하고, 상대방을 깎아내림으로써 자신의 우위를 확보하려고 합니다. 심지어 남을 욕하고 비

일곱 번의 절이
의미하는 것

난하고 업신여기는 것이 자신을 대단히 위태롭게 만드는데도 그 일을 중단하지 않는 이유가 무엇입니까? 그것이 인간의 교만한 본성이기 때문입니다. 인간은 자기 마음이 내키지 않는 이상 절대로 남에게 머리를 숙이지 않습니다.

그런데 야곱은 어떻게 이토록 에서 앞에서 자신을 전적으로 낮추고 복종할 수 있었습니까? 성령께서 그의 마음을 주장하셨기 때문입니다. 야곱은 에서가 실제적으로 아버지 집을 주장하고 있는 사람이라는 사실과 자기가 에서에게 복종하는 것을 하나님께서 기뻐하신다는 사실을 알았습니다. 그는 이렇게 일곱 번 절함으로써 에서에게 복종한 것이 아니라, 하나님의 뜻에 자기 자신을 쳐서 복종시킨 것입니다.

그렇게 했을 때 에서는 더 이상 야곱과 싸워야 할 이유가 없어졌습니다. 아마 야곱을 만나기 전까지만 해도 마음에 미움과 증오가 있었을지 모릅니다. 그런데 야곱이 마치 왕을 맞이하듯이 일곱 번이나 절을 하면서 나아오는 모습을 보는 순간, 증오감은 사라지고 눈물이 쏟아져 나오면서 그를 얼싸안고 입맞추게 되었습니다.

'너에게
절하기 싫다!'

하나님의 백성들이 이 세상에서 어려움을 당하는 이유가 무엇입니까? 물론 신앙적인 이유도 있지만, 다른 한편으로는 아직까지 남아 있는 교만한 본성 때문입니다. 우리는 단순히 '신앙적인 핍박'이라고 하지만, 실제로 깊은 곳에 들어가 보면 '네가 뭔데 지금 나한테 이래라저래라 하는 거냐' 하는 식의 교만한 본성 때문에 불필요한 증오감과 미움을 불러일으킬 때가 많습니다. 그러나 하나님을 믿는다는 이유로 마땅히 존경해야 할 상관이나 부모를 인정하지 않고 업신여길 때 신앙적인 갈등은 더 깊어지게 마련입니다.

그런데 성령께서 우리 마음을 주장하시면 어떻게 됩니까? 그 사람들에게 기꺼이 머리를 숙일 수 있게 됩니다. 이것은 사실 그 사람들에게 머리를 숙이는 것이 아니라 그 사람을 나의 머리로 두신 하나님께 복종하는 것입니다. '저 사람의 잘못은 잘못이고, 내가 그에게 머리를 숙이는 것이 하나님의 뜻이구나. 하나님은 지금 저 사람의 잘못보다 내 교만을 문제 삼고 계시구나' 생각하며, 한 번이 아니라 일곱 번씩, 마치 신하가 왕에게 하듯이 전적인 복종의 표시를 할 때, 우리의 신앙은 한 단계를 뛰어넘어 세상을 끌어안을 수 있는 용량을 갖추게 되는 것입니다.

내가 분명히 예수를 믿으면서도 다른 사람을 끌어안지 못하는 것은 내 속에 아직도 변화되지 않은 기질과 꺾이지 않은 교만이 있기 때문입니다. 다른 사람이 아무리 잘못을 했더라도 그를 끌어안지 않는 것은 내 잘못입니다. 하나님께서는 야곱으로 하여금 인정할 자를 인정하고 존경할 자를 존경하며 머리 숙여야 할 사람에게 머리 숙이게 하심으로써, 온 세상을 끌어안는 믿음의 사람으로 다시 태어나게 하셨습니다.

여러분, 내 아버지에게 머리 숙이는 것은 비겁한 일이 아닙니다. 나를 가르치고 있는 선생님에게 존경을 표시하는 것은 비겁한 일이 아니에요. 그것은 아버지나 선생님을 끌어안는 아름다운 일입니다. 야곱은 에서에게 늘 라이벌 의식을 가지고 있었습니다. 에서에게 지면 마치 이 세상에서 도태되는 것 같았습니다. 그런데 막상 에서에게 머리를 숙였을 때, 그는 에서만 끌어안는 것이 아니라 온 세상을 끌어안는 진정한 믿음의 사람으로 태어나게 되었습니다.

2. 에서의 마음을 주장하시다

실제로 야곱이 에서를 만났을 때 어떤 일이 일어났습니까?

에서가 달려와서 그를 맞아서 안고 목을 어긋맞기고
그와 입맞추고 피차 우니라(33:4).

이것은 야곱으로서는 상상도 할 수 없는 일이었습니다. 야곱은 에서가 사람들 앞에 자기를 세워 놓고 마치 죄인 심문하듯이 "도망갈 때는 언제고 지금 다시 뻔뻔스럽게 나타난 이유가 도대체 뭐냐? 아버지 집에서 뭘 차지하고 싶어서 왔느냐?"며 따지고 들 줄 알았습니다. 그러나 그런 일은 전혀 일어나지 않았습니다. 오히려 그는 야곱을 얼싸안고 울었습니다.

하나님은
불신자의 마음도
움직이신다

이것은 무엇을 보여 줍니까? 우리는 하나님께서 믿는 사람 속에서만 역사하신다고 생각합니다. 그러나 하나님은 믿지 않는 사람 속에서도, 내 생각에는 정말 가능성이 없는 사람들의 마음 속에서도 역사하셔서, 그들로 하여금 눈물흘리게 하시고 감동받게 하시며 악한 생각을 버리게 하십니다. 물론 에서가 야곱의 목을 끌어안고 울었다고 해서 완전히 새 사람으로 변했다는 말은 아닙니다. 하나님께서 그의 악한 본성을 일시적으로 억제해서 야곱을 해치지 못하게 하시고 선한 마음으로 대하게 하셨다는 뜻입니다.

야곱에게는 에서가 한계였습니다. 한 걸음 더 나아가려고 해도 에서 때문에 되는 일이 없었습니다. 에서는 그에게 두려움의 대상이요 넘을 수 없는 벽이었습니다. 그는 눈에 보이지도 않는 이 한계를 뛰어넘지 못해서 20년 동안이나 종살이를 했습니다. 그런데 그렇게도 두려워했던 이 한계를 한순간에 뛰어넘게 하신 것입니다. 이것이 하나님의 능력입니다. 에서가 400명을 데리고 나설 때까지만 해도 그 마음에 야곱에 대한 분노가 있었을 것입니다. 그러나 야곱을 보는 순간 갑자기 증오심이 사라지면서 반갑고 사랑스러운 마음으로 변하고 말았습니다.

우리가 어떤 일을 시작하거나 사람을 만나기 전에 꼭 기도해야 하는 이유가 여기에 있습니다. 여기에는 내가 만날 사람이 악해진 상태에서 만나게 되지 않도록 하나님이 그 마음을 주장하시고 간섭해 달라는 뜻이 담겨 있습니다. 어머니들도 교회에 오기 전에 아이를 안고 기도해야 합니다. "이 아기가 죄인이지만, 그 안에 악한 본성을 억제하셔서 오늘 예배 시간에 악악거리면서 울지 않게 해 주십시오. 오늘도 유아실이 평화로울 수 있도록, 유아실에 하나님의 샬롬이 임할 수 있도록 도와 주십시오." 이렇게 아이의 머리를 안고 기도할 때 놀라운 일들이 많이 생깁니다. 예배 시간 내내 잠을 잔다든지 깨어 있어도 조용하게 예배를 드리는, 전혀 생각할 수도 없었던 일들이 일어나요.

하나님이 믿는 사람의 마음만 움직인다고 생각하지 마십시오. 믿지 않는 상관, 나를 적대시하는 사람, 도무지 대화가 통하지 않는 무지막지한 사람의 마음 속에도 역사하셔서 그의 죄성을 누르고 선한 마음을 가지게 하실 때가 있습니다.

에서가 야곱에게 한 말이 무엇입니까?

그러므로
기도하라

에서가 눈을 들어 여인과 자식들을 보고 묻되
"너와 함께한 이들이 누구냐?"
야곱이 가로되 "하나님이 주의 종에게 은혜로
주신 자식이니이다"(33:5).

에서의 변화 이 여자들과 아이들이 누구인지 짐작이 안 가서 묻는 말이 아닙니
다. 물어 보나마나 야곱의 처들이요 자식들이지요. 중요한 것은 지금
에서의 눈에 이 여자들과 아이들의 존재가 들어오고 있다는 사실입니
다. 사람이 화가 나 있거나 욕심으로 가득 차 있으면 다른 사람의 형편
이나 처지가 전혀 눈에 들어오지 않습니다. 그 사람에게도 사랑하는
아내와 자식과 노모가 있다는 것이 전혀 생각나지 않아요. 오직 자기
욕심이나 분노에 따라 행동할 뿐입니다.

그런데 에서는 야곱이 말을 꺼내기도 전에 먼저 이 여자들이 누구며
이 아이들은 또 누구냐고 묻고 있는 것입니다. 이것은 지금 에서의 눈
에 이 사람들의 존재가 들어오고 있고 야곱을 사랑스러워하는 마음이
생기고 있다는 뜻입니다. 야곱은 혹시라도 에서가 자기나 처자식들을
해칠까 봐 아예 전방 후방으로 나누어서 도망칠 준비를 하고 왔는데,
하나님께서 한번 간섭하시니까 그런 염려나 걱정이 전혀 필요가 없었
습니다. 에서의 눈이 열리고 있었고 마음이 열리고 있었습니다.

더 나아가 에서는 중간에서 만난 가축들은 다 무엇이냐고 묻고 있습
니다. 8절과 9절을 보십시오.

에서가 또 가로되 "나의 만난 바 이 모든 떼는

무슨 까닭이냐?"

야곱이 가로되 "내 주께 은혜를 입으려 함이니이다."

에서가 가로되 "내 동생아, 내게 있는 것이 족하니

네 소유는 네게 두라."

에서가 이 모든 것이 자신에게 주는 선물이라는 사실을 몰라서 이렇게 묻는 것이 아닙니다. 그는 굳이 이런 선물을 할 필요가 없다는 뜻을 전하고 있는 것입니다. '동생아, 너는 이 선물로 나의 선심을 사려고 하는구나. 사실 내가 너에게 가지고 있던 증오나 분노는 이 세상의 어떤 선물로도 가라앉힐 수 없는 것이었다. 그런데 지금 나는 이상하게도 네가 좋아지는구나. 나는 너에게 어떤 선물도 받고 싶지 않다. 이렇게 너를 만난 것만으로도 충분해' 라고 말하고 있는 것입니다.

어떻게 이런 일이 일어나게 되었습니까? 어떻게 에서의 눈에 야곱의 처자식이 보이며, 어떻게 그의 입에서 선물 다 필요 없고 야곱을 만난 것만으로도 족하다는 말이 나오게 되었습니까? 하나님이 간섭하셨기 때문입니다. 이것을 야곱은 읽고 있었습니다.

그가
간섭하셨다!

야곱이 가로되 "그렇지 아니하니이다! 형님께 은혜를

얻었사오면 청컨대 내 손에서 이 예물을 받으소서.

내가 형님의 얼굴을 뵈온즉 하나님의 얼굴을 본 것

같사오며 형님도 나를 기뻐하심이니이다"(33:10).

야곱은 지금 에서의 얼굴에서 하나님의 얼굴을 보고 있습니다. "내가 형님의 얼굴을 뵈온즉 하나님의 얼굴을 본 것 같사오며"라는 말은 아첨이 아닙니다. 야곱은 에서의 변한 모습에서 진정으로 하나님의 간섭하심을 느꼈습니다. 무엇이 에서를 눈물 흘리게 했습니까? 자기 가족도 중요하게 생각하지 않는 그가 어떻게 남의 가족까지 챙기게 되었으며, 세상 재물이라면 사족을 못 쓰는 사람이 어떻게 선물을 마다하게 되었습니까? 도대체 무엇이 이 짐승을 이렇게 바꾸어 놓았습니까?

하나님의 손길입니다. 하나님의 손길이 아니고서는 이런 일이 일어날 수가 없습니다. 야곱은 에서의 변한 모습에서 하나님의 얼굴을 보았습니다. 그래서 '지금 당신은 본래의 당신이 아닙니다. 하나님이 간섭하시고 역사하시지 않았더라면 이렇게 될 수가 없습니다. 나는 당신의 얼굴을 통해서 하나님의 얼굴을 보고 있습니다'라고 고백하고 있는 것입니다.

이 세상은 하나의 거대한 오케스트라와 같습니다. 하나님께서는 이 세상에 있는 모든 것을 지휘하셔서 당신의 선한 뜻을 이루십니다. 그러나 우리는 그 놀라운 지휘를 보지 못할 때가 너무나도 많습니다. 에서의 능력이 한없이 커 보이고 그가 이끌고 온 400명이 너무나 강해 보여서 하나님의 지휘를 보지 못할 때가 많아요. 그런데 전혀 은혜를 기대할 수 없었던 사람이 은혜스럽게 변해 있을 때, 거기에서 하나님의 손길과 간섭하심을 보게 되는 것입니다.

하나님이 에서에게 간섭하셔서 그의 포악한 본성을 누르고 야곱을 선대하게 하신 것은 그분이 야곱을 얼마나 사랑하시는지를 나타내는 표시입니다. 하나님이 우리를 사랑하신다는 말이 평소에는 잘 믿어지지 않을 수 있습니다. 그런데 내가 참으로 만나기 두렵고 부담스러웠던 사람이 언제 그랬더냐 싶게 순한 모습으로 나를 선대하는 모습을 보게 될 때, 하나님이 얼마나 나를 사랑하시고 기뻐하시는지가 분명하게 느껴집니다.

에서가 야곱을
공격했다면

사실 에서가 야곱을 선대한 것은 에서 자신을 위해서도 다행한 일이었습니다. 에서가 야곱을 향해 칼을 빼드는 것은 곧 그 자신의 죽음을 의미하는 것이기 때문입니다. 지금 야곱 주위에는 하나님의 천사가 두 진영이나 출동해서 겹겹이 에워싸고 있습니다. 여차하면 에서와 400명의 일행을 죽일 만반의 준비를 하고 있어요. 하나님의 천사들이 그들을 처치하는 데에는 그리 긴 시간이 걸리지 않을 것입니다. 그러나 에서는 놀랍게도 바로 그 정지선 직전에서 마음을 돌이킴으로써 자신의 생명을 건졌습니다. 만약 거기에서 한 발자국만 더 내디뎠더라도 바로 죽임을 당했을 것입니다.

그래서 우리는 주위의 믿지 않는 식구들을 위해서 기도할 필요가 있습니다. 그들은 할 수 있는 한 이 정지선을 뛰어넘어서 하나님의 백성을 해치고 욕하며 능멸하려고 하고 있기 때문입니다. 이것은 아마겟돈 전쟁입니다. 이 정지선을 넘어선다면 그들은 결코 살지 못할 것입니다. 그러나 그 직전에서라도 멈춰서 정신을 차린다면 생명을 건질 수 있습니다. 믿는 사람한테 막 욕을 하다가 갑자기 힘이 빠지는 바람에 끝까지 못하게 되었다면, 그것은 욕먹던 사람보다 욕하던 사람에게 다행스러운 일입니다.

하나님께서 에서의 마음에 간섭하셔서 그 포악한 기질대로 행하지 않게 하신 것은 에서를 야곱의 선한 이웃으로 정하셨기 때문입니다. 하나님께서는 에서나 그의 후손들을 멸망의 대상에 포함시키지 않으셨습니다. 이스라엘 백성들이 출애굽할 때 에서의 후손들이 이스라엘 백성들을 선대하지 않았음에도 불구하고 그들을 건드리지 못하게 하신 것은 그들이 야곱의 형제 족속이었기 때문입니다.

에서는 원수가 아니라 이웃

사실 우리와 가장 가까운 사람들이 하나님을 극단적으로 대적하는 것을 보는 것보다 더 고통스러운 일이 없습니다. 그러나 하나님께서는 그들이 육체적으로 우리와 가깝다는 이유만으로, 그들이 우리의 형제요 친척이라는 그 이유만으로 그들의 생명을 지켜 주시고 보호해 주실 때가 많습니다. 그래서 우리는 할 수 있는 대로 주위에서 우리를 힘들게 하는 친척들이나 가족들을 정죄하지 않는 것이 좋습니다. 그리고 그들이 하나님께서 정하신 선을 넘어서 그분을 대적하는 일이 생기지 않도록 기도해야 합니다. 하나님께서는 아직 교만한 우리를 연단하고 낮추기 위해서 그들을 육체의 가시처럼 사용하실 수 있습니다. 그러나 그들이 우리의 영원한 원수는 되지 않기를, 언젠가는 우리의 친구가 되고 결국 한 하나님의 백성이 되기를 바라십니다.

우리는 하나님과의 수직적인 관계를 너무나도 중요시한 나머지 친척이나 직장 동료나 상관과의 관계를 무시하기 쉽습니다. '내가 내 하나님 섬기는데 네가 무슨 상관이냐?'고 생각할 수 있어요. 그러나 하나님께서는 하나님과 우리의 수직적인 관계가 잘 되어 있다면 그것이 반드시 다른 사람과의 관계에 반영되기를 바라십니다. 우리가 참으로 인정할 자를 인정하고 존경할 자를 존경하며 책임져야 할 것을 마땅히 책임지기를 바라십니다.

기독교가 참으로 성숙하려면 믿지 않는 사람들 가운데 선한 증거를 가져야 합니다. 신앙이 어릴 때에는 자기 신앙을 지키기 위해 다른 사람들과의 사이에 선을 긋고 그들과 적대적인 관계에 서게 될 때가 많습니다. 그런데 언제 이런 적대관계가 없어집니까? 우리가 참으로 성령 충만해져서 그들에게 진정한 겸손을 보일 때입니다. 성령의 능력으로 정말 머리 숙이기 싫은 사람에게 머리를 숙이면서 '나는 당신을 인정하고 존경하며 당신을 대적할 의사가 조금도 없다'는 것을 보여 줄 때, 담이 허물어지고 선한 이웃이 되며 결국 그들도 하나님의 백성으로 초청될 가능성이 커지는 것입니다.

야곱이 에서에게 했듯이 믿지 않는 사람들에게 전적인 무방비 상태를 보여 주는 것은 굉장히 중요한 일입니다. '나는 당신을 해칠 생각이 전혀 없다'는 것을 보여 주는 것은 눈에 보이지 않는 적대감을 없애는 길입니다.

3. 에서의 호의를 거절한 야곱

지금 에서는 야곱이 좋아서 견딜 수가 없습니다. 이유는 자기도 모르겠어요. 무조건 야곱이 좋고, 도와 주고 싶었습니다. 12절부터 16절까지 보십시오.

에서가 가로되 "우리가 떠나가자.
내가 너의 앞잡이가 되리라."
야곱이 그에게 이르되 "내 주도 아시거니와
자식들은 유약하고 내게 있는 양 떼와 소가

새끼를 데렸은즉 하루만 과히 몰면 모든 떼가
죽으리니 청컨대 내 주는 종보다 앞서 가소서.
나는 앞에 가는 짐승과 자식의 행보대로 천천히
인도하여 세일로 가서 내 주께 나아가리이다."
에서가 가로되 "내가 내 종자 수인을 네게 머물리라."
야곱이 가로되 "어찌하여 그리 하리이까?
나로 내 주께 은혜를 얻게 하소서" 하매
이 날에 에서는 세일로 회정하고

　야곱을 오랜만에 만난 에서는 기분이 아주 좋아서 어떻게 해서든지 야곱을 도와 주려고 했습니다. 그래서 가나안 땅의 다른 부족이 공격할지도 모르니까 자기가 호위해 주겠다고 제안합니다. 그러나 야곱은 도저히 보조를 맞출 수가 없기 때문에 같이 갈 수 없다고 하면서, 그 제안을 거절했습니다. 에서는 자기 일행 전부 남는 것이 부담스러우면 몇 명이라도 남겨서 지켜 주겠다고 했지만, 야곱은 그것마저 고사하면서 결국 그를 돌아가게 했습니다. 에서의 제안은 분명히 호의에서 나온 것이었습니다. 그런데도 야곱이 그 호의를 한사코 거절한 이유는 무엇일까요?

에서의 호의를
거절한 이유

　야곱은 에서의 호의가 일시적인 것이라는 점을 잘 알고 있었습니다. 지금은 하나님의 간섭 때문에 악한 본성을 누르고 자기를 선대하고 있지만, 그렇다고 근본적으로 변한 것은 아니라는 사실을 알고 있었어요. 에서는 시간이 지남에 따라 얼마든지 원래의 본성으로 돌아갈 수 있는 사람이었습니다. 야곱이 지금 기뻐하고 감사하는 것은 에서가 근본적으로 변했기 때문이 아니라, 그의 속에서 역사하고 계시는 하나님을 보았기 때문입니다.

우리도 다른 사람을 볼 때 그 사람 속에서 살아 역사하시는 하나님을 보고 기뻐하며 감사해야 합니다. 그렇지 않고 사람 자체를 보고 감사하면 얼마 지나지 않아 큰 시험에 빠질 수 있습니다. 사람은 언제든지 변할 수 있기 때문입니다. 시궁창에서 썩은 물이 올라오듯이 사람의 마음 속에는 항상 악한 성향이 올라오고 있습니다. 그러므로 평소에 나를 힘들게 하던 사람이 일시적으로 잘해 줄 때 그 사람 속에서 역사하시는 하나님을 믿으며 그 사람이 그 순간 하나님의 뜻에 복종했다는 것에 감사해야지, 마치 그가 나의 모든 것이나 되는 양 결사적으로 매달려서 아무 호의나 넙죽넙죽 받아들이면 안 됩니다. 그는 일시적으로 악한 성향을 누르고 있을 뿐입니다.

야곱은 에서를 만나 그의 호의를 받는 것이 자기 신앙의 전부라고 생각하지 않았습니다. 물론 그를 좋은 관계에서 만날 수 있었던 것은 하나님의 은혜였습니다. 그러나 그렇다고 해서 자기 신앙의 모든 것을 에서의 손에 맡기기는 원치 않았습니다. 에서에게 돈이 있고 힘이 있다고 해서 지금까지 자기를 이끌어 주신 하나님을 떠나 에서의 도움과 보호를 받기를 원치 않았어요. 에서는 그저 자신이 넘어야 할 한 산이고 건너야 할 징검다리일 뿐이었습니다. 그가 아무리 실력 있는 사람이고 자신에게 호의를 보였다고 해도 그를 자신의 물주나 보호자로 삼을 필요는 없었습니다. 그래서 야곱은 에서가 몇 명의 하인들을 남겨 놓겠다는 것마저 거절했습니다. 그는 더 이상 에서의 도움을 받을 필요가 없었기 때문입니다.

형식적으로는 야곱이 에서의 은혜를 구걸하는 것처럼 보였지만, 그것은 자신에게 에서를 해칠 생각이 없고 라이벌 의식을 가지고 있지 않다는 것을 나타내는 표시였을 뿐이지 에서의 도움 없이는 못 산다는 뜻은 아니었습니다. 오히려 야곱은 자신이야말로 에서를 축복해 줄 사람이라는 것을 알았습니다.

또한 그는 자신의 리듬을 잘 알고 있었습니다. 그의 가축 중에는 새끼를 거느린 것들이 많았고, 식구 중에도 다 자라지 않은 아이들이 많았습니다. 어쩌면 요셉은 포대기에 싸인 아기였을지도 모릅니다. 야곱은 자신의 일행이 군대가 아니라 많은 아녀자와 가축을 거느린 평범한 가정이라는 것을 잘 알고 있었습니다. 그래서 하루라도 무리하게 끌고 가면 모든 떼가 몰살할 수밖에 없다고 판단했습니다.

사실 이것은 야곱 자신의 리듬이었는지도 모릅니다. 에서에게는 리듬이라는 것이 없었습니다. 무조건 돌진이었어요. "지금부터 우리는 강행군을 시작한다. 질문 있나? 이상!" 이것이 에서가 오늘까지 해 왔던 방식입니다. 그러나 야곱은 돌다리도 두드려 보고 건너는 사람이었고, 자기에게 확신이 서지 않으면 조금도 움직이려 들지 않는 완벽주의적 성향을 가진 사람이었습니다. 심리적으로 에서가 목표지향적인 '담즙질'이라면 야곱은 완벽주의형인 '우울질'이었을지도 모르겠습니다. 에서는 한번 생각이 났다 하면 바로 시행해 버립니다. 어떤 희생이나 반대가 있더라도 전우의 시체를 넘고 넘어 결국 그 일을 해내고 마는 사람이에요. 그러나 야곱은 '이것이 정말 필요한 일인가'를 수없이 생각하고 또 생각해서 먼저 자기 자신이 설득되어야 비로소 주위 사람들을 하나씩 설득해서 양 떼 몰듯 이끌고 가는 사람이었습니다.

"하루만 과히 몰면 모든 떼가 죽으리니"라는 야곱의 말은 수많은 목회자들에게 목회 지침이 되는 말씀이기도 합니다. 교인들 중에는 성숙한 사람들도 있지만 어린 사람들도 많습니다. 그래서 목회자가 자기 수준만 생각하고 하루라도 무리하게 몰고 나가면 몰살할 가능성이 큽니다. 물론 오래 믿어서 마땅히 성숙한 자리에 있어야 함에도 불구하고 여전히 어린아이 상태에 있는 교인이 있다면 그것은 정상이 아닙니다. 그들은 자신의 책임을 능히 감당할 때 비로소 그리스도의 제자가 될 것입니다. 그러나 아직 성숙하지 못한 진짜 어린 사람들도 많이 있습니다. 목회자는 그런 사람들을 기다려 주어야 하고 참아 주어야 합니다. 그렇지 못하고 단 하루라도 분노로 몰아 붙일 때, 약한 자들은 쉽게 실족할 뿐 아니라 그렇게 한 번 실족한 후에는 다시 교회에 발길을 돌리지 않게 됩니다.

야곱은 자신의 모든 것을 에서의 손에 맡기지 않았습니다. 리듬이 다르고 철학이 다르고 목표가 달랐기 때문입니다. 그는 자신의 리듬과 자기 일행의 특징을 잘 알고 있었습니다. 그래서 에서의 호의를 거절하고 천천히 움직여 세일로 가겠다고 말했습니다.

오늘 말씀이 우리에게 주는 교훈이 무엇입니까? 예수 믿는 것 그 자체로 자기의 사명이 전부 끝났다고 생각지 말라는 것입니다. 내가 하나님을 진정으로 믿으며 그분을 참으로 신뢰한다면, 그 신앙이 다른 사람들과의 관계를 통해 나타나야 합니다. 10년, 20년에 걸쳐서라도 그 관계가 조금씩 조금씩 개선되어야 해요. 우리가 이 세상에서 하나님이 원하시는 그리스도인의 모습으로 나타날 때가 언제입니까? 하나님을 안 믿는 아버지, 신앙의 '신' 자도 모르는 사장, 상사, 친척들과의 관계에서 마땅히 인정할 것은 인정하고 책임질 것은 책임지며 신앙이 없다는 이유로 그들을 공격할 의사가 전혀 없다는 것을 알릴 때입니다.

그렇게 할 수 있는 사람은 정말 무서운 사람입니다. 다 알면서도 자존심을 누르고 머리를 숙일 수 있는 사람은 이 세상에서 못 할 것이 없는 사람이에요. 그런 사람이 하나님의 역사를 이 땅에 이룰 수 있습니다.

신앙 없는 부모님이나 시댁 식구들이나 직장 상사를 인정하는 마음이 안 생기고 자꾸 비판적이 됩니까? '아직 내가 인간이 덜 돼서 그렇구나' 라고 여기십시오. 그리고 신앙이 좋아지는 것과 인간이 된다는 것이 무엇인지를 놓고 깊이 생각하십시오. 이 두 가지는 결코 별개의 일이 아닙니다.

다 알면서도 머리를 숙이는 것이야말로 성령이 주시는 지혜입니다. 그렇게 할 때 불필요한 분쟁을 없앨 수 있고, 정말 싸워야 할 싸움이 무엇인지 알게 되며, 한평생 온힘을 기울여 싸워야 할 대상이 에서가 아니라는 것을 알게 됩니다. 에서는 싸움의 대상이 아닙니다. 선한 이웃입니다. 에서와 싸우려 드는 사람은 진짜 바보입니다. 지금은 갈등과 불편한 점들이 있어서 마치 원수처럼 지낸다 해도, 본질적으로 그는 싸움의 대상이 아니에요. 그런데도 그를 싸움의 대상으로 삼아서 미워하고 증오하면서 일기장에 '저 인간이 언제 내 눈 앞에서 사라져 줄까' 라고 매일 밤 적는 사람은 바보입니다. '에서는 나의 적이 아니라 선한 이웃이다. 하나님께서는 나의 형제라는 이유만으로도 그를 축복하기 원하신다. 안 믿는 아버지나 직장 상사도 나 때문에 복 주시기 원하신다'고 생각할 때 불필요한 적들이 없어집니다.

나와 참으로 불편한 관계에 있던 사람이 어느 날 갑자기 그 본성을 누르고 독사 같은 말 대신 인자한 말을 하면서 인사를 해 온다면, 그것이 곧 하나님의 손길인 줄 아십시오. 그것은 하나님의 능력으로 일어난 일이며, 하나님이 나를 사랑하시고 귀히 여기신다는 증거입니다.

세상은 우리의 연약함을 알기를 원합니다. "저도 부족한 사람입니다. 예수를 믿지만 그래도 두려울 때가 있습니다"라고 알려 줄 때 안 믿는 사람한테 도와 주고 싶어하는 마음이 생겨요. "너도 그렇게 힘들었구나! 그러면 내가 호위병이라도 되어 줄까?" 그리스도인들의 불필요한 자존심이 사람들과의 관계를 얼마나 힘들게 만드는지 모릅니다.

하나님은 우리의 마음만 주장하시는 것이 아닙니다. 내가 두려워하는 대상, 말이 통하지 않는다고 생각하는 대상도 얼마든지 바꾸실 수 있습니다. 그러나 근본적으로 바꾸시는 것은 아닙니다. 일시적으로 그의 악한 본성을 누르시는 것일 뿐입니다. 그러므로 그 마음이 바뀌었다고 해서 하나님을 의지하던 데에서 떠나 그 사람을 의지하면 안 됩니다. 그렇게 하다가는 곧 크게 당할 날이 옵니다.

그는 건너가야 할 징검다리일 뿐입니다. 그 사람과의 문제에 매여 있을 필요가 없습니다. 왜 징검다리 하나 위에 서서 물구나무 서고 줄넘기 하고 이것 저것 다 하려 듭니까? 앞으로 건너가야 할 징검다리가 얼마나 많은데 그 한 사람한테 매여서 나의 모든 열정을 다 불사르려 합니까? 왜 불필요한 데 붙잡혀서 모든 에너지와 정열을 쏟아부으려 합니까? 가족과의 불편한 관계, 상관과의 불편한 관계는 딛고 넘어가야 할 징검다리일 뿐입니다.

　사랑하는 성도 여러분, 내 안에 있는 교만과 자존심을 낮추고 머리를 숙이십시오. 그러면 이 세상에서 못 할 일이 없을 것입니다.

2 세겜에서 당한 일

야곱이 밧단 아람에서부터 평안히 가나안 땅
세겜 성에 이르러 성 앞에 그 장막을 치고
그 장막 친 밭을 세겜의 아비 하몰의 아들들의
손에서 은 100개로 사고 거기 단을 쌓고
그 이름을 '엘 엘로헤 이스라엘' 이라 하였더라.
레아가 야곱에게 낳은 딸 디나가 그 땅 여자를
보러 나갔더니 히위 족속 중 하몰의 아들 그 땅
추장 세겜이 그를 보고 끌어들여 강간하여
욕되게 하고 그 마음이 깊이 야곱의 딸
디나에게 연련하며 그 소녀를 사랑하여
그의 마음을 말로 위로하고 그 아비 하몰에게
청하여 가로되 "이 소녀를 내 아내로 얻게 하여
주소서" 하였더라.
야곱이 그 딸 디나를 그가 더럽혔다 함을
들었으나 자기 아들들이 들에서 목축하므로
그들의 돌아오기까지 잠잠하였고 세겜의 아비
하몰은 야곱에게 말하러 왔으며 야곱의 아들들은
들에서 이를 듣고 돌아와서 사람 사람이
근심하고 심히 노하였으니 이는 세겜이 야곱의
딸을 강간하여 이스라엘에게 부끄러운 일,
곧 행치 못할 일을 행하였음이더라.
하몰이 그들에게 이르되 "내 아들 세겜이
마음으로 너희 딸을 연련하여 하니 원컨대 그를

세겜에게 주어 아내를 삼게 하라. 너희가 우리와
통혼하여 너희 딸을 우리에게 주며 우리 딸을
너희가 취하고 너희가 우리와 함께 거하되 땅이
너희 앞에 있으니 여기 머물러 매매하며 여기서
기업을 얻으라" 하고 세겜도 디나의 아비와
남형들에게 이르되 "나로 너희에게 은혜를
입게 하라. 너희가 내게 청구하는 것은 내가
수응하리니 이 소녀만 내게 주어 아내가 되게
하라. 아무리 큰 빙물과 예물을 청구할지라도
너희가 내게 말한 대로 수응하리라."
야곱의 아들들이 세겜과 그 아비 하몰에게 속여
대답하였으니 이는 세겜이 그 누이 디나를
더럽혔음이라. 야곱의 아들들이 그들에게 말하되
"우리는 그리 하지 못하겠노라. 할례 받지 아니한
사람에게 우리 누이를 줄 수 없노니 이는 우리의
수욕이 됨이니라. 그런즉 이같이 하면 너희에게
허락하리라. 만일 너희 중 남자가 다 할례를 받고
우리같이 되면 우리 딸을 너희에게 주며
너희 딸을 우리가 취하며 너희와 함께 거하여
한 민족이 되려니와 너희가 만일 우리를 듣지
아니하고 할례를 받지 아니하면 우리는
곧 우리 딸을 데리고 가리라."

창 33:18-34:17

자기 나름대로 어떻게든지 믿음으로 살려고 애쓰고 있음에도 불구하고 예기치 못한 불행이 닥칠 경우, 우리는 크게 당황할 때가 많습니다. 예를 들어 하나님의 말씀을 거역하고 고집스럽게 죄악을 향해 달려가고 있다가 사고를 당했다면 '하나님께서 나의 죄 때문에 이렇게 치시는구나' 라고 생각할 것입니다. 그런데 어떻게든지 하나님의 말씀에 순종하려고 하고 믿음으로 살려고 애를 쓰고 있는데도, 예컨대 집에 불이 나서 모든 것이 타 버린다든지 교통사고로 사랑하는 식구가 크게 다치거나 목숨을 잃게 될 때, '하나님께서 분명히 나를 지켜 주실 텐데 왜 이런 일이 일어났을까' 하는 문제로 심한 혼란을 겪게 됩니다.

오늘 본문을 보면 가나안 땅에서 새로운 생활을 시작한 야곱이 바로 그런 상태에 처하게 된 것을 알 수 있습니다. 야곱은 자신의 오랜 결심에 따라 가나안 땅에 돌아왔습니다. 무려 20년의 기다림 끝에 이루어진 일이었습니다. 그는 다시는 가나안을 떠나지 않을 생각으로 이 곳에 땅을 샀습니다. 그리고 아버지 이삭과 할아버지 아브라함이 했던 것처럼 단을 쌓고 하나님께 예배를 드렸습니다. 그는 단을 쌓은 그 곳의 이름을 '엘 엘로헤 이스라엘' 이라고 불렀습니다. 이것은 '이스라엘의 하나님은 강하시다' 는 뜻입니다. 그는 하나님의 뜻대로 살기 위해 가나안 땅에 돌아왔고, '엘 엘로헤 이스라엘' 이라는 이름까지 지으면서 아주 힘차게 새로운 출발을 다짐했습니다.

그런데 이 힘찬 출발과 너무나 어울리지 않는, 어처구니없는 일이 터지고 말았습니다. 야곱에게는 디나라는 딸이 있었는데, 이 딸이 가나안 여자들을 만나려고 세겜으로 혼자 들어갔다가 그 곳 추장인 하몰의 아들 세겜에게 강간을 당한 것입니다. 야곱은 지금 하나님의 말씀을 붙들고 가나안에서 막 힘찬 출발을 했습니다. 그런데 자기 딸이 할례 받지 못한 자에게 강간당하는 어처구니없는 사건에 당면하게 되었습니다. 게다가 문제는 그것으로 끝나지 않았습니다. 세겜이 디나와 결혼시켜 달라고 찾아온 것입니다.

야곱은 이 문제를 어떻게 처리해야 할지 몰라서 들에 나간 아들들이 돌아오기를 기다렸고, 아들들은 누이가 할례 받지 못한 남자에게 욕을 보았다는 사실에 크게 격분했습니다. 그래서 복수하기 위해 하몰과 세겜을 속였습니다. 할례 받지 않은 사람과 결혼할 수 없으니 자기들처럼 할례를 받으라고 한 것입니다. 하몰과 세겜이 그 말을 믿고 모든 사람들에게 할례를 받게 한 후 고통스럽게 누워 있을 때, 시므온과 레위가 칼을 차고 가서 모든 세겜 사람들을 살육했습니다.

이것은 엄청난 불행이요 비극이었습니다. 야곱이 가나안 땅에 온 것은 남을 살육하기 위해서가 아니었습니다. 믿음으로 살기 위해, 하나님의 뜻대로 살기 위해 온 것입니다. 그런데 거기에서 그가 처음으로 겪은 일은 딸의 강간과 아들들의 살육이라는 엄청난 비극이었습니다.

왜 이런 일이 일어났는지는 다 알 수 없습니다. 그러나 성경 저자가 오늘 이 사건을 기록한 데에는 분명히 이유가 있을 것입니다. 우리는 오늘 그것을 찾아야 합니다.

1. 새출발

야곱이 가나안 땅으로 건너와 처음 장막을 친 곳은 세겜이었습니다. 아마도 세겜은 얍복 강에서 가장 가까운 가나안 땅이었던 것 같습니다. 그는 거기에서 믿음으로 예배를 드림으로써 하나님 앞에 새로운 출발을 다짐했습니다.

가나안에서 첫 예배를 드리다

야곱이 밧단 아람에서부터 평안히 가나안 땅 세겜 성에

이르러 성 앞에 그 장막을 치고 그 장막 친 밭을

세겜의 아비 하몰의 아들들의 손에서 은 100개로 사고

거기 단을 쌓고 그 이름을 '엘 엘로헤 이스라엘'이라

하였더라(33:18-20).

성경은 야곱이 밧단 아람에서부터 가나안 땅 세겜까지 평안히 왔다고 기록하고 있습니다. 물론 중간에 전혀 어려움이 없었던 것은 아닙니다. 라반에게 잡혀 다시 종으로 끌려갈 뻔했고, 천사와 씨름하는 과정에서 엉치뼈를 다쳐 다리를 절게 되었습니다. 또 에서와 만나는 과

정도 야곱에게는 너무나도 두렵고 어려운 문제였습니다. 그러나 이 모든 일을 다 끝내고 돌이켜 보았을 때 참으로 그는 "평안히" 여기까지 왔다는 사실을 알게 되었습니다.

힘찬 출발   야곱은 가나안 땅에서 새로운 생활을 시작하면서 옛 이름을 버리고 '이스라엘'이라는 새 이름으로 새로운 삶을 시작하고 있습니다. 그는 세겜에 땅을 샀고 그 곳 사람들이 보는 앞에서 하나님께 단을 쌓고 예배를 드렸습니다. 그는 자기가 산 땅 이름을 특별하게 지었습니다. 그 이름은 '엘 엘로헤 이스라엘'로서, '이스라엘의 하나님은 강하시다'는 뜻입니다. 야곱은 더 이상 자신을 야곱이라 부르지 않고 '이스라엘'이라 부릅니다. 여기에는 '내가 하나님과 겨루어 이겼으니 이제는 세상 어느 누구와도 겨루어 이길 자신이 있다. 앞으로 어떤 어려움이나 환난이 오더라도 굳게 믿음을 지키겠다'는 뜻이 담겨 있습니다.

중요한 사실은 야곱이 여기에서 땅을 샀다는 것입니다. 자세한 내막은 알 수 없지만, 이것은 그가 세겜 사람들에게 아주 존귀하고 위대하게 보였다는 것을 의미합니다. 원래 가나안 사람들은 이방인들에게 땅을 소유하게 하지 않았습니다. 그래서 가나안 땅에 그렇게 오래 살았던 아브라함이나 이삭도 자기 땅을 소유할 수가 없었습니다. 그런데 야곱이 가나안에 오자마자 땅을 살 수 있었던 것은, 아마도 그가 워낙 거부여서 세겜 사람들이 어떻게 해서든지 그의 환심을 사려고 했기 때문이었던 것 같습니다.

야곱은 하나님의 도우심으로 가나안 땅까지 그야말로 평안히 오게 되었습니다. 그리고 가나안 사람들의 눈에도 크게 보여서 자기가 장막을 칠 수 있는 곳에 땅을 사고 거기서 하나님께 공식적으로 예배드릴 수 있을 정도의 위치에 올랐습니다. 얼마나 희망찬 모습이며 당당한 출발입니까? 그는 약속의 땅으로 돌아왔고, 거기서 힘찬 출발을 하고 있으며, '이스라엘'이라는 이름으로 새로운 삶을 시작하고 있습니다.

우리가 보기에 야곱은 모든 것을 움켜쥔 사람 같습니다. 그는 하나님의 말씀을 붙들고 여기까지 왔습니다. 그가 여기까지 온 과정을 보면 하나님께서 그를 직접 붙들고 계시며 보호하고 계신 것을 알 수 있습니다. 게다가 그는 많은 재산을 가지고 있었습니다. 가나안 사람들의 눈에 얼마나 위대하게 보였던지 할아버지 아브라함이나 아버지 이삭이 그토록 오래 살면서도 갖지 못했던 땅을 오자마자 살 수 있을 정도였습니다. 야곱의 삶 앞에는 거칠 것이 하나도 없는 것 같았습니다.

그러나 거부로 돌아와서 가나안 땅 사람들의 존경을 받으며 땅을 샀다고 해서 모든 문제가 자동적으로 해결되는 것은 아니었습니다. 야곱의 가나안 생활은 아무 어려움 없는 평탄한 것이 결코 아니었습니다. 그는 이 가나안 땅에서 자녀 문제로 말할 수 없는 고난을 겪어야만 했습니다. 디나의 강간 사건은 앞으로 그가 흘려야 할 눈물의 시작에 불과했습니다. 그는 믿음도 가지고 있었고 돈도 가지고 있었고 지위도 가지고 있었고 사람들의 인정도 받았지만, 그것이 그의 모든 삶을 보장해 주지는 못했습니다. 그는 이제부터 엄청난 눈물을 흘려야 하며 수많은 밤을 뜬눈으로 새워야 합니다. 그는 출발하자마자 뼈를 깎는 고통의 시작을 맞이하고 있습니다.

믿음이 있고 세상 사람들이 나를 업신여길 수 없는 돈과 지위가 있다고 해서 나의 생활 또한 평탄하리라고 생각하지 마십시오. 이 세상은 한순간도 한눈을 팔 수 없는 불확실성의 연속으로서, 끊임없는 도

그러나 시련이 기다리고 있다

전과 시련이 기다리고 있는 곳임을 기억해야 합니다.

2. 문제가 발생하다

가나안 땅에서 야곱이 겪어야 했던 최초의 시련은 딸 디나가 가나안 여자들을 만나러 나갔다가 그 곳 남자에게 붙들려 강간당한 사건이었습니다. 34장 1절과 2절을 보십시오.

레아가 야곱에게 낳은 딸 디나가 그 땅 여자를 보러
나갔더니 히위 족속 중 하몰의 아들 그 땅 추장
세겜이 그를 보고 끌어들여 강간하여 욕되게 하고

여기서 '디나가 그 땅 여자들을 보러 나갔다' 는 것은 단순히 눈으로 보기 위해 나간 것이 아니라 만나기 위해 방문했다는 뜻입니다. 다시 말해서 디나는 이 날 처음으로 집 밖에 나간 것이 아니라 전부터 가나안 여자들을 사귀고 있었고, 이 날도 그들을 만나려고 나갔다가 변을 당한 것입니다.

디나의 호기심　그러면 왜 디나는 집 안에 가만히 있지 않고 가나안 여자들을 만나기 위해 세겜 거리로 혼자 나선 것일까요? 성경은 단순하게 '그 땅 여자들을 보러 나갔다' 고만 기록하고 있어서 자세한 사정을 알 수는 없지만, 아마 단순한 호기심 때문이 아니었나 생각합니다.

성경에 가나안 여자 이야기가 나올 때에는 단순히 '가나안에 사는 여자'로 생각하면 안 됩니다. 가나안 여자들은 창녀들입니다. 성적으로 너무나도 문란해서 도저히 어떻게 할 수 없는 여자들이에요. 그래서 아브라함은 이삭의 처를 구할 때 가나안 여자들은 절대 안 된다는 맹세를 종에게 받았습니다. 이처럼 가나안 여자들의 행실이 좋지 않다는 것은 어제 오늘의 이야기가 아닌데 왜 굳이 디나는 그 여자들을 사귀려고 했을까요?

그 여자들과 함께 타락하고 싶어서는 아니었을 것입니다. 디나는 가나안 여자들과 분명히 달랐습니다. 그는 단지 호기심 때문에 그 곳에 갔을 것입니다. 아마 그들이 입고 있는 옷이며 몸에 달고 있는 장식이며 거침없이 쏟아내는 남자들에 대한 이야기는 디나에게 엄청난 충격을 주었을 것입니다.

미국에서 활동하고 있는 한 한국계 누드 모델이 우리 나라를 방문한 적이 있었습니다. 그 때 텔레비전 방송이나 잡지나 직장 남성들은 거의 폭발적인 반응을 보였습니다. 남자들은 그 여자의 사인을 받으려고 겹겹이 줄을 서기까지 했습니다. 왜 그렇게 텔레비전이 난리를 부리고 남자들이 열광한 것입니까?

누드 모델은 지금까지 우리 나라에서 일종의 금기였습니다. 관심이나 호기심이 많아도 감히 드러낼 수 있는 분위기는 아니었어요. 그런데 그 모델이 "나는 누드 모델이요!" 하면서 아주 공개적으로 들어오니까 그야말로 봇물 터지듯이 뜨거운 환영이 터져 나온 것입니다.

하나님의 백성들은 항상 이 세상에 호기심을 가지고 있습니다. 그들이 늘 가지고 있는 전제는 '인간은 죄인'이라는 것입니다. 그래서 어떤 것을 다 말해 주거나 보여 주지 않으며, 무엇이든지 지나치면 죄가

우리의 호기심

된다고 해서 유혹이나 호기심을 언제나 억제합니다. 그러니까 마음 속에 늘 억압된 욕구가 있습니다.

그러나 세상은 어떻습니까? 물론 사회에 따라 개방의 정도가 다르기는 하지만 그래도 교회보다는 모든 면에서 훨씬 더 개방적이고, 특히 성에 대해서는 더욱 그렇습니다. 반면에 하나님의 백성들은 늘 성에 대한 욕구 불만의 상태에 있다고 해야 할 것입니다. 거룩을 추구하는 마음과 하나님 앞에 바로 서려는 마음 때문에 생각하지 못하는 것도 많고 보지 못하는 것도 많고 말하지 못하는 것도 많습니다. 그래서 신앙 상태가 좋을 때는 그래도 괜찮은데, 영적으로 좀 침체되거나 환경이 바뀌면 '성이라는 게 대체 어떤 걸까? 타락한다는 건 어떤 걸까? 세상 여자들은 어떻게 생겼을까?' 하는 호기심이 마음 속에서 끊임없이 올라오는 것입니다.

어렸을 때 '미성년자 관람불가' 딱지가 붙은 영화 포스터를 보면 유난히 그 영화를 보고 싶은 것이나 마찬가지입니다. 사실 보고 나면 별 것도 아니에요. 그런데도 보지 못하게 막으니까 오히려 보고 싶은 욕구가 치밀어 올라오는 것입니다.

죄가 아니라도
경계하라

이런 성적인 호기심 자체를 죄라고 말할 수는 없습니다. 그러나 이런 지나친 호기심이 어느 한순간 우리를 걷잡을 수 없는 죄의 구렁텅이로 몰고갈 때가 있습니다. 처음에는 단순히 알고 싶은 호기심에서 출발합니다. '저 사람들이 뭘 가지고 저렇게 수근대고 낄낄거리는지 알고 싶다'는 것입니다. 죄짓고 싶다는 것도 아니고 그냥 알고만 싶다는데 그게 죄가 됩니까?

그러나 이 호기심이라는 욕망이 실제적인 상황과 접촉되면 한순간에 스파크가 일어나게 되어 있습니다. 자기는 그냥 한 번만 보고 오려고 했어요. 그런데 막상 가서 보니 확 불이 붙어 버리는 것입니다. 그때부터는 걷잡을 수 없는 상황으로 빠져들기가 쉽습니다.

사실 세상을 경험해 보면 정말 별것이 아닙니다. 세상에 있는 것들은 전부 우리 안에 있는 타락한 성향이 흘러나가서 구체화된 것이기 때문에 새로울 게 하나도 없어요. 그런데 욕망이 억제되어 있을 때에는 이것이 호기심의 형태로 집요하게 우리를 자극하게 되고, 이 호기심이 실제적인 상황에 노출되면 곧바로 죄로 폭발해 버릴 가능성이 큽니다.

그러면 하나님의 백성들은 자기 안에 있는 이런 호기심이나 욕구를 늘 억제해야만 합니까? 아니면 도저히 억제가 안 되니까 일단은 다 경험해 본 다음에 "에이, 별 것 아니잖아" 하면서 하나님께 돌아와도 될까요? 프로이트 심리학은 강한 자의식이 우리 속에 있는 자연스러운 욕망을 너무 심하게 억압하는 데서부터 정신적인 문제가 생긴다고 봅니다. 어떻게 보면 어쩔 수 없는 생리적인 현상인데도 그것을 지나치게 정죄함으로 정상적인 생활을 못 하게 만든다는 것입니다. 그렇다고 해서 일단 다 경험해 본 후에 실망하고 하나님께 돌아오기에는 이 세상의 죄가 너무나도 많습니다.

디나의 불행은 이 호기심이 단순한 눈요기로 끝나지 않고 한 남자에게 강압적으로 강간당하는 비극적인 사태로 발전했다는 데 있습니다. 강간에 대해서는 간혹 판단이 어려울 때가 있습니다. 예컨대 여자는 자기가 아무 생각 없이 길을 가고 있었는데 남자가 강도처럼 덮쳐서 겁탈했다고 합니다. 그런데 남자는 여자가 먼저 유혹했기 때문에 자기

강간의 문제

가 이성을 잃고 그런 짓을 저질렀다고 주장하는 경우가 간혹 있습니다. 그래서 모세의 율법은 여자가 겁탈당할 때 소리를 질렀느냐 여부에 따라 여자에게 책임이 있는지를 판단했습니다. 즉 거리나 집에서 강간당했을 때 여자가 아무 소리를 지르지 않은 경우에는 여자에게도 어느 정도 책임이 있는 것으로 규정했습니다.

요즘은 여자의 몸을 만지는 것은 물론이고 듣기 거북한 농담을 할 때에도 '성추행'의 죄가 적용되어, 경우에 따라 구속되거나 사회적으로 심한 비난을 받게 됩니다. 얼마 전에는 우리 나라 최고의 대학이라는 곳에서 교수의 성추행 사건이 일어나서 충격을 주었습니다. 그것은 아무리 지성 사회라 해도 결국 그 지성이 욕망의 문제를 해결하지 못한다는 점을 잘 보여 주는 사건이었습니다. 신체적으로 남성보다 약한 여성의 성은 사회적으로 보호를 받아야 합니다. 여성들이 두려움 없이 편안하게 자신의 삶을 살 수 있는 사회가 고상한 사회이며 안정된 사회입니다.

강간은 참으로 어려운 문제입니다. 사람이 살다 보면 강도를 만날 수 있습니다. 강간을 당하는 것도 강도를 만나는 것과 같습니다. 남자가 마치 강도짓을 저지르듯이 덤벼들어서 강제로 자기 성욕을 채우는 것이기 때문입니다. 그러나 강도는 물건이나 돈을 빼앗는 데서 그치지만, 강간은 여자의 몸에 죄를 범하는 것으로서 그 상처가 한평생 남는다는 데 문제가 있습니다.

세겜이 결혼을 원하다

디나의 경우, 그를 겁탈한 사람은 그 사회의 책임자였습니다. 게다가 문제를 더 복잡하게 만든 것은 그가 디나를 겁탈함으로 자신의 성욕만 채우고 만 것이 아니라 디나를 깊이 사랑하게 되어 결혼하기를 원했다는 점입니다.

> 히위 족속 중 하몰의 아들 그 땅 추장 세겜이 그를 보고
> 끌어들여 강간하여 욕되게 하고 그 마음이 깊이 야곱의
> 딸 디나에게 연련하며 그 소녀를 사랑하여 그의 마음을
> 말로 위로하고 그 아비 하몰에게 청하여 가로되
> "이 소녀를 내 아내로 얻게 하여 주소서" 하였더라
> (34:2-4).

우리는 여기에서 두 가지 사실을 알 수 있습니다. 하나는 세겜이 법 세겜의 문화는
허용해도
과 질서가 있는 사회라고는 하지만 추장이라는 사람이 남의 딸을 강간
할 수 있을 정도로 무질서하고 무책임한 곳이었다는 것입니다. 아마도
이 곳은 성 문제에서만큼은 철저하게 개방적이고 무책임한 사회였던
것 같습니다.

또 하나는 세겜이라는 사람이 디나가 그 곳 여자들과 다르다는 사실
을 알았다는 것입니다. 그 곳 여자들에게는 성적인 수치심이 없었습니
다. 마치 창녀와 같았어요. 그러나 디나는 호기심 때문에 그 여자들과
어울리기는 했지만, 그럼에도 불구하고 생각이나 행동이 근본적으로
달랐습니다. 그래서 마치 깡패 두목이 교양 있는 여대생을 보고 사족
을 못 쓰는 것처럼, 세겜도 디나를 꼭 자기 여자로 만들고 싶어서 결혼
을 시켜 달라고 나선 것입니다.

어떻게 보면 세겜이 이해되기도 합니다. 원래 그 곳 사람들은 성에
대해서는 별로 통제가 없었습니다. 마음에 들기만 하면 예사로 성관계

를 가졌고, 강간 같은 것이 죄가 되긴 했지만 세겜처럼 결혼하겠다고
나서기만 하면 얼마든지 무마될 수 있는 분위기였습니다.

하나님의 법은
다르다
그런데 문제는 이 일의 대상이 그렇게 간단하지 않은 집안이라는 데
있었습니다. 야곱의 집에는 가나안 사람들과 다른 법이 있었습니다.
이 법으로 볼 때 성적인 범죄는 죽음과 같았습니다. 특히 야곱의 집에
는 할례 받지 않은 자들과는 통혼할 수 없다는 원칙이 있었습니다. 이
러한 야곱 집안의 딸을 욕보였다는 것은 마치 이스라엘 전체에 도전한
것과 같은 행동으로서, 절대로 용납될 수 없는 죄였습니다. 7절을 보
십시오.

야곱의 아들들은 들에서 이를 듣고 돌아와서
사람 사람이 근심하고 심히 노하였으니
이는 세겜이 야곱의 딸을 강간하여 이스라엘에게
부끄러운 일, 곧 행치 못할 일을 행하였음이더라.

디나가 세겜 거리에 나가서 강간을 당했다는 것, 그것도 그 곳 추장
인 세겜에게 당했다는 것은 야곱에게 엄청난 충격을 주었습니다. 아마
도 그가 할 수 있었던 말은 "어찌 이런 일이!"라는 말뿐이었을 것입니
다.

야곱은 도대체 왜 이런 일이 일어났는지 이해할 수가 없었습니다.
땅을 사고 그 곳 사람들로부터 높임을 받으며 거기서 예배를 드리면서
이스라엘의 하나님은 강한 분이라고 고백했을 때, 그는 모든 것이 자
기 뜻대로 될 줄만 알았습니다. 그런데 절대로 일어나지 말아야 할 일

이 일어났고, 그 일이 너무나도 엄청나서 도대체 어떻게 수습해야 좋을지 알 수가 없었습니다.

3. 이 문제를 어떻게 풀까?

일어나면
안 될 일이
일어났을 때

우리는 너무 원칙을 중요시한 나머지 '이런 일이 절대 일어나서는 안 된다' 는 주장만 되풀이할 뿐, 막상 그런 일이 일어났을 때 어떻게 해결해야 좋을지 몰라서 당황할 때가 많습니다. 신앙 가진 집 딸이 세상 사람에게 강간당하는 것은 물론 절대 일어나지 말아야 할 일입니다. 신앙 가진 집뿐 아니라 신앙 없는 집에서도 일어나지 말아야 할 일이지요. 그런데 이런 일이 절대 일어나서는 안 된다는 것과 실제로 이런 일이 터졌을 때 어떻게 수습할 것인가는 전혀 다른 문제입니다.

예를 들어 집에는 불이 나면 안 됩니다. 이것은 당연한 것입니다. 그런데도 불이 났다면 어떻게 하겠습니까? "불나면 안 되는데" 하면서 집에 가만히 앉아 있겠습니까? 뭐라도 하나 건져서 뛰쳐나와야 하지 않겠습니까? 믿는 사람이 하는 사업에 부도가 나면 안 되지만, 실제로 부도가 나 버렸다면 어떻게 해야 합니까? 어떻게든 수습해야 하지 않겠습니까?

하나님의 백성들은 원칙은 잘 압니다. '이혼하면 안 된다', '불나면 안 된다', '부도나면 안 된다' 는 원칙은 너무나도 중요하게 생각해요. 그러나 막상 그런 일들이 터졌을 때에는 수습을 못 합니다. 야곱도 마찬가지였습니다. 5절을 보십시오.

야곱이 그 딸 디나를 그가 더럽혔다 함을
들었으나 자기 아들들이 들에서 목축하므로
그들의 돌아오기까지 잠잠하였고

당황한 야곱   야곱이 애써 직접 반응하지 않은 것은 이 일이 그의 마음에 너무나
큰 충격을 주었기 때문입니다. 그는 하나님께서 '이스라엘'이라는 이
름을 주셨을 때, '나는 하나님을 상대해서 이겼다. 그러니까 이 세상
어느 누구도 나를 이길 수 없다. 라반도 나를 건드리지 못했고 에서도
건드리지 못했다. 그런데 어떻게 이 세겜 사람들이 감히 나를 건드리
겠는가'라고 생각했습니다. 그래서 '이스라엘의 하나님은 강하시다'
고 선언하면서 새로운 출발을 다짐하지 않았습니까? 그런데 그로부터
불과 얼마 되지 않아서 딸이 강간당하는 일이 벌어진 것입니다.

　야곱은 어떻게 이런 일이 일어날 수 있는지 이해할 수가 없었고, 어
떻게 이 일을 수습해야 좋을지 대책이 서지 않았습니다. 그가 아들들
이 돌아오기까지 기다린 것은 자기 혼자서는 도저히 이 짐을 질 수 없
다고 생각했기 때문인 것 같습니다.

　그 때 세겜의 아비 하몰이 야곱에게 정식으로 청혼하기 위해 야곱을
찾아왔습니다.

하몰이 그들에게 이르되 "내 아들 세겜이 마음으로
너희 딸을 연련하여 하니 원컨대 그를 세겜에게 주어
아내를 삼게 하라. 너희가 우리와 통혼하여 너희 딸을
우리에게 주며 우리 딸을 너희가 취하고 너희가

우리와 함께 거하되 땅이 너희 앞에 있으니 여기
머물러 매매하며 여기서 기업을 얻으라" 하고
(34:8-10).

이것은 상당히 타당성 있는 제안이었고, 이방인인 야곱에게는 파격 하몰의 제안
적이기까지 한 제안이었습니다. 기왕 일이 이렇게 되었으니 두 사람을
결혼시켜 주자는 것입니다. 그리고 서로 물과 기름처럼 지낼 것이 아
니라 아예 이 일을 기점으로 해서 통혼도 하고 물건 매매도 하고 땅도
사서 자손들에게 물려 주라는 것입니다. 사실 "여기서 기업을 얻으라"
는 말은 야곱의 귀가 솔깃해질 만한 제안입니다. 야곱은 할아버지 때
부터 가나안 땅에 살았지만 기업이라 할 만한 땅은 얻지 못했습니다.
그런데 하몰은 얼마든지 땅을 사서 자손에게 물려 주라는 것입니다.
이것은 이방인에 대한 모든 제한을 해제하고 가나안 사람들과 똑같이
대우해 주겠다는 뜻입니다. 그는 아예 자신들과 같은 가나안 사람이
되라고 야곱을 설득하고 있습니다.
또 당사자인 세겜도 야곱의 아들들을 만나서 사정을 했습니다. 11절
과 12절을 보십시오.

세겜도 디나의 아비와 남형들에게 이르되
"나로 너희에게 은혜를 입게 하라. 너희가 내게
청구하는 것은 내가 수응하리니 이 소녀만 내게
주어 아내가 되게 하라. 아무리 큰 빙물과 예물을
청구할지라도 너희가 내게 말한 대로 수응하리라."

우리 같으면 이런 일이 터졌을 때 어떻게 수습하겠습니까? 첫번째로 아예 없었던 일로 치는 경우가 있을 수 있습니다. 즉 '여러 사람들이 알아 봐야 좋을 것도 없으니, 디나가 길을 가다가 잘못해서 미친 개한테 물린 걸로 여기자. 목숨이나 건진 걸 다행으로 여기고 아무 일 없었던 걸로 치자'는 것입니다.

두번째는 하몰과 세겜의 제안대로 '기왕 이렇게 된 것, 결혼으로 합법화시켜 주자'는 것입니다. '세겜을 보니까 그렇게 나쁜 사람 같지도 않고, 이렇게 직접 와서 사죄하면서 뭐든지 요구를 들어주겠다고까지 하니 이 사람들이 하자는 대로 하자. 기업도 준다 하지 않는가. 가나안에서 기업을 얻는 것은 하나님의 중요한 약속이니까 오히려 이런 일을 통해서 하나님의 약속이 성취될 수도 있겠지. 오로지 할례가 걸림돌인데 그것도 기꺼이 받겠다니 전도도 되고 잘 됐다'는 것이지요.

세번째는 디나를 할례 받지 않은 사람에게 주는 것은 하나님의 백성으로서 옳지 않은 일이므로, 일단 하몰과 세겜을 설득해서 딸을 되찾아 오는 것입니다. 그리고 이것은 딸의 의사와 상관 없이 당한 일이니만큼 그 죄에 해당하는 사회적 책임을 물리는 것입니다. 다시 말해서 강간에 대한 형사처벌법이 있으면 그 법대로 처벌받게 하고 손해배상 제도가 있으면 그 제도에 따라 배상을 받는 것입니다. 그리고 디나는 독신으로 양을 치면서 가족들과 함께 살게 하는 것입니다.

네번째는 이 사실을 절대로 인정하지 않는 것입니다. 즉 '이것은 이스라엘에 대한 전적인 도전이다. 우리는 끝까지 세겜을 용서하지 않을 것이며 땅끝까지 찾아가서 그 족속을 죽일 것이다. 형사처벌도 필요 없고 손해배상도 필요 없다. 우리가 원하는 건 오직 세겜의 목숨뿐'이라는 것입니다.

　이 가운데 어떤 방법이 제일 지혜로운 것 같습니까? 제 생각으로는 세번째 방법이 제일 좋을 것 같습니다. 다시 말해서 디나를 세겜과 결혼시키면 혹시 디나 개인은 행복할 수 있다 해도 결국 신앙을 떠나 세상으로 보내는 것이 되니, 가해자에게 응분의 대가를 치르게 하고 디나의 더럽혀진 명예를 회복시킨 후 한평생 보호하면서 데리고 사는 것이 가장 현명한 방법이라고 생각합니다. 세상적으로는 불행할지도 모르지만, 신앙을 떠나 세겜으로 가는 것보다는 독신으로 살더라도 하나님의 한 공동체 안에서 끝까지 함께 사는 편이 낫지 않겠습니까?

　우리는 손해배상을 좋지 않은 것으로 생각합니다. 체면을 중시하는 문화이기 때문에 돈이라면 일단 아름답지 못하게 보는 것이지요. 실제로는 줄 것 다 주고 받을 것 다 받으면서도 그것이 노출되는 것은 좋아하지 않습니다. 그러나 회복이 불가능한 피해에 대해 금전적으로 보상하게 하는 것은 대단히 필요한 일이며 중요한 일입니다.

　결국 야곱의 아들들은 이 문제를 어떻게 해결하기로 했습니까?　아들들의 선택

야곱의 아들들이 세겜과 그 아비 하몰에게 속여
대답하였으니 이는 세겜이 그 누이 디나를
더럽혔음이라. 야곱의 아들들이 그들에게 말하되
"우리는 그리 하지 못하겠노라. 할례 받지 아니한
사람에게 우리 누이를 줄 수 없노니 이는 우리의
수욕이 됨이니라. 그런즉 이같이 하면 너희에게
허락하리라. 만일 너희 중 남자가 다 할례를 받고

우리같이 되면 우리 딸을 너희에게 주며 너희 딸을
우리가 취하며 너희와 함께 거하며 한 민족이
되려니와 너희가 만일 우리를 듣지 아니하고
할례를 받지 아니하면 우리는 곧 우리 딸을
데리고 가리라"(34:13-17).

야곱의 아들들은 가장 비극적인 방식으로 이 문제를 해결하기로 했습니다. 자신들의 거룩함을 지키기 위해서라면 할례 제도를 속임수의 수단으로 써도 상관없으며, 자신들의 순결을 지키기 위해서라면 세겜 사람들을 전부 죽여도 된다고 생각한 것입니다. 그래서 그들은 추장 세겜의 강간 사건과는 아무 상관도 없는 부족 전체를 도륙해 버렸습니다.

이것은
거룩이 아니다

그러나 이것은 하나님이 원하시는 거룩이 아닙니다. 내 거룩과 내 자존심을 지키기 위해서라면 다른 사람의 자존심은 얼마든지 짓밟아도 좋고 그들의 명예는 바닥에 떨어뜨려도 좋으며 이 일과 상관 없는 사람들까지 한 꾸러미에 엮어서 도매금으로 넘겨도 좋다고 생각하는 것은 거룩이 아니에요. 하나님의 거룩은 다른 사람들을 살리는 거룩입니다. 자기 자존심 때문에 다른 사람들을 다 죽이는 것은 결코 거룩이 될 수 없습니다.

야곱의 아들들은 기왕에 벌어진 이 사건을 냉철하게 보지 못하고 이스라엘의 거룩을 자존심과 혼동했기 때문에, 너무나도 비극적인 방식으로 이 문제를 해결하고 말았습니다.

4. 그 후에 남는 문제

오늘 우리가 생각해야 할 문제가 남아 있습니다. 그것은 야곱이 하몰과 세겜의 제안을 받아들여 그들과 통혼하는 것이 옳은 일이냐 하는 점입니다. 성경은 이에 대해 강한 거부 반응을 보이고 있습니다. 창세기 6장 1절부터 3절까지 보십시오.

디나는 세겜과 결혼해도 될까?

사람이 땅 위에 번성하기 시작할 때에 그들에게서
딸들이 나니 하나님의 아들들이 사람의 딸들의
아름다움을 보고 자기들의 좋아하는 모든 자로
아내를 삼는지라. 여호와께서 가라사대
"나의 신이 영원히 사람과 함께하지 아니하리니
이는 그들이 육체가 됨이라. 그러나 그들의 날은
120년이 되리라" 하시니라.

여기서 '하나님의 아들들이 사람의 딸들을 보고 아내로 삼았다'는 것은 천사가 사람과 결혼했다는 뜻이 아닙니다. "하나님의 아들들"은 경건한 믿음의 자손들을 가리킵니다. 그 경건한 믿음의 자손들이 하나님을 전혀 알지 못하는 사람의 딸들과 통혼하는 것을 하나님은 굉장히 싫어하셨습니다. 그 이유가 무엇입니까? 구약 시대에 하나님께서 가장 중요하게 생각하신 것은 경건한 뿌리의 보존이었기 때문입니다. 하나님께서는 어떻게 하든지 경건한 자손을 보존시켜서 그 뿌리로부터 예수 그리스도가 와야 한다고 생각하셨습니다. 그러나 노아 시대 사람들은 아무도 그런 소망을 갖지 않은 채 결혼하고 먹고 마시며 재미있게 사는 것으로 인생의 낙을 삼았습니다.

디나의 강간 사건은 그 자체가 하나의 큰 불행이기도 했지만, 이 일을 잘못 처리할 경우에는 그보다 더 큰 위험이 생길 수 있었습니다. 그것은 야곱이 가나안 땅이라는 불신 세상에서 믿음으로 싸워 이기기는커녕 정말 가나안 사람이 됨으로써 세상과 하나가 되어 버릴 위험이었습니다. 즉 하몰과 세겜의 말은 세상적인 기준으로는 상당히 타당성 있는 파격적 제안이었지만, 신앙적으로는 대단히 위험한 제안이었던 것입니다.

신약 시대의 결혼에는 구약 시대 때보다 훨씬 더 승화된 아름다움이 있습니다. 그리스도인들은 믿음의 결혼을 통해서 그리스도와 교회의 관계에 비유될 수 있는 아름다운 관계를 체험합니다. 믿는 남자는 여자가 남자의 갈비뼈로 만들어졌다는 것을 압니다. 여자가 행복해지려면 남자가 갈비뼈를 하나 빼야 한다는 것, 무언가 수술을 해야 한다는 것을 알아요. "나는 돈 벌어 오잖아!" 하면서 아내를 위해 아무것도 희생하지 않으려 드는 것은 믿지 않는 남자들이나 하는 짓입니다. 믿는 남편은 아내의 풍성한 삶을 위해서 승진 기회를 포기한다든지, 유학 기회를 포기한다든지, 교회 문제에 대해 어떤 결정을 한다든지, 그 밖에 중요한 결단을 내림으로써 아내가 더 풍성한 삶을 살게 합니다. 또 믿는 아내는 아내대로 남편을 머리로 삼아 전적으로 복종합니다. 같이 살다 보니 연애할 때와는 달리 결점이 보이기도 하고 못마땅한 점이 보이기도 하지만 그럼에도 불구하고 그를 머리로 섬김으로써 신비로운 연합의 축복을 누립니다. 이것이 그리스도인들의 결혼생활입니다.

그러나 신앙적으로 결혼하지 않고 외모를 보고 욕심으로 서로를 소유한 사람들은 얼마 지나지 않아 결혼생활이 얼마나 진부한지를 알게됩니다. 흔히 하는 말로 "나 왔다, 묵자, 자자" 밖에는 할 말이 없어요. 그냥 앉아서 텔레비전 보다가 자는 거예요. 무언가 새로운 것이 나오지 않습니다. 결혼하기 전에 집에도 바래다 주고 아이스크림도 사 주고 꽃다발도 안겨 주었다고 해서 '영원히 이렇게 해 주겠지' 생각하면 큰코 다칩니다.

부부의 사랑이 끝없이 성숙하려면 성령께서 계속 새로운 마음을 주셔야 합니다. 성령 충만하면 아무리 오래 살아도 늘 새로운 사람을 만난 것 같습니다. 립스틱 색깔을 바꾸지 않아도 아침마다 새롭고 신선해요. 그러면 사랑이 시들지 않습니다.

한 가지 더 생각해 봅시다. 하나님을 믿지 않는 자들이 결혼을 위해 할례를 받는다고 해서 진정한 하나님의 백성이 될 수 있을까요? 그럴 수 없습니다. 간혹 결혼하고 싶은 사람이 있는데 그 사람이 예수 믿지 않으면 결혼할 수 없다고 하니까 할 수 없이 교회에 나와 세례 받는 사람들이 있습니다. 이것은 잘못된 일입니다.

할례 받더라도
이 결혼은
성사될 수 없다

할례란 우리 안에 있는 더러운 본성을 잘라내는 것입니다. 물론 남성의 성기 표피를 자른다고 해서 사람 안에 있는 더러운 본성까지 없어지는 것은 아닙니다. 그러나 이스라엘 백성들은 할례를 행함으로써 자기 안에 도저히 잘리지 않는 부패한 본성이 있으며 하나님의 은혜가 없으면 결코 그분 앞에서 아름다운 생활을 살 수 없다는 것을 고백했습니다. 이런 고백이 없는 할례는 참된 할례가 될 수 없습니다.

이 디나 사건을 통해 성경이 우리에게 말씀하려고 하는 것이 무엇입니까? 우선, 이 세상에 사는 한 아무 일 없이 평안하게만 살 수는 없다는 것입니다. 우리 안에는 죄성이 있고 이 세상에는 죄가 모여 있습니다. 죄에 대한 호기심은 적당한 기회를 만나기만 하면 언제든지 폭발할 가능성을 가지고 있습니다. 이런 호기심을 아주 없앨 수는 없어요. 아무리 단단히 결심해도 틈만 나면 고개를 쳐들게 되어 있습니다.

그래서 우리는 우리 자신을 믿어서는 안 됩니다. 아무리 이 세상에서 형편이 나아졌고 지위가 높아졌고 신앙생활을 잘 하고 있다 하더라도 늘 자신에 대해 경계하고 주의해야 하며, 하나님의 은혜가 나와 내 가정을 지켜 주시기를 겸손하게 간구해야 합니다. 그렇지 않고 막연히 '하나님이 늘 지켜 주시겠지' 생각하면서 영적인 일에 소홀히하다가 이런 일이 터지면 야곱처럼 실패하게 되어 있습니다.

야곱이 그렇게 힘차게 새로운 삶을 시작했음에도 불구하고 디나 문제로 온 가정이 시험에 들고 큰 실패를 경험한 이유는 무엇입니까? 그가 공동체로 함께 신앙을 지키지 않았기 때문입니다. 하나님의 백성들은 공동체로 함께 성장해야 세상을 이길 수 있습니다. 야곱은 분명히 하나님 앞에서 바로 살기로 결단했지만, 그의 아내들이나 자녀들은 아직 세상을 떠나지 못했습니다. 디나 사건 때문에 세겜을 떠나게 되었을 때에야 비로소 야곱은 가족들에게 우상을 다 버리자고 제안하고, 가족들은 그 동안 가지고 있던 많은 우상을 버리게 됩니다.

바로 이것입니다. 가족들은 몸만 야곱을 따라왔을 뿐 마음은 진리로 하나 되지 못한 상태에 있었습니다. 그러니까 어디에서 구멍이 생겨도 생기게 되어 있었던 것입니다. 특히 그들은 디나 사건에 냉철하게 대

처하지 못함으로써 엄청난 비극을 맞이했습니다. 야곱 집안은 '하나님과 겨루어 이겼기 때문에 모든 문제를 극복할 수 있다'는 이론적인 믿음은 가지고 있었지만 구체적인 현실에서는 그 믿음을 전혀 사용하지 못하고 감정적으로 보복하고 말았습니다.

오늘날 우리는 음란과 폭력이 가득한 이 세상에서 하나님을 모르는 사람들과 어울려서 살아야 합니다. 우리가 이 세상과 하나 될 수 없다는 것은 분명합니다. 함께 어울려서 술을 마시거나 음란한 짓을 할 수는 없어요. 그렇다고 세상 모든 것을 완전히 배척하자니 밥 먹고 살 길이 막연합니다. 우리는 잘못하면 디나처럼 호기심을 따라갔다가 세상 사람에게 당하거나, 야곱의 아들들처럼 너무나도 거룩을 추구한 나머지 세상 사람들을 다 죽이고 나서야 직성이 풀리는 초강경 독선주의에 빠지기 쉽습니다.

그렇다면 어떻게 해야 디나처럼 호기심에 끌려서 죄에 빠지지 않으면서도, 믿지 않는 사람들을 다 죽여야 직성이 풀리는 분노에 찬 독선주의자가 되지 않을 수 있습니까? 그 길은 공동체와 하나 되는 데 있습니다. 항상 진리와 성령이 역사하는 공동체 생활을 하는 것만이 이 세상에 살면서 세상을 이길 수 있는 유일한 비결입니다.

그래서 하나님께서는 이스라엘 백성들이 성전에 떡을 드릴 때 각각의 알곡들을 가루로 만들어서 온전한 떡덩이로 바치게 하셨습니다. 일주일에 한 번 교회 나와서 예배드리는 것만으로는 세상을 이길 수 없습니다. 나 혼자 아무리 큰 은혜를 받았다고 해도 그것으로 세상을 이길 수는 없어요. 나 혼자 잘난 것, 내 자존심과 내 개성을 고수하는 것은 결코 좋은 게 아닙니다. 나 자신을 갈아뭉개서 다른 사람과 하나가 되지 않으면 결코 이 세상을 이기지 못합니다. 혼자 예배만 달랑 드리고 돌아간다면 결국 디나처럼 호기심에 걸려 넘어지든지 야곱의 아들들처럼 극단적인 방법으로 나아갈 수밖에 없습니다.

나를 낮추십시오. 나를 부수어 다른 사람들과 하나가 되십시오. 나의 개성과 자존심과 우월감을 깨뜨려서 다른 사람들과 하나가 될 때, 하나님께서는 우리에게 지혜를 주실 것이며 서로서로 붙들어 주는 과정을 통해 이 세상을 이기게 하실 것입니다.

3 야곱의 아들들의 복수

그들의 말을 하몰과 그 아들 세겜이 좋게
여기므로 이 소년이 그 일 행하기를 지체치
아니하였으니 그가 야곱의 딸을 사랑함이며
그는 그 아비 집에 가장 존귀함일러라. 하몰과
그 아들 세겜이 성문에 이르러 그 고을 사람에게
말하여 가로되 "이 사람들은 우리와 친목하고
이 땅은 넓어 그들을 용납할 만하니 그들로
여기서 거주하며 매매하게 하고 우리가 그들의
딸들을 아내로 취하고 우리 딸들도 그들에게 주자.
그러나 우리 중에 모든 남자가 그들의 할례를
받음같이 할례를 받아야 그 사람들이 우리와 함께
거하여 한 민족 되기를 허락할 것이라. 그리하면
그들의 생축과 재산과 그 모든 짐승이 우리의
소유가 되지 않겠느냐? 다만 그 말대로 하자.
그리하면 그들이 우리와 함께 거하리라."
성문으로 출입하는 모든 자가 하몰과 그 아들
세겜의 말을 듣고 성문으로 출입하는 그 모든
남자가 할례를 받으니라.
제3일에 미쳐 그들이 고통할 때에 야곱의
두 아들 디나의 오라비 시므온과 레위가 각기
칼을 가지고 가서 부지중에 성을 엄습하여
그 모든 남자를 죽이고 칼로 하몰과 그 아들

세겜을 죽이고 디나를 세겜의 집에서 데려오고
야곱의 여러 아들이 그 시체 있는 성으로 가서
노략하였으니 이는 그들이 그 누이를 더럽힌
연고라. 그들이 양과 소와 나귀와 그 성에 있는
것과 들에 있는 것과 그 모든 재물을 빼앗으며
그 자녀와 아내들을 사로잡고 집 속의 물건을 다
노략한지라. 야곱이 시므온과 레위에게 이르되
"너희가 내게 화를 끼쳐 나로 이 땅 사람,
곧 가나안 족속과 브리스 족속에게 냄새를 내게
하였도다. 나는 수가 적은즉 그들이 모여 나를
치고 나를 죽이리니 그리하면 나와 내 집이
멸망하리라." 그들이 가로되 "그가 우리 누이를
창녀같이 대우함이 가하니이까?"

창 34:18-31

월남전 때 베트콩이 미군 한 명을 죽였다고 해서 미군측에서 마을 주민 전체를 사살한 후, 증거 인멸을 위해 아예 그 마을 자체를 없애 버렸다는 말을 들은 적이 있습니다. 왜 한 명의 미군이 죽었는데 주민 전체를 죽이고, 심지어 마을 전체를 흔적조차 없이 불살라 불도 저로 밀어 버린 것일까요? 더 놀라운 사실은 그 일에 참여한 군인들이 전혀 죄의식을 느끼지 못했다는 것입니다.

우리는 월남전에서나 벌어질 법한 이런 사건이 바로 믿음의 조상 야곱 집안에 의해 집단적으로 저질러졌다는 데 경악을 금할 수가 없습니다. 야곱의 딸 디나가 세겜에서 가나안 여자를 만나기 위해 집을 나섰다가 그 곳 지도자의 아들이자 추장인 세겜의 눈에 띄어 강간당했다는 것은 이미 살펴본 바와 같습니다.

하란에서 가나안에 오기까지 하나님의 특별한 도우심이 있었기 때문에, 야곱은 가나안 생활이 아주 평탄할 줄 알았습니다. 그는 세겜에서 장막을 세울 수 있는 땅을 사고, 거기서 하나님께 예배를 드리면서 그 곳 이름을 '엘 엘로헤 이스라엘'이라고 불렀습니다. 그것은 '이스라엘의 하나님이 오늘까지 강한 손으로 나를 붙들어 주셨으니 앞으로 나의 생활은 평탄할 것'이라는 신앙의 고백이었습니다. 그런데 그로부터 불과 얼마 되지 않아서 딸 디나가 그 곳 사람에게 강간당하는 사건이 벌어졌습니다. 더구나 디나를 강간한 사람이 보통 사람이 아니라 바로 그 곳 지도자의 아들이요 추장이라는 사실은 더 큰 충격이 아닐 수 없었습니다. 야곱은 이 일을 어떻게 해결해야 할지 몰라, 들에서 양을 치는 아들들이 돌아오기를 기다렸습니다.

무엇이 이렇게 잔인한 복수극을 불러왔는가?

야곱의 아들들은 세겜 사람들이 자기 누이를 더럽힌 것에 참을 수 없는 분노를 느꼈습니다. 그들은 세겜을 절대로 용서하지 않기로 결심하고 그를 속였습니다. 그렇게 디나를 좋아한다니까 결혼은 시켜 주겠지만 그 전에 세겜 자신과 모든 주민이 할례부터 받으라고 한 것입니다. 세겜은 그들의 말을 전혀 의심하지 않고 주민들을 설득해서 집단적인 할례를 행했습니다. 남자가 할례를 받으면 2,3일 간은 거의 움직일 수 없을 정도의 고통을 받습니다. 그 때 야곱의 아들들이 칼을 차고 쳐들어가 세겜 사람들을 전부 죽이고, 그것도 부족해서 그 성을 노략질한 후 아이들과 여자들과 짐승들을 모조리 잡아 왔습니다.

그들은 자신들의 행동을 책망하는 아버지 야곱의 말에도 전혀 죄의식을 느끼지 못했습니다. 우리는 가장 정의로워야 하고 가장 분별력 있어야 할 야곱 집안의 식구들이 이웃에게 이토록 무자비하고 감정적인 보복을 할 수 있었다는 점에 경악을 금할 수가 없습니다.

오늘 본문은 이 사건을 통해 우리에게 무엇을 말씀하려는 것일까요? 누군가 우리나 우리 식구들을 해치려 들 때 자신을 지키기 위해 열 배 백 배 보복하는 것이 옳다는 것입니까? 아니면 엄연히 할례를 받았고 지속적으로 예배를 드리고 있는 하나님의 백성임에도 불구하고 그 본성이 타락해 있으며 구제불능의 죄성을 가지고 있음을 보여주려는 것입니까?

I. 세겜의 설득

세겜은 야곱의 딸 디나를 강간한 후 집으로 돌려보내지 않고 계속 자기 집에 억류해 두면서, 야곱과 그의 아들들을 찾아와 디나와 결혼시켜 달라고 졸랐습니다. 그 때 아들들은 세겜과 그 곳 사람들을 모조리 죽일 음모를 꾸미고, 세겜이 할례를 받지 않아서 결혼을 시켜 줄 수 없으니 그와 그의 모든 백성들이 할례를 받기만 하면 누이를 주겠다고 말했습니다. 하몰과 세겜은 그 말을 아주 좋게 생각했습니다. 34장 18절을 보십시오.

그들의 말을 하몰과 그 아들 세겜이 좋게 여기므로

우리는 여기서 아주 복잡한 생각에 빠져들지 않을 수 없습니다. 첫 번째는 하나님을 섬긴다는 야곱의 아들들이 우발적인 사고도 아니고 어떻게 이렇게 고의로 남을 죽이려는 음모를 꾸밀 수 있었느냐는 것입니다. 그것도 다른 방법이 아니라 하나님의 거룩한 이름이 걸려 있는 할례 의식을 통해서 속일 생각을 할 수 있었느냐는 거예요.

모세의 율법은 사람을 살해했을 때 고의로 죽였느냐, 우발적으로 죽

아들들의 죄성

였느냐를 분명히 구별합니다. 처음부터 사람을 죽일 작정을 하고 의도적으로 살해한 경우에는 절대로 용서받을 수 없습니다. 그러나 죽이겠다는 의도가 전혀 없이 우발적으로 죽이게 되었을 때, 예를 들어 나무를 하다가 도끼자루에서 날이 빠지는 바람에 사람을 죽이게 되었을 때에는 지정된 장소로 도망칠 수 있었고, 그 곳을 벗어나지 않는 한 안전하게 살 수 있었습니다. 어쨌든 사람을 죽였기 때문에 자기의 모든 자유를 누릴 수는 없었지만, 삶의 범위를 도피성 안으로 제한시키기만 하면 살 수 있었습니다.

물론 야곱 시대에 이런 율법의 규정들이 명문화되어 있었던 것은 아닙니다. 그러나 그들의 가정 안에서는 율법으로 인식되고 있었던 것이 분명합니다. 세겜이 누이 디나를 겁탈한 것이 죄라는 것도 알았는데, 다른 사람을 의도적으로 죽이는 것은 더 큰 죄라는 것을 왜 몰랐겠습니까? 그런데도 그들은 대단히 의도적으로 세겜과 그 백성들을 죽일 음모를 세웠을 뿐 아니라, 그들이 의심하지 못하도록 가장 거룩한 하나님의 의식을 구실로 삼았습니다.

세겜 부자의 오해 두번째로 생각할 것은 세겜과 그 아비 하몰의 반응입니다. 그들은 분명히 자기 종교를 가지고 있었습니다. 그런데 아무리 디나가 좋고 결혼하고 싶기로서니 어떻게 그 동안 믿던 신을 한순간에 버리고 여호와 종교로 개종하겠다는 것입니까?

사람들은 기독교를 오해하고 있습니다. 기독교에서 말하는 그 하나님을 자기 하나님으로 믿기만 하면 기독교 신앙을 가지게 된 걸로 생각해요. 그러나 기독교 신앙을 갖는다는 것은 단순히 하나님을 믿고 예배에 참석하는 것만을 뜻하지 않습니다. 기독교 신앙을 갖는다는 것은 하나님이 주신 윤리, 하나님이 주신 삶의 방식에 따라 사는 것입니다. 어떤 어려움과 환난이 오더라도 하나님께서 자신을 지켜 주시고 인도해 주신다는 믿음으로 끝까지 참고 견디는 것입니다.

그러니까 음란한 직업을 그대로 가지고 있으면서 하나님을 믿는다는 것은 그 정의 자체가 맞지 않는 것입니다. 하나님을 버리든지 음란한 직업을 버리든지 둘 중에 하나를 택해야 합니다. 이중적인 결혼생활을 하면서 하나님을 믿는다는 것도 마찬가지입니다. 이중적인 생활을 포기하든지 그게 싫으면 하나님을 포기해야 합니다. 음란한 직업을 갖고 있거나 이중적인 결혼생활을 하고 있으면서 하나님을 잘 믿는다는 것은 뭐가 잘못되어도 한참 잘못된 것입니다.

세겜과 하몰은 분명히 자기 종교와 자기 신을 가지고 있었습니다. 그런데 그 종교가 무엇이 잘못되었는지, 여호와 종교의 특징은 무엇인지, 하나님의 백성이 되면 어떻게 살아야 하는지는 전혀 생각지도 않고, 디나와 결혼하기 위해 무조건 할례부터 받고 보자고 나선 것입니다. 이것은 그들이 마음 속으로 얼마나 하나님을 업신여기고 있었으며 할례라는 거룩한 의식을 우습게 여기고 있었는지를 잘 보여 줍니다.

또한 저는 이 일의 상당한 책임이 야곱에게 있다고 생각합니다. 그는 자기 아들들이 세겜과 하몰에게 이 제안을 할 때 분명히 옆에서 듣고 있었으면서도 전혀 반대의사를 표명하지 않았습니다. 세겜과 하몰이 진정한 하나님의 백성이 되는 문제보다는 '일이 이미 저질러진 이 상황에서 어떻게 하면 주위 사람들과 마찰 없이 잘 지낼 수 있을까' 하는 실용적인 문제에만 관심이 있었기 때문입니다. 그는 하나님의 거룩한 이름과 의식이 자기 아들들과 이 이방인 부자에 의해 어떻게 더

야곱의 책임

럽혀지는지에 대해서는 전혀 관심이 없었습니다. 우리는 여기에서 하나님의 거룩한 이름이 아들들의 분노에 찬 복수심과 세겜 부자의 욕심, 야곱의 현실적인 계산에 의해 철저히 짓밟히고 있는 것을 볼 수 있습니다.

야곱은 아들들의 제안을 마땅히 거부했어야 합니다. "얘들아, 할례는 결혼하기 위해 하는 것이 아니다. 할례를 그런 식으로 이용하는 것은 하나님을 욕되게 하는 일이야. 일단 디나를 찾아 오자. 그리고 차근차근 이 문제를 다시 생각해 보자"라고 말했어야 해요. 야곱에게 하나님의 이름을 두려워하는 마음이 조금만 있었다면, 하나님의 영광이 손상되는 것을 두려워하는 마음이 조금만 있었다면 이 엄청난 음모를 막을 수 있었을 것입니다.

세겜 주민들의 계산

세번째로 생각할 것은 세겜 주민들이 세겜뿐 아니라 자신들도 함께 할례를 받아야 한다는 제안을 큰 거부감 없이 받아들였다는 점입니다. 20절 이하를 보십시오.

하몰과 그 아들 세겜이 성문에 이르러 그 고을 사람에게
말하여 가로되 "이 사람들은 우리와 친목하고 이 땅은
넓어 그들을 용납할 만하니 그들로 여기서 거주하며
매매하게 하고 우리가 그들의 딸들을 아내로 취하고 우리
딸들도 그들에게 주자. 그러나 우리 중에 모든 남자가
그들의 할례 받음 같이 할례를 받아야 그 사람들이
우리와 함께 거하여 한 민족 되기를 허락할 것이라.
그리하면 그들의 생축과 재산과 그 모든 짐승이 우리의

소유가 되지 않겠느냐? 다만 그 말대로 하자. 그리하면
그들이 우리와 함께 거하리라."

한번 생각해 보십시오. 성인이 되기까지 할례 받지 않고 살아오다가
나이든 다음에 굳이 할례를 받는다는 것은 쉬운 일이 아닙니다. 게다
가 야곱이란 이방인을 붙들어 두기 위해 할례를 받는다는 것은 더더욱
쉬운 일이 아니에요. 그런데도 세겜과 하몰의 말이 그 곳 주민들에게
먹혀들어갔다는 것은 무엇을 보여 줍니까?

이것은 세겜과 하몰이 얼마나 신뢰를 얻고 있었는가, 또는 그 곳 사
람들이 얼마나 지도자의 말에 잘 순종하는가를 보여 주는 것이 아닙니
다. 사람은 무언가 자기에게 유익이 있을 때 움직이지, 단순히 남을 위
해 자발적으로 수고하거나 고통을 감수하는 경우는 없습니다. 성인이
되어서 포경수술을 받은 사람들은 알겠지만, 이것은 대단히 고통스러
운 일입니다. 더구나 진통제나 마취제도 제대로 없는 그 옛날에 성인
이 할례를 받는다는 것은 예삿일이 아니에요. 그럼에도 불구하고 세겜
사람들이 선뜻 그 말을 받아들여서 할례를 받으려고 한 이유는 무엇일
까요?

우선 그들은 아주 가난했던 것 같습니다. 그래서 돈 있는 사람들을
붙들어 두려면 약간이라도 그들의 요구를 들어 주어야 한다고 생각했
던 것으로 보입니다. 예를 들어 아주 가난한 마을에 굉장히 큰 공장이
들어설지도 모른다고 합시다. 자기 마을에 공장을 유치하기 위해서라
면 오래된 가옥들이 철거된다든지 자신들이 중시하던 전통을 일부 포
기하는 것처럼 어느 정도의 손해는 감수해야 합니다. 우리 나라에서도

우루과이라운드 문제가 불거진 적이 있었습니다. 그 협정에 가입할 경우 농촌이 황폐해지는 것이 분명한데도 가입한 이유가 무엇입니까? 그래야 공산품을 팔 수 있기 때문입니다. 그러니까 다른 손해를 감수하면서 그 협정에 가입한 것입니다.

세겜 사람들이 좋아서 할례 받은 게 아닙니다. 지도자인 하몰과 세겜이 '야곱을 붙들어야 국물이라도 얻어 먹을 것 아니냐, 이 기회에 그 집안을 아예 우리 사람들로 만들어 버리면 그 재산이 다 우리 것이 되지 않겠느냐'고 설득하니까, 이 부자를 놓치지 말자는 심정으로 내키지 않는 할례를 받은 것입니다.

마음 없는
의식(儀式)은
저주이다

과연 이런 식으로라도 할례를 받으면 하나님의 백성이 될 수 있을까요? 분명히 아닙니다. 우리는 하나님의 부르심에 의해 그의 백성이 되는 것입니다. '예수 믿으면 복받고 천국 간다'는 말에 설득당해서 예수 믿기로 하는 것은 진짜 믿는 것이 아닙니다. 예수 믿고 하나님의 백성이 된다는 것은 하나님이 우리에게 주신 삶의 방식으로 사는 것입니다. 그 백성으로서 해야 할 생각과 지켜야 할 윤리가 따로 있어요. 지금까지 내가 욕심과 야망을 향해 달려왔다면 이제부터는 하나님과 이웃을 사랑하며 살아야 합니다. 하나님을 믿겠다고 해 놓고 여전히 자기 돈벌이와 욕심을 위해 사는 것은 하나님을 욕되게 하는 일입니다. 만약 야곱이나 그의 아들들에게 세겜과 그 곳 사람들을 진정으로 사랑하는 마음이 조금이라도 있었더라면 그들이 이런 식으로 할례 받는 것을 반대했을 것입니다.

지금 여기에는 정상적인 사람이 하나도 없습니다. 야곱이나 그 아들들이나 하몰이나 세겜이나 그 주위 사람들 가운데 정상적인 사람이 아무도 없어요. 이리와 이리가 만나고 있고 늑대가 늑대를 속이고 있습니다. 그들의 마음 속에 조금이라도 하나님을 두려워하는 마음이 있었더라면 감히 이런 식으로 할례를 이용해서 자기 욕심을 채우려 들지는 않았을 것입니다.

하나님의 거룩한 의식에 참여하는 것 자체가 우리를 거룩하게 하지 못합니다. 중요한 것은 마음입니다. 그 속에 조금이라도 하나님을 두려워하는 마음이 있을 때에만 예배드리는 가운데 변화가 일어납니다. 그렇지 않고 완악한 마음으로 하나님을 이용하려고 할 때, 그 예배는 축복이 아니라 저주가 된다는 것을 오늘 본문은 우리에게 보여 주고 있습니다.

2. 보복

성인이 할례를 받으면 2, 3일 후가 가장 고통스럽습니다. 세겜 사람들은 한꺼번에 할례를 받았기 때문에 2, 3일이 지나자 성 전체가 큰 고통에 빠지게 되었습니다. 그 때 야곱의 아들들이 칼을 차고 가서 인간 사냥을 시작했습니다. 기습(奇襲)

> 제3일에 미쳐 그들이 고통할 때에 야곱의 두 아들
> 디나의 오라비 시므온과 레위가 각기 칼을 가지고 가서
> 부지중에 성을 엄습하여 그 모든 남자를 죽이고
> 칼로 하몰과 그 아들 세겜을 죽이고 디나를 세겜의 집에서

데려오고(34:25, 26)

'시므온과 레위가 각기 칼을 가지고 갔다'는 것은 두 사람만 가서 이 사람들을 다 죽였다는 뜻이 아니라, 그들이 주동이 되어 다른 형제들과 하인들을 끌고 가서 살육을 저질렀다는 뜻입니다. 할례 받고 고통중에 있는 사람들을 칼로 찔러 죽이는 것은 전혀 어려운 일이 아닙니다.

전에 지방 어느 곳에서 경찰 한 사람이 마을 사람들을 총으로 쏴 죽이면서 돌아다닌 사건이 있었습니다. 아무 무장도 되어 있지 않은 사람들을, 더욱이 상대방이 경찰이라고 믿고 있는 사람들을 총으로 쏴 죽이는 것은 전혀 어려운 일이 아닙니다. 그는 그야말로 인간 사냥을 했습니다.

야곱의 두 아들은 세겜에 있는 모든 남자들을 칼로 죽였고, 다른 아들들은 성을 노략질했습니다.

> 야곱의 여러 아들이 그 시체 있는 성으로 가서
> 노략하였으니 이는 그들이 그의 누이를 더럽힌 연고라.
> 그들이 양과 소와 나귀와 그 성에 있는 것과 들에 있는
> 것과 그 모든 재물을 빼앗으며 그 자녀와 아내들을
> 사로잡고 집 속의 물건을 다 노략한지라(34:27-29).

시므온과
레위의 분노

여기에는 두 가지 사실이 나타납니다. 하나는 야곱의 아들들이 분노에 차서 세겜 남자들을 전부 죽였다는 것입니다. 이 분노는 특히 디나

와 어머니가 같은 시므온과 레위에게 더 심하게 나타났습니다. 다른 형제들은 살육에는 소극적이었던 것 같습니다. 물론 누이를 겁탈한 자를 향한 오라비들의 분노가 얼마나 극렬했겠는가는 능히 짐작할 수 있는 바이지만, 그렇다고 해도 이 일과 아무 상관 없는 주민들까지 다 죽인 것은 너무 지나치지 않습니까? 만일 우리가 시므온과 레위를 만나서 정말 이래야만 직성이 풀렸겠느냐고 물어 본다면, 아마 그들은 그렇다고 주장할 것입니다. 그러나 그 이유가 무엇이냐고 물으면 대답하지 못할 것입니다.

분노란 이유가 없는 것입니다. 속에서 분노가 끓어오르는 것은 분명한데, 왜 화가 나는지, 왜 누군가를 죽이고 싶은지 논리적으로 설명할 수가 없습니다. 그 이유가 무엇입니까? 그것이 바로 우리 안에 있는 죄성이기 때문입니다. 이유가 있어서 화를 내거나 논리적으로 설명이 가능하기 때문에 폭력을 휘두르는 것이 아니에요. 우리 안에 있는 짐승 같은 죄성은 자극만 좀 있으면 곧 폭발하게 되어 있습니다.

시므온과 레위의 분노를 자극한 요인은 여러 가지가 있을 것입니다. 예를 들어서 레위와 시므온의 어머니 레아는 늘 분노에 차 있었습니다. 그런 어머니 밑에서 자란 레위와 시므온 역시 마음 속에 열등감과 분노가 있었을 것입니다. 아버지는 어머니를 사랑하지 않았고 자신들도 마땅히 받아야 할 사랑과 관심을 받지 못했다는 것이 마음 속에 응어리로 자리잡고 있다가, 누이가 강간당했을 때 세겜 사람들을 다 죽여도 직성이 풀리지 않을 정도로 거세게 폭발했을 수 있습니다.

사람 속에 있는 분노는 반드시 희생양을 찾아 폭발하게 되어 있습니다. 강한 사람을 건드렸다가는 국물도 못 건지니까 성격이 가장 약한 식구나 제일 만만한 친구한테 바가지로 쏟아내 버립니다. 레위와 시므온이 아버지에게 보복하겠습니까, 그렇다고 라헬에게 보복하겠습니까? 괜히 잘못 건드렸다가 본전도 못 찾지요. 그러니까 만만한 세겜과 그 곳 사람들을 다 죽여 버림으로써 마음 속에 쌓여 있던 분노를 폭발시킨 것일 수 있습니다.

그뿐만 아니라 야곱의 아들들은 지금까지 계속 불안한 생활을 해 왔습니다. 그들은 하란에 있을 때 외할아버지 라반으로부터 심한 스트레스를 받아야만 했습니다. 또 하란을 떠나 가나안까지 오는 동안에도 계속 쫓기듯이 와야만 했고, 한 번도 본 적 없는 큰아버지 에서를 만나기 위해 거의 목숨을 내어놓다시피 해야만 했습니다. 그 모든 긴장들이 이들의 마음 속에 견딜 수 없는 분노의 형태로 자리잡고 있다가 일시에 폭발했을 수 있습니다. 사실 사람이 오랫동안 긴장 상태에 있으면 생각이 지나치게 자기중심적이 되어서 충동을 다스릴 수 없게 되기 쉽습니다.

더 근본적인 문제는 죄성

그렇다고 해도 이 모든 것은 세겜 거민들을 다 죽여야 하는 이유가 되지 못합니다. 이것은 그들의 마음 속에 자리 잡은 악한 죄성이 아니고서는 도저히 설명될 수 없는 일입니다.

야곱의 다른 아들들은 사람을 죽이는 데는 소극적이었을지 몰라도 약탈에서는 조금도 소극적이지 않았습니다. 오늘 본문은 "그 시체 있는 성으로 가서"라고 말씀하고 있습니다. 그들이 시체가 즐비한 그 성에 다시 들어간 것은 죄를 마저 짓기 위해서였습니다. 그들은 성을 철저하게 노략질하고 부녀자와 아이들을 전부 노예로 끌고 왔습니다. 그리고 아마 그 성에 불을 질러서 증거를 완전히 없앴을 것입니다. 이것은 누이가 겁탈당한 것과는 아무 상관 없는 행동이었습니다. 단지 죄가 죄를 불러들였을 뿐입니다. 남자들을 다 죽이고 나니 재물이나 사람에 욕심이 생긴 것입니다.

야곱의 아들들이 세겜에서 한 짓은 전쟁 행위였습니다. 물론 그 당시에는 어느 한 부족이 다른 부족을 이유 없이 침공해서 이런 식으로 사람이나 물건을 빼앗는 일이 흔히 있었습니다. 그러나 야곱의 아들들은 서로 잘 지내 보려고 자신들의 말에 따라 할례까지 받은 자들을 전혀 준비되지 않은 상태에서 기습하여 초토화시켜 버렸습니다.

이 일에서 깨달을 수 있는 것이 무엇입니까? 하나님께서 이들을 철저히 버려 두셨다는 것입니다. 사실 우리 속에는 분노가 불쑥불쑥 치밀어 오를 때가 너무나도 많습니다. 어떤 때는 다른 사람이 죽기를 바랄 정도로 미움이 올라올 때도 있습니다. 그러나 거의 대부분 이런 분노는 행동에 옮겨지지 못합니다. 왜 그렇습니까? 하나님께서 우리의 마음 속에 간섭하시기 때문입니다. 하나님께서 간섭하셔서 때로는 분노를 잊게 하시고 때로는 더 좋은 일에 관심을 가지게 하심으로써 이 분노를 누그러뜨리시기 때문입니다. 만약 하나님께서 간섭하지 않고 내버려 두시면 어떻게 되겠습니까? 분노만 폭발시키는 데서 그치는 것이 아니라 이 분노와 아무 상관 없는 다른 죄까지 실컷 저지른 후에야 직성이 풀릴 것입니다.

바로 이 사실 때문에 우리는 하나님 앞에 죄인이라는 사실을 인정하지 않을 수 없습니다. 우리 안에는 걷잡을 수 없는 분노와 죄성이 있습니다. 분노가 한번 폭발하면 그 분노를 자극한 일과 전혀 상관 없는 다른 것까지 도매금으로 싸잡아서 욕심을 채워야 직성이 풀리는 이것이

우리 죄성의 증거

야말로 우리가 그분 앞에 죄인이라고 고백하는 이유입니다.

사람의 마음 속에는 피해의식이 있습니다. '나는 마땅히 받아야 할 관심과 사랑을 받지 못하고 컸다', '나는 다른 사람으로부터 이러저러한 상처를 입었다, 자칫 잘못하면 또 상처를 입을지 모른다'는 피해의식이 있어요. 그래서 누군가 자기에게 약간의 상처만 입히려고 하는 것 같아도 그 사람이 다시는 덤비지 못하도록 분노를 바가지로 덮어씌웁니다. 나에 대해 아주 질려 버리도록, 그래서 감히 나를 우습게 여기지 못하도록, 그 분노와 상관 없는 다른 분노까지 다 쏟아부음으로써 자기를 지키는 것입니다.

분노가 한번 터지면 그냥 그 분노로 그치지 않습니다. 처음에는 어떤 문제에 대해 분노하는 게 정당하고 의로운 것 같습니다. 그런데 조금 지나서 그 문제와 아무 상관 없는 다른 사람의 약점까지 들고 나오거나 그 약점을 자신에게 유리하게 이용하는 모습을 볼 때, 우리는 죄인이라는 사실을 고백하지 않을 수 없습니다.

이 죄성이 무섭구나!

'이전투구'(泥田鬪狗)는 진흙탕에서 개 두 마리가 서로 물고 물리면서 뒹굴고 싸우는 것을 가리키는 말입니다. 물론 처음부터 진흙탕에서 뒹구는 것은 아닙니다. 처음에는 점잖게 논리적으로 시작해요. 그러나 시간이 조금만 지나면 체면이나 염치는 다 사라지고 '나부터 살고 보자'는 생각이 들면서 완전히 한 마리 개가 되어 상대방을 물고 늘어집니다.

이것은 법정에서도 많이 일어나는 일입니다. 부부간에 이혼 합의가 되지 않아서 법정까지 가게 되었을 때, 처음에는 변호사를 통해서 실제로 있었던 일을 중심으로 자신의 입장을 주장하다가도, 조금만 지나고 나면 일단 이기고 봐야 한다는 생각이 들면서 온갖 거짓말과 더러운 인신공격을 서슴지 않게 됩니다. 그 때부터는 사람이 싸우는 것이 아닙니다. 개 두 마리가 싸우는 것입니다.

이런 사실들이 보여 주는 것이 무엇입니까? 우리 모든 인간은 죄인이라는 것입니다. 이스라엘 백성들의 뿌리는 바로 이런 무서운 죄성에 있었습니다. 저는 야곱의 아들들이 이런 엄청난 죄를 저지르고도 곧장 하나님의 심판을 받지 않은 것이 이해가 되지 않습니다. 왜 하나님께서는 그들을 그 자리에서 심판하시지 않은 것입니까?

그것은 그들을 구원하기로 작정하셨기 때문입니다. 다른 사람의 피를 흘린 사람은 반드시 그 사람의 피도 흘려야 한다는 것이 율법의 정신입니다. 그런데도 하나님의 거룩한 이름을 악용하고 다른 사람을 죽이며 재산까지 빼앗은 이 야곱의 아들들을 죽이시지 않은 것은 영원한 작정 가운데 그들을 구원하기로 결심하셨기 때문입니다.

하나님께서는 이 아들들 대신 죄 없는 다른 아들을 죽임으로써 그들을 살려 주셨습니다. 그 아들이 누구입니까? 그들이 그토록 미워하던 요셉입니다. 그들은 요셉을 거의 죽인 것이나 다름없었습니다. 애굽에 노예로 팔아먹은 것은 죽인 것이나 다름없는 행동입니다. 그런데 하나님께서는 요셉의 죽음에 가까운 고난을 통해서 이들의 죄를 용서하셨습니다. 그런 의미에서 요셉은 예수 그리스도를 예표합니다.

사실 이 세상에 있는 모든 인간들은 하나님 앞에서 심판받아 마땅한 죄인들입니다. 그러나 하나님께서는 거의 대부분의 사람들을 살려 두셨습니다. 그 이유가 무엇입니까? 예수 그리스도의 죽음으로 우리 모두의 죄를 대속하기로 작정하셨기 때문입니다. 예수께서 이 세상에 오

그런데도
심판하시지
않은 이유

셨을 때 인간들은 그를 시기해서 십자가에 못박아 죽였습니다. 그러나 하나님께서는 놀랍게도 그 억울한 죽음을 통하여 우리의 죄를 용서하셨습니다.

오늘날 사람들은 너무나도 분노하고 있습니다. 청소년들은 입만 벌리면 욕을 뱉어 내고 가출하고 싶다고 합니다. 그것도 안 되면 누구한테 실컷 두들겨 맞거나 비라도 맞으면서 무한정 방황하고 싶어합니다. 왜 그렇습니까? 속에 꺼지지 않는 분노의 불이 있기 때문입니다. 또 어른들은 그나마 예의를 차리는 것처럼 보이지만, 그것은 자신을 방어하기 위한 행동의 일부일 뿐입니다. 마치 곤충이나 새가 보호색을 통해 자신을 지키려 하듯이, 다른 사람에게 예의를 지킴으로써 '나는 당신을 해칠 생각이 없으니 당신도 나를 해치려 들지 마시오' 라는 무언의 표시를 하는 것입니다.

어떤 사람과 사이가 나빠졌을 때 우리는 어떻게 합니까? 그 사람이 나에게 한 말을 밤새도록 생각하고 또 생각하고 다른 사람들에게 여러 차례 분노에 찬 말을 뱉어 냄으로써 그 사람을 마음으로 수없이 죽입니다. 이것은 우리가 하나님의 은혜에서 멀리 떨어져 죄의 상태에 머물고 있다는 표시입니다.

이 죄성에서
벗어나는 길

우리가 살 수 있는 유일한 길은 예수 그리스도 안으로 도망치는 것입니다. 예수 그리스도 안에 나의 한계를 그어 놓고 그 밖으로 나가지 않는 것입니다. 이 세상에서 자기 욕심껏 살려 하는 사람, '내 인생이니까 내 마음대로 산다, 내 돈이니까 내 마음대로 쓴다' 고 생각하는 사람을 하나님은 절대로 용서하시지 않을 것입니다.

기분이 좋을 때에는 우리가 죄인인지 의인인지 알 수 없습니다. 기분 좋을 때 의인 아닌 사람이 누가 있으며, 기분 좋을 때 남에게 잘해 주지 않는 사람이 누가 있습니까? 자기 속에 있는 자존심이 건드려지거나 욕망이 좌절될 때 얼마든지 진흙탕에서 뒹구는 짐승이 될 수 있는 그것이 우리 인간의 본성입니다.

결국 누군가 죽어야 합니다. 야곱의 아들들 속에 있는 분노는 세겜 사람들을 다 죽이고서도 풀리지 않았습니다. 그들은 죄 없는 동생 요셉을 거의 죽음에 이르게 하고 애굽에 노예로 팔아넘기고 나서야 비로소 자기들 안에 있는 죄성을 보았습니다. 그리고 나중에 요셉을 다시 만날 때까지 자신들의 죄 때문에 괴로워해야만 했습니다.

3. 야곱의 집에 필요한 것

우리가 기억해야 하는 사실이 무엇입니까? 야곱은 하나님의 집이요 구약의 교회라는 사실입니다. 그러나 그 하나님의 집은 사람을 살리고 사랑을 실천하는 곳이 아니라 다른 사람을 속이고 무참하게 살해하며 결국 그 모든 재산과 가족까지 빼앗는 깡패 같은 집단이 되고 말았습니다.

이것이 야곱 집의 모순입니다. 그의 집에는 도저히 하나 될 수 없는 두 가지가 공존하고 있었습니다. 하나는 거룩한 하나님의 영광이었습니다. 그의 집에는 하나님의 약속의 말씀이 있었고 그의 거룩한 임재가 있었습니다. 그리고 다른 하나는 그 교회를 채우고 있는 강도 같은 구성원들이었습니다. 그 집 식구들은 거짓말쟁이요 살인자요 남의 물

교회의 모순

건을 도둑질하고 강탈하고서도 조금도 죄의식을 느끼지 못하는 뻔뻔한 사람들이었습니다. 이것은 오늘날 교회의 모순이기도 합니다.

교회의 영광은 그 규모나 화려한 시설이나 건물에 있지 않습니다. 교회의 영광은 그 안에 있는 하나님의 말씀과 영광에 있습니다. 그런데 이 교회를 채우고 있는 구성원들은 어떤 사람들입니까? 이 세상에서 이리 구르고 저리 구르던 개뼈다귀 같은 인생들입니다. 늘 거짓말하고 싸우고 다른 사람에게 보복하려고 하는 사람들이 그 구성원이에요.

그러면 어떻게 해야 야곱의 집이, 교회가 참으로 아름답고 영광스러운 하나님 백성의 공동체가 될 수 있습니까? 자기 자신을 믿지 않고 하나님께 무릎을 꿇을 때입니다. 우리 안에 있는 죄성, 깨질 줄 모르는 자존심을 하나님 앞에 내려놓고 간구할 때입니다. 그렇지 않고 위선적으로 자신의 모든 삶을 감추어 놓고 예배 의식으로만 만족하려는 사람들은 예배를 통해 더 위선적이고 악한 자들로 나타나게 될 것입니다.

야곱의
현실주의

오늘 말씀을 보면 이 엄청난 사건이 벌어진 후 야곱은 자기 아들들의 죄성을 인하여 하나님을 두려워하는 것이 아니라 '가나안 사람들을 이렇게 죽여 놓았으니 이제 이 땅에서 어떻게 살 수 있을까'를 두려워하고 있습니다. 30절을 보십시오.

야곱이 시므온과 레위에게 이르되
"너희가 내게 화를 끼쳐 나로 이 땅 사람, 곧 가나안 족속과 브리스 족속에게 냄새를 내게 하였도다.
나는 수가 적은즉 그들이 모여 나를 치고 나를 죽이리니 그리하면 나와 내 집이 멸망하리라. "

야곱은 철저하게 계산적인 사람입니다. 그는 얼마나 많은 사람이 죽임을 당했는가, 하나님의 거룩한 의식이 얼마나 짓밟혔는가는 생각하지 않습니다. 가나안 사람들에게 미움을 받게 되었으니 이제 어떻게 이 땅에 살 수 있겠는가만을 걱정하고 있어요. 이방인은 현지인들에게 호감을 얻어야만 견딜 수 있는 법인데 아들들이 무지막지한 이빨과 발톱을 드러내어 그들을 해쳐 버렸으니 이제 어떻게 여기에서 살겠느냐는 것입니다.

아들들은 아버지의 책망에 뭐라고 대꾸하고 있습니까?

그들이 가로되 "그가 우리 누이를 창녀같이 대우함이

가하니이까? "(34:31)

누이를 창녀같이 대했으니 그들은 그런 식으로 죽어 마땅하다는 것입니다. 야곱의 아들들은 자신들의 잘못을 조금도 인정하지 않았습니다. 왜 그렇습니까? 그들은 몸만 가나안 땅에 와 있었을 뿐, 마음은 참으로 하나님께 돌아오지 않았기 때문입니다.

사람이 하나님으로부터 멀리 떨어져 있을 때 나타나는 현상이 무엇입니까? 아무리 죄를 지어도 그것이 죄인 줄 모른다는 것입니다. 오히려 죄를 지은 사람이 더 당당하게 큰소리를 쳐요. 아들들은 '우리가 잘못한 것이 뭐가 있느냐, 그러면 남들이 우리 누이를 창녀처럼 대해도 된단 말이냐'는 식으로 오히려 더 반격하고 있습니다.

하나님께 가까이 있을 때는 아직 행동으로 옮겨지지도 않은 아주 작은 욕심이나 나쁜 생각 하나만으로도 그렇게 가슴이 아플 수가 없습니다. '나의 더러운 욕심이 하나님의 마음을 아프게 했구나. 나의 악한 분노가 또 하나님의 마음에 아픈 상처를 드렸구나. 내가 욕심을 이기지 못해서 하나님이 주신 존귀함을 더럽혔구나' 하는 것을 깨닫기 때문입니다. 하나님의 성령이 우리 안에 찾아오시면 꼭 서치라이트가 마음 속을 온통 비추는 것 같습니다. 내 안에 있는 것 가운데 죄 아닌 것이 없습니다. 심지어 숨쉬는 것조차 죄로 느껴질 때가 있습니다.

그런데 교도소에 가면 오히려 죄인이 한 명도 없습니다. 저마다 "나는 억울합니다. 내가 왜 여기에 있는지 모르겠어요. 올 사람은 안 오고 나만 들어왔습니다" 하고 항변합니다. 성령이 역사하시지 않으면 교회도 교도소와 똑같습니다. '지가 뭔데 나만 가지고 죄인이니 아니니 떠드는 거야?' 하는 마음이 생겨요. 교도소와 똑같은 현상이 나타납니다.

나는 잘못한 것이 하나도 없는데 주위 사람들이 괜히 괴롭히는 것 같습니까? 나한테는 문제가 없고 다른 사람들한테만 문제가 있는 것 같습니까? 그것은 내가 하나님과 바른 신앙으로부터 얼마나 멀리 떨어져 있는가를 보여 주는 증표입니다.

야곱의 집은
교회였지만

야곱의 집은 하나님의 집이었습니다. 물론 그 집에 늘 하나님의 은혜가 충만했던 것은 아니었습니다. 그래도 아브라함 때에는 대체로 은혜가 충만해서 천사의 방문을 받기도 했고, 소돔 사람들을 포로로 잡아가는 그돌라오멜의 연합군을 격파하기도 했습니다. 물론 아브라함이 사람의 말을 듣고 하갈을 첩으로 얻었을 때 일시적으로 갈등과 침체에 빠진 적이 있긴 했지만, 그래도 사람의 피를 흘리거나 남의 물건을 빼앗은 적은 한 번도 없었습니다. 오히려 소돔 사람들이 자청해서 재물을 주겠다는데도 신발 하나 건드리지 않고 돌려주는 자비를 베풀었습니다.

이삭의 때에 이르렀을 때는 두 아들의 갈등이 너무나도 컸던 나머지 에서가 야곱을 죽일 마음까지 먹었지만, 야곱이 도망침으로써 하나님의 집에서 살인이 일어나는 사태까지는 막을 수 있었습니다. 그러나 야곱이 도망쳐 있는 동안 하나님의 집은 오랫동안 에서의 관할 아래 있어야 했습니다. 신앙이 전혀 없는 에서가 하나님의 집을 맡아서 목회를 했으니 그 집에 얼마나 말씀이 궁핍했고 하나님 나라의 구실을 제대로 못 했겠는가 쉽게 짐작할 수 있습니다.

그러나 야곱 때에는 엄청난 살육과 이유 없는 약탈이 벌어졌습니다. 그리고 같은 형제들이 동생을 죽음의 자리나 다름없는 애굽에 노예로 팔아넘기는 일이 생겼습니다.

이것은 무엇을 보여 줍니까? 하나님의 집이 인간의 욕심과 추악한 죄로 인해 얼마나 심하게 더럽혀질 수 있는가, 그 참된 영광을 잃고 얼마나 쉽게 강도의 소굴이 될 수 있는가를 보여 줍니다. 그래서 예수님께서는 예루살렘 성전에서 예배를 통해 사람들을 죄에서 떠나게 하는 생명의 역사를 일으키려 하기보다는, 거기서 생기는 돈만 챙기는 유대관원들을 향하여 "내 집은 기도하는 집이라 일컬음을 받으리라 하였거늘 너희는 강도의 굴혈을 만드는도다!"(마 21:13 하)라고 책망하셨습니다.

야곱의 아들들은 야곱의 집에 속해 있었기 때문에 오히려 자신들의

강도의 소굴로
전락하다

죄를 더 깨닫지 못했습니다. 늘 은혜를 받아 왔고 자동적으로 용서받아 왔기 때문에 남을 죽이며 남의 것을 빼앗고 나서도 그것이 죄인 줄 알지 못했습니다. 그들은 하나님의 집을 강도의 소굴로 만들고 말았습니다.

무너진 교회에
필요한 것 지금 야곱의 집에 필요한 것이 무엇입니까? 어떻게 하면 가나안 사람들의 미움을 덜 받느냐, 어떻게 하면 이 끔찍한 죄를 은폐하고 이 곳에서 잘먹고 잘살 수 있느냐가 아닙니다. 정말 중요한 것은 어떻게 하면 하나님과의 관계를 회복함으로써 성령의 역사가 다시 나타나게 할 것인가, 어떻게 하면 하나님과 자신들 사이를 가로막고 있는 죄를 청산함으로써 진정한 성령의 역사를 회복시킬 것인가 하는 것입니다.

그들이 살 수 있는 길은 하나님의 집으로서 참된 하나님의 영광을 되찾는 데 있었습니다. 자기들의 죄를 하나님 앞에 고백하고 그의 용서를 체험함으로써 성령의 역사가 다시 그들 가운데 충만하게 임하시게 하는 것이 가장 중요한 숙제였습니다.

오늘 우리가 기독교적인 신앙을 가지고 있으며 주일 예배에 참석하고 있다는 그 사실 자체로는 결코 거룩해질 수 없습니다. 우리 마음 속에 있는 교만과 분노를 그대로 가지고 예배를 드린다면 오히려 예배를 드리고 나서 훨씬 더 완악하고 강퍅한 자, 죄를 짓고 나서도 전혀 죄의식을 느끼지 못하는 자가 될 것입니다.

우리는 얼마든지 교회를 강도의 소굴로 만들 수 있습니다. 일주일 내내 자기 욕심대로 살다가 주일에 한 번, 그것도 느지막히 와서 반쯤 졸면서 예배드린 후에 할 일 다 했다고 생각하는 사람은 진짜 강도 같은 사람이에요. 이 세상에서 가장 거룩한 자도 교회 안에 있고 가장 끔찍한 죄인도 교회 안에 있다는 것을 아십시오.

오늘 우리가 해야 할 일은 우리 안에 있는 분노와 다른 사람에 대한 미움과 재물에 대한 욕심을 내려놓고 하나님의 은혜를 간구하는 것입니다. 우리 안에도 야곱의 아들들과 같은 분노가 있으며, 나와 전혀 상관 없는 사람들의 집이나 재물이나 자녀들에 대한 욕심이 있습니다. 그것을 보며 "오호라, 나는 곤고한 사람이로다! 이 사망의 몸에서 누가 나를 건져 내랴!" 탄식하면서 눈물로 기도하는 사람에게 살 길이 열립니다.

눈물 없는 예배는 죽은 예배입니다. 내가 몇 년 믿었고 직분은 무엇이며 교회에서 얼마나 봉사했느냐가 우리를 살려 주지 못합니다. "하나님, 평소에는 괜찮지만 속에 있는 저의 자존심이나 열등감이 건드려질 때는 견딜 수 없는 분노가 올라옵니다. 제가 이렇게 어쩔 수 없는 죄인이라는 것을 고백합니다. 제가 가지고 있는 모든 자랑을 버리도록 도와 주옵소서!" 이렇게 자기 모습을 똑똑히 보고 하나님의 은혜를 간구하며 땅을 치고 통곡하는 예배만이 우리를 살릴 것입니다.

얼마나 오랫동안 눈물 없는 예배를 드려 왔습니까? 얼마나 오랫동안 의미 없는 예배를 드려 왔습니까? 그러면서도 하나님의 집에 들어와 있다고 생각한다면 자기 스스로를 속이는 것밖에 되지 않습니다. 우리가 오늘 이 시간 할 수 있는 것은 하나님의 은혜를 간구하는 일입니다. 물론 또 실패하고 또 넘어지겠지요. 그럼에도 불구하고 그 때마다 다시 하나님의 은혜를 간구하는 것만이 오늘 우리가 살 수 있는 길입니다.

하나님의 예식이 인간의 욕심과 편의에 악용되어서는 안 됩니다. 예배나 거룩한 할례가 인간의 욕심에 악용되는 것을 우리는 단호하게 거절해야 합니다. 교회가 다른 사람의 돈 버는 수단으로 전락될 때 분명히 "안 된다!"고 해야 합니다. 교회는 사람들이 하나님께 돌아오는 곳, 만민이 기도하는 집이 되어야 합니다. 교회가 사람이 자기를 자랑하고 자기를 나타내는 곳이 되는 것을 우리는 단호히 거부해야 합니다.

우리 안에 있는 무서운 죄성은 나와 상관 없는 다른 사람을 다 죽여도 절대로 없어질 수 없는 것입니다. 오직 예수 그리스도의 십자가 죽음만이 우리 속에 있는 이 죄성을 깨닫게 하고 우리의 분노를 잠재울 수 있습니다.

여러분, 이 시간 교만한 마음을 다 버리고 하나님 앞에 있는 모습 그대로 나아갑시다. 우리의 죄성을 고백하고 성령의 역사가 회복되기를 간구합시다. 그것만이 죄인 된 우리가 살 길입니다.

4 벧엘로 올라간 야곱

하나님이 야곱에게 이르시되
"일어나 벧엘로 올라가서 거기 거하며
네가 네 형 에서의 낯을 피하여 도망하던 때에
네게 나타났던 하나님께 거기서 단을 쌓으라"
하신지라. 야곱이 이에 자기 집 사람과
자기와 함께한 모든 자에게 이르되
"너희 중의 이방 신상을 버리고 자신을 정결케
하고 의복을 바꾸라. 우리가 일어나 벧엘로
올라가자. 나의 환난 날에 내게 응답하시며
나의 가는 길에서 나와 함께하신
하나님께 내가 거기서 단을 쌓으려 하노라" 하매
그들이 자기 손에 있는 모든 이방 신상과
자기 귀에 있는 고리를 야곱에게 주는지라.
야곱이 그것들을 세겜 근처 상수리나무 아래
묻고 그들이 발행하였으나 하나님이 그 사면
고을들로 크게 두려워하게 하신 고로 야곱의
아들들을 추격하는 자가 없었더라.
야곱과 그와 함께한 모든 사람이 가나안 땅 루스,
곧 벧엘에 이르고 그가 거기서 단을 쌓고 그 곳을
'엘 벧엘'이라 불렀으니 이는 그 형의 낯을 피할
때에 하나님이 그에게 거기서
나타나셨음이더라.

리브가의 유모 드보라가 죽으매 그를 벧엘 아래
상수리나무 밑에 장사하고 그 나무 이름을
'알론 바굿'이라 불렀더라.
야곱이 밧단 아람에서 돌아오매 하나님이
다시 야곱에게 나타나사 그에게 복을 주시고
그에게 이르시되 "네 이름이 야곱이다마는
네 이름을 다시는 야곱이라 부르지 않겠고
이스라엘이 네 이름이 되리라" 하시고 그가 그의
이름을 '이스라엘'이라 부르시고 그에게 이르시되
"나는 전능한 하나님이니라. 생육하며 번성하라.
국민과 많은 국민이 네게서 나고 왕들이 네
허리에서 나오리라. 내가 아브라함과 이삭에게
준 땅을 네게 주고 내가 네 후손에게도 그 땅을
주리라" 하시고 하나님이 그와 말씀하시던 곳에서
그를 떠나 올라가시는지라.
야곱이 하나님의 자기와 말씀하시던 곳에 기둥,
곧 돌 기둥을 세우고 그 위에 전제물을 붓고
또 그 위에 기름을 붓고 하나님이 자기와
말씀하시던 곳의 이름을 '벧엘'이라 불렀더라.

창 35:1-15

고등학교에 올라가서 얼마 있지 않으면 문과와 이과 중에 진로를 결정해야 합니다. 사실 학생들은 자기 적성이 문과에 잘 맞는지 이과에 잘 맞는지 모르는 경우가 많습니다. 또 적성은 둘째 문제로 치더라도, 문과로 갈 때 더 성공할 수 있는지 이과로 갈 때 더 성공할 수 있는지 알지 못하는 경우가 거의 대부분입니다. 이것은 비단 고등학생들만의 문제는 아닙니다. 아마도 현재의 직업이나 직책이 적성이나 소질에 맞지 않는데도 어쩔 수 없이 직장생활 하고 있는 사람들도 많이 있을 것입니다. 적성에 맞을 뿐 아니라 정말 자기가 꼭 하고 싶었던 일을 지금 열심히 하면서 살고 있는 사람이 있다면 그는 참으로 행복한 사람입니다. 그러나 그런 사람은 백 명 중에 한 명, 혹은 천 명 중에 한 명 있을까 말까 할 것입니다.

저는 한때 어느 시중 은행의 온라인계에서 근무한 적이 있습니다. 아마도 제가 은행원이었다고 하면 고개를 갸우뚱할 분이 많을 것입니다. 누가 봐도 저와 은행 일은 맞아 보이지가 않기 때문입니다. 저의 가장 큰 문제는 돈을 잘 헤아리지 못한다는 것이었습니다. 백만원 다발을 놓고 아무리 헤아려도 좀처럼 숫자가 맞지 않았습니다. 늘 백만 원이 넘든지 아니면 모자라는 것입니다. 저는 주판도 전혀 다룰 줄 몰랐습니다. 손으로 계산하는 것이 훨씬 빠를 정도였습니다. 게다가 저에게는 돈을 싫어하는 기질이 있었습니다. 그런 사람이 은행 카운터에 앉아서 손님들의 돈을 받고 또 큰 소리로 고객들의 이름을 불러서 통장을 돌려 주어야 한다는 것은 결코 기쁜 일이 아니었습니다.

그렇다고 저에게 맞는 다른 일이 있었던 것도 아닙니다. 저는 결혼을 하고 직장생활을 하면서도 나 자신에게 맞는 일이 무엇인지 알 수가 없었습니다. 그처럼 내가 도대체 내가 어떤 사람인지도 모르고 나한테 맞는 일이 어떤 일인지도 모른 채 긴 기간을 살았습니다.

자기한테 맞는 일이 무엇인지 모르는 사람은 어떤 일을 하고 있으면서도 늘 마음 속에 갈등과 방황이 있습니다. 싫어도 그 일을 계속 해야 하는지, 아니면 다 집어치우고 다른 일을 해야 하는지, 그렇게 다른 일을 시작하면 과연 실패하지 않고 성공한다는 보장이 있는지, 이런 고민들이 늘 그의 머리를 지배합니다.

야곱에게 가장 어울리는 일은?

야곱의 경우에는 다행스럽게도 하나님께서 그에게 가장 어울리는 일, 가장 그다운 모습이 무엇인지 일찍이 체험하게 하셨습니다. 그것은 바로 벧엘에서 만났던 하나님을 그 위치에서 모시고 사는 것이었습니다. 벧엘은 야곱의 인생에서 가장 낮은 밑바닥을 의미했습니다. 그는 형 에서의 분노를 피해 가진 것 하나 없이, 동행하는 사람 한 명 없이 도망치다가 벧엘이라는 빈들에 쓰러져 잠들었습니다. 그리고 거기서 하나님을 만나는 놀라운 경험을 했습니다. 야곱에게 벧엘은 단순히 장소적인 의미만 가지는 것이 아니었습니다. 벧엘은 그의 인생에서 가장 비참하고 무력하며 낮은 자리였습니다. 하나님께서는 거기에서 야곱을 만나 주셨고 축복하셨습니다. 그는 그 가장 낮은 자리에서 가장 풍성하고 영광스러운 밤을 보냈습니다.

하나님께서 야곱에게 이런 체험을 주신 것은 앞으로 여러 가지 경험도 하고 여러 가지 직업도 가지겠지만 본질적으로 그에게 가장 아름다우면서도 잘 어울리는 일은 바로 '벧엘과 같은 상태에서 하나님을 만나는 것'임을 미리 보여 주시기 위해서였습니다. 그러나 야곱은 벧엘로 돌아가기 싫어했습니다. 다시는 그렇게 낮아지고 싶지 않고 그렇게 비참해지고 싶지 않았기 때문입니다. 그러나 하나님께서는 야곱을 벧엘로 가게 하셨고, 거기에서 다시 야곱에게 나타나셨으며, 하나님을 새롭게 경험하게 하셨습니다.

1. 벧엘로 올라가라

지금 야곱은 어떤 형편에 있습니까? 죽느냐 사느냐 기로에 처해 있습니다. 아들들이 세겜 땅에서 엄청난 일을 저지르는 바람에, 그는 도대체 무엇을 어떻게 해야 좋을지 알 수 없는 곤경에 처하게 되었습니다. 그들은 가나안 족속 한 성을 완전히 초토화시켜 버렸습니다. 남자들은 전부 죽여 버렸고 아이와 여자와 재산은 모조리 빼앗아 왔습니다. 그런 일을 저지르고도 가나안 땅에서 살 수 있다고 생각하는 사람이 있다면 아마 그는 미친 사람일 것입니다. 그들이 살 수 있는 유일한 길은 빨리 다른 곳으로 도망치는 것뿐이었습니다.

야곱의 곤경

그러나 야곱은 갈 곳이 없었습니다. 요단 강을 건너 하란으로 되돌아갈 수도 없었고, 그렇다고 애굽으로 도망칠 수도 없었습니다. 혹시 간다고 해도 도중에 습격을 당해 죽을 확률이 컸습니다. 세일 땅으로 가서 에서에게 도움을 청하는 것이 가장 현명한 선택일 수 있었지만, 사실은 에서도 그렇게 만만한 사람이 아니었습니다.

그는 하나님의 말씀에 따라 가나안 땅으로 오긴 왔지만, 도저히 여기에서 살 수 없는 곤경에 부닥치고 말았습니다. 그 때 하나님께서 야곱에게 말씀하셨습니다. 35장 1절을 보십시오.

하나님이 야곱에게 이르시되
"일어나 벧엘로 올라가서 거기 거하며 네가
네 형 에서의 낯을 피하여 도망하던 때에 네게
나타났던 하나님께 거기서 단을 쌓으라" 하신지라.

한번 생각해 보십시오. 사람한테는 날개가 달린 것도 아니고 지느러미가 있는 것도 아닙니다. 사람은 반드시 이 땅 위 어느 사회에 소속해서 살아야만 합니다. 그런데 어떤 어려움이 생겨서 도무지 자기가 속해 있는 그 사회에 발 붙이고 살 수 없는 형편이 되었다고 생각해 보십시오. 그는 도대체 어디로 가야 하겠습니까?

어떤 사람이 카드로 술을 마시기 시작했습니다. 처음에는 그 대금이 얼마 되지 않았는데 자꾸 마시다 보니 나중에는 수천만원으로 불어나게 되었습니다. 그 사람이 택한 길이 무엇인지 아십니까? 자살이었습니다. 외상값을 도저히 갚을 능력이 없으니까 그냥 자살해 버렸어요.

더구나 야곱의 아들들은 단순히 외상 술을 마신 정도가 아닙니다. 그들은 상상할 수도 없는 엄청난 죄를 저질렀습니다. 한 성을 완전히 쑥대밭으로 만들어 버렸어요. 그리고서도 거기에서 발붙이고 살 수 있다고 생각한다면 사람도 아니지요.

야곱은 가나안 땅에서 살 길이 없었습니다. 그가 선택할 수 있는 길은 가나안 사람들과 싸우다 죽느냐, 잡혀서 죽느냐 둘 중에 하나밖에 없었어요. 그들이 가나안 땅에서 살 수 있는 가능성은 바늘 구멍만큼도 보이지 않았습니다. 그런데 바로 그 순간 하나님의 음성이 야곱에게 들렸습니다. 그들이 가나안 땅에서 살 수 있는 길이 있다는 것입니다. 어떻게 살 수 있습니까? 야곱이 에서를 피해서 도망치다가 하나님을 만난 적이 있는 바로 그 벧엘이라는 곳으로 가서, 그 때 그 심정으로 하나님께 기도하고 단을 쌓으라는 것입니다. 그러면 가나안 땅에서 살 수 있다는 것입니다.

하나님께서는 왜 하필 벧엘로 도망치라고 하셨을까요? 여기에는 두 가지 의미가 있습니다. 우선 첫째로 하나님이 그 곳에서 야곱을 특별하게 만나 주셨기 때문입니다. 야곱은 다른 곳에서도 하나님을 체험했습니다. 하나님은 하란에서도 꿈에 나타나셨고 그 곳을 떠나 올 때에도 그와 함께하셨습니다. 또 그는 마하나임에서 천사 두 무리를 직접 목격하기도 했고 하나님의 천사와 씨름도 했습니다.

그러나 벧엘에서 하나님을 만난 경험은 이런 것들과 달랐습니다. 그것은 그에게 특별한 경험이었습니다. 그는 벧엘에서 처음으로 살아 계신 하나님을 체험했습니다. 그 전까지 하나님은 어디까지나 이론적인 분에 불과했습니다. 그림 속의 호랑이 같았어요. 그러나 벧엘에서 야

그를 만났던
그 곳으로
돌아가라

곱은 너무나도 생생하게 살아 계시며 자기를 보고 계신 하나님, 할아버지나 아버지나 다른 어떤 사람에게 말씀하시는 것이 아니라 바로 자기 자신에게 말씀하시는 하나님을 체험하게 되었습니다. 어떤 사람은 그가 꿈을 꾼 것이 아니냐고 말할지 모르지만, 이 꿈은 보통 꿈과 달랐습니다. 하나님이 임재하시는 꿈은 현실보다 더 강력한 법입니다. 얼마나 영광스럽고 생생하며 압도적인지 모릅니다.

우리는 신앙생활을 하면서 여러 모양으로 성령의 역사를 체험합니다. 그런데 그 중에서도 처음 하나님의 성령을 경험할 때와 다른 때 사이에는 좀 차이가 있습니다. 처음 성령을 경험할 때는 하나님 앞에서 자신이 얼마나 무서운 죄인인지 처음으로 느끼고 그것을 하나님께 고백하게 됩니다. '이것이 바로 나의 모습이로구나! 내가 이 모양 이 꼴이구나! 잘난 줄 알고 오늘까지 달려왔는데, 이제 보니 철저하게 무능하고 모순투성이구나! 하나님 앞에서는 죽은 개보다도 못한 존재로구나!' 하고 깨닫게 되는 것입니다. 청교도들은 처음 하나님을 실제적으로 체험하는 이 경험을 '성령 세례'라고 불렀습니다.

야곱이 처음으로 살아 계신 하나님을 체험하고 그 앞에서 아무것도 자랑할 것이 없는 죄인임을 고백한 벧엘은 그의 성소(聖所)였습니다. 야곱이 벧엘에 있는 한 어느 누구도 그를 건드릴 수 없습니다. 야곱이 하나님 앞에서 철저한 죄인으로 낮아져 있는 한 아무도 그에게 손댈 수 없습니다. 그래서 하나님이 벧엘로 가라고 하신 것입니다.

가장 낮은 그 자리로 돌아가라

둘째로, 야곱은 벧엘에서 가장 낮은 자리에 있었습니다. 그 때까지 그토록 가난하고 무력해 본 적이 없었습니다. 함께 있어 줄 이도 없고 도와 줄 이도 없으며 돈도 없이, 정말이지 아무것도 없이 누워 있던 그 자리야말로 인생의 밑바닥이었습니다. 혹시라도 에서가 부하를 보내어 죽이려 든다면 꼼짝없이 죽을 수밖에 없었습니다.

그러나 하나님께서는 바로 그 자리에서 야곱을 만나 주셨고 거기에서 야곱을 축복해 주셨습니다. 하나님께서는 지금 야곱에게 하나님 앞에 아무것도 가진 것 없었던 벌거벗은 그 자리로 다시 돌아가야 한다고 말씀하십니다. '네가 지금 가진 재산과 하인이 많다고 좀 까불고 있는 모양인데 너는 원래 그 자리로 돌아가야 가장 너답고 풍성한 삶을 살 수 있으며, 더 이상 방황하지 않는 온전한 삶을 살 수 있다' 고 말씀하십니다.

2. 야곱의 결단

야곱은 이 어려운 상황에 하나님의 말씀이 임했을 때, 그 말씀에 전적으로 순종하기로 결심했습니다. 다시 말해서 인간적인 계산을 전혀 하지 않기로 한 것입니다. 사실 벧엘로 가면 더 위험할 수 있었습니다. 벧엘은 사방이 뚫린 빈들로서 가나안 사람이 공격해 오면 전혀 방어할 길이 없는 곳이었기 때문입니다. 그보다는 에서의 도움을 받거나 잠시 가나안 땅을 떠나는 편이 더 안전할지도 모릅니다. 그러나 야곱은 더 이상 그런 인간적인 생각을 하지 않았습니다.

야곱은 벧엘로 가기로 했을 뿐만 아니라 더 철저히 순종하기로 했습니다. 그래서 어떻게 했습니까? 이번 기회에 자기 집을 하나님 앞에 아름다운 집으로, 그가 기뻐하시는 순결한 집으로 회복시키겠다고 결단했습니다. 그는 가족들에게 이렇게 말합니다.

> 야곱이 이에 자기 집 사람과 자기와 함께한
> 모든 자에게 이르되 "너희 중의 이방 신상을 버리고
> 자신을 정결케 하고 의복을 바꾸라"(35:2).

믿음의 사람인 야곱의 집에 그토록 우상이 많았다는 것은 놀라운 사실이 아닐 수 없습니다. 4절을 보십시오.

> 그들이 자기 손에 있는 모든 이방 신상과 자기 귀에
> 있는 고리를 야곱에게 주는지라. 야곱이 그것들을
> 세겜 근처 상수리나무 아래 묻고

돌아가기 전에 버릴 것이 있다

야곱의 식구들은 하나님께서 그렇게 함께하시며 많은 은혜를 주셨음에도 불구하고 아직까지 자기들의 우상을 전혀 버리지 않고 있었습니다. 여기 나오는 귀고리는 단순한 장식품이 아니라 부적 같은 것입니다. 그들은 나쁜 귀신이 덤비지 못하게 하려고 저마다 이런 귀고리를 달고 있었습니다. 야곱의 식구들은 형식적으로는 하나님께 예배를 드렸고 그를 찬양했지만, 집 구석 구석마다 우상을 가지고 있었고 저마다 호신용 장신구를 가지고 있었습니다. 예를 들어 아주 믿음이 좋다는 신자의 집 구석 구석에서 화투와 저질 잡지가 나오고 찬장마다 외제 술이 진열되어 있다면 누가 그 집을 온전한 믿음의 집이라고 말할 수 있겠습니까?

야곱은 이 엄청난 어려움이 생긴 이유가 아직도 자기 집에 청산되지 못한 죄에 있다는 것을 알게 되었습니다. 야곱 집의 특징은 상당히 자유분방하다는 것입니다. 아내도 많고 식구들도 워낙 많아서 일일이 통제하기가 어려워서였는지, 아니면 야곱 자신의 성격이 그러했는지는 모르겠지만, 그는 집안을 상당히 자유분방하게 이끌어 왔던 것 같습니다. 그러나 자유분방하다는 것과 그 집에 아직도 많은 우상이 남아 있다는 것은 질적으로 다른 문제입니다.

이제 야곱은 자기가 이 집에서 신앙적인 지도력을 발휘하지 못했던 것이 분명히 잘못된 일임을 깨닫고, 온 식구들에게 전심으로 하나님께 돌아가자고 권면합니다. "우리 하나님께 돌아가자. 우리가 가지고 있는 우상과 더러운 삶과 더러운 옷을 다 벗어 버리고 새로운 마음으로 온전히 하나님을 만날 준비를 하자!"

야곱은 하나님께서 벧엘로 가라고 하실 때 그 곳에서 또 특별하게 나타나시리라는 것을 알았습니다. 이제는 야곱 개인뿐 아니라 그의 식구들, 그와 함께 공동체에 속해 있는 모든 사람들에게 특별하게 나타나시리라는 것을 알았어요. 그래서 모두에게 하나님을 만날 준비를 하자고 합니다. 어떻게 우상을 품에 안고 하나님의 거룩한 존전에 나아갈 수 있으며, 어떻게 부정한 몸으로 하나님을 만날 수 있겠습니까? 어떻게 더러운 옷을 입고 그분의 얼굴을 뵐 수 있겠습니까? 어떻게 오른손에는 술병을, 왼손에는 카드와 화투를 들고 예수님을 만날 수 있으며, 가슴에 음란 비디오를 품고 그분을 만날 수 있겠습니까? 그래서 야곱은 온 식구들에게 '하나님께서 벧엘에서 우리를 지켜 주시고 보호해 주실 뿐만 아니라 그 영광을 보여 주실 테니, 우리가 그것을 체험할 수 있도록 하나님을 만날 준비를 하자'고 권고했습니다.

야곱은 무엇을 깨닫고 있습니까? 지금까지 자신이 바른 위치에 있지 못했다는 것입니다. 이것이야말로 이 모든 비극의 원인이라는 것입니다. 그는 많은 재물을 가지는 것을 자신다운 일로 생각했습니다. 많은 자녀와 하인들을 거느리는 것을 행복으로 여겼습니다. 그러나 하나님께서는 가나안의 큰 실패를 통해, 이것이 그의 바른 모습이 아니라고 말씀하십니다. 형에게 쫓겨 벧엘에서 쓰러져 자던, 낮아질 대로 낮아졌던 그 모습이야말로 참으로 그다운 모습이며 하나님의 영광을 회복할 수 있는 모습이라고 말씀하십니다.

가장 나다운
모습은 낮은
곳에 있다

오늘 무엇이 가장 나다운 모습이라고 생각합니까? 어떤 일을 하면 내 적성에도 잘 맞고 행복할 것 같습니까? 책상 앞에 앉아 열심히 컴퓨터에 몰입하는 것입니까? 무대 위에서 연주에 몰두하는 것입니까? 커피가 식는지, 누가 부르는지도 모른 채 밤낮 구별 없이 일에 빠져 보는 것입니까? 사람들은 자기가 하고 싶은 일을 실컷 할 수 있을 때, 지극히 자기다운 모습을 찾을 수 있을 것이라고 생각합니다. 그러나 이 세상에 완전한 일은 없습니다. 어느 곳에 가도 자기에게 꼭 맞는 일은 없어요.

가장 나다운 모습은 하나님을 바로 만나는 자리에 있습니다. 다른 사람이 이야기하는 하나님이 아니라 불타는 눈으로 나를 보고 계시며 내 모든 것을 알고 계시는 하나님, 나에게 말씀하시는 그 하나님을 아무것도 가진 것 없는 상태에서 만나는 그 모습이야말로 가장 나다운 모습입니다.

야곱은 실패한 그 곳에서 다시 하나님을 만날 준비를 하고 있습니다. 왜냐하면 그 전에도 그가 가장 어려웠을 때, 가장 비참한 자리에 떨어졌을 때 만나 주셨기 때문입니다. 좋은 옷을 입고 화려한 화장을 하고 돌아다닌다고 해서 하나님이 만나 주시는 것이 아닙니다. 이 세상에서 가장 나다울 수 있을 때는 살아 계신 하나님 앞에서 철저하게 낮아질 때입니다.

이 세상에서 살아남을 수 있는 길이 무엇입니까? 사면초가의 현실에서 살아남을 수 있는 유일한 길이 무엇입니까? 있는 모습 그대로 나아가 살아 계신 하나님을 만나는 것입니다.

5절을 보십시오.

> 그들이 발행하였으나 하나님이 그 사면 고을들로
> 크게 두려워하게 하신 고로 야곱의 아들들을
> 추격하는 자가 없었더라.

가나안 사람들은 야곱과 그의 아들들이 도망치는 것을 보았습니다. 그럼에도 불구하고 감히 그 일행을 추격하여 공격하는 자가 없었습니다. 하나님께서 그들에게 야곱을 크게 두려워하는 마음을 주셨기 때문입니다.

돌아가는 길을 지키시다

3. 새로워질 필요가 있다

야곱의 공동체는 바로 구약의 교회요 하나님의 나라였습니다. 그러나 그 공동체 역시 죄인들이 모인 곳이었기 때문에 하나님의 은혜를 입으면서도 계속 하나님으로부터 멀어졌습니다. 그들은 하나님을 믿는다고 하면서도 여전히 우상을 섬겼고 부적 같은 귀고리를 달고 다녔습니다. 결국 이 공동체는 엄청난 살육을 저지르는 강도의 소굴로 변하고 말았습니다.

큰 어려움을 당하게 되었을 때 야곱은 단지 그 어려움만 피하는 것이 아니라, '이 때야말로 하나님께 돌아갈 기회구나. 이 기회를 통해서 정말 하나님이 기뻐하시는 사람이 되어야겠다. 나의 삶과 우리 집안 가운데서 하나님이 싫어하시는 것들을 청산하고 그분이 기뻐하시는 모습을 되찾자. 이제 더 이상 망설이지 말자. 우리 집이 교회냐, 강도의 소굴이냐? 이제는 정말 결단해야 한다'고 생각했습니다.

무슨 말입니까? 야곱과 그의 가족들은 자신들의 삶 가운데 어떤 부분이 하나님을 기쁘시게 못 하는지 알고 있었다는 것입니다. 다 알면서도 차일피일 청산하지 못했던 것입니다. 그러다가 이런 엄청난 일을 당하게 되자 비로소 그 가운데서 말씀하시는 하나님의 음성을 듣게 되었습니다. 그것이 무엇입니까? 지금 결단을 내리지 않으면 그야말로 다 결단난다는 것입니다. 여기에서 더 머뭇거리면 다 죽는다는 것입니다.

하나님께서 계속 은혜를 주시는데도 불구하고 자기가 붙들고 있는 그 작은 욕심이나 악취미나 좋지 못한 습관을 포기하지 못하는 것을 보면, 정말이지 우리는 죄인이 아닐 수 없습니다. 이렇게 하루 이틀 결단을 미루다가 어떻게 됩니까? 하나님으로부터 자꾸자꾸 멀리 떠내려갑니다. 이 핑계 저 핑계 대고 있기는 하지만, 사실은 지금 자기 삶에서 무엇이 하나님을 기쁘시게 못 하는지, 자기 기질과 자기가 만나고 있는 사람과 자기의 생활방식 중에서 무엇이 하나님을 기쁘시게 못 하는지 우리 자신이 누구보다 잘 알고 있습니다. 그런데도 결단하지 않고 미룰 때 결국은 엄청난 비극이 터지는 것입니다.

우리가 하루하루 별일 없이 잘 지내는 것은 하나님께서 그 크신 손으로 늘 붙들어 주시기 때문입니다. 그런데 하나님께서 참다 참다 더 이상 참지 못하게 되실 때에는 붙들고 있던 손을 놓아 버리십니다. 그러면 바로 눈앞에서 모든 것의 종말이 닥쳐옵니다.

야곱은 이 어려운 상황에서 하나님의 말씀을 듣고 그분을 만날 준비를 하고 있습니다. 그는 참으로 하나님이 기뻐하시는 사람이 되기로 결심합니다. 그리고 모든 식구들에게 하나님을 만나기에 부족함이 없도록 버릴 것은 버리고 청산할 것은 청산하는 마음과 태도를 가지라고 명령합니다. 3절을 보십시오.

야곱 집안처럼

"우리가 일어나 벧엘로 올라가자. 나의 환난 날에
내게 응답하시며 나의 가는 길에서 나와 함께하신
하나님께 내가 거기서 단을 쌓으려 하노라."

일어나서 가자는 것입니다. 가서 그 영광의 하나님을 되찾자는 것입니다. 이 말을 들은 야곱의 가족들은 그 말에 순종하여 자기들이 붙들고 있던 엄청나게 많은 우상들을 기꺼이 내놓았습니다.

그들이 자기 손에 있는 모든 이방 신상과 자기 귀에

있는 고리를 야곱에게 주는지라. 야곱이 그것들을
세겜 근처 상수리나무 아래 묻고(35:4)

이렇게 그 동안 가지고 있던 모든 우상과 자기들을 지켜 준다고 생각했던 귀고리들을 전부 나무 밑에 파묻은 후에, 그들은 새 마음으로 하나님을 만날 각오를 하고 벧엘로 올라갔습니다.

어떤 사람은 야곱이 우상을 태워서 재로 만드는 대신 나무 아래 묻고 떠난 것을 놓고, 그의 신앙이 아직 부족한 탓이라고 말하기도 합니다. 이스라엘 백성들은 우상을 없앨 때 그것을 태워서 가루로 만들어 버리곤 했기 때문입니다. 그러나 야곱이 지금 주위 사람들로부터 쫓기는 입장에 있다는 것을 생각하면, 우상을 태워서 가루로 만든다는 것은 큰 시간 낭비였으리라는 점을 짐작할 수 있습니다. 그냥 땅에 파묻고 가는 것만 해도 대단한 일이었어요. 그는 황급히 우상들을 땅에 파묻고 하나님이 싫어하시는 모든 것들을 청산한 후 벧엘을 향하여 떠났습니다.

있는 모습 그대로 내 앞에 나오라

오늘 하나님께서 이 사건을 통하여 우리에게 말씀하려고 하는 것이 무엇입니까? 우리 역시 야곱처럼 하나님과 바른 관계에 있을 때 지극히 나다운 모습을 찾을 수 있으며, 진정한 만족을 누릴 수 있다는 것입니다. 그런데도 우리는 자꾸 다른 데서 만족을 찾으려 합니다. '직장을 옮기면 더 만족한 삶을 누릴 수 있을까? 더 넓은 집으로 옮기면 더 만족할 수 있을까? 전공을 바꾸면 더 온전한 내 모습을 되찾을 수 있을까?'

그러나 하나님께서는 '그런 것은 둘째 문제다. 너는 왜 내 앞에 있는 모습 그대로 나아오지 않느냐 고 물으십니다. '벌거벗고 궁핍하고 상처받은 모습 그대로 왜 나오지 않고 자꾸 멀어져만 가느냐'는 것입니다. 하나님께서 지금 우리에게 원하시는 것은 야곱처럼 그분 앞에 나아가는 것입니다.

우리 한 사람 한 사람 안에는 하나님이 싫어하시는 우상들이 있습니다. 우리는 그런 죄들을 마치 신주단지나 되는 것처럼 붙들고 있습니다. 다른 사람은 몰라도 우리는 우리 삶 가운데서 하나님을 기쁘시게 못 하는 부분이 어떤 것인지 알고 있습니다. 하나님께서는 그것을 버리고 가장 낮은 모습으로 나아오라고 하십니다. "하나님, 저는 이것 없으면 정상적인 삶을 살 수 없을 정도로 약한 사람입니다. 하나님, 저를 도와 주십시오!" 이렇게 기도할 때 하나님께서는 그 놀라운 임재를 보여 주실 것입니다.

사랑하는 여러분, 예배드릴 때 어떤 심정으로 나아갑니까? 하나님의 그 영광스러운 얼굴을 만날 준비를 하고 나아갑니까? 마음 속에 숨어 있는 우상을 다 나무 밑에 파묻어 버리고 나아갑니까? 아니면 그저 하루하루 사는 것이 너무나도 지겹고 의미가 없는 것 같습니까? 이 세상에서 살기는 살아야겠는데 도저히 살 길이 없어 보입니까?

함께 하나님께 나아갑시다. 나중에 시간 내서 정리하려고 하지 말고 지금 이 자리에서 우상을 꺼냅시다. 무엇이 나를 하나님 앞에서 그렇게 답답하게 만들었는지, 무엇이 하나님으로 하여금 나를 싫어하시게 만들었는지, 그 모든 더러운 습관과 취미들을 꺼내서 파묻고, 가장 낮은 모습으로 하나님을 만날 준비를 합시다.

그러면 하나님께서 우리 모두에게 놀랍게 임재하실 것이며 우리 모두를 영광스럽게 변화시키실 것입니다. 우리 안에 있는 모든 어려움들이 갑자기 작아져 버릴 것입니다. 아무리 절망과 좌절에 빠져 있는 자라 하더라도 우리 가운데 오기만 하면 새로운 힘을 얻는 역사가 일어날 것입니다. 이 세상에서 전혀 살 소망이 없는 사람이라 하더라도 이 안에 들어오기만 하면 새 힘을 얻고 일어서는 놀라운 일이 일어날 것입니다.

4. 언약의 갱신

다시 축복하시다

야곱과 그의 가족들이 벧엘로 돌아와서 하나님께 단을 쌓고 예배를 드렸을 때 하나님께서는 다시 야곱에게 나타나셔서 그를 축복하셨습니다.

야곱이 밧단 아람에서 돌아오매 하나님이 다시 야곱에게
나타나사 그에게 복을 주시고 그에게 이르시되
"네 이름이 야곱이다마는 다시는 야곱이라 부르지 않겠고
이스라엘이 네 이름이 되리라" 하시고 그가 그의 이름을
'이스라엘'이라 부르시고 그에게 이르시되
"나는 전능한 하나님이니라. 생육하며 번성하라.
국민과 많은 국민이 네게서 나고 왕들이 네 허리에서
나오리라. 내가 아브라함과 이삭에게 준 땅을 네게 주고
내가 네 후손에게도 그 땅을 주리라" 하시고

하나님이 그와 말씀하시던 곳에서 그를 떠나
올라가시는지라(35:9-13).

이 축복은 아브라함과 이삭에게 주신 것과 똑같은 축복입니다. 하나님께서는 전에도 야곱에게 이 약속을 주신 적이 있었습니다. 그러나 이번에는 그의 아들들과 그에게 속한 온 무리가 함께 이 축복에 동참하고 있습니다.

하나님께서 우리에게 주실 축복이 얼마나 많습니까? 그런데도 하나님께서는 딱 두 가지 축복, 즉 많은 자손과 가나안 땅만 약속하셨습니다. 하나님은 왜 이 약속을 반복하시는 것입니까? 이 두 가지야말로 하나님 나라를 이루는 요건이기 때문입니다. 나라를 이루려면 일단 국민과 땅이 있어야 합니다. 다시 말해서 많은 후손과 가나안 땅을 주신다는 것은 그들로 하나님 나라가 되게 하시겠다는 것과 같은 말입니다. 이보다 더 큰 축복이 없습니다.

"너희를
내 나라로
삼으리라"

하나님의 백성에게는 특별한 것이 많습니다. 그 중에서도 가장 중요한 것이 자유입니다. 하나님의 백성만이 이 세상에서 진정한 자유를 누릴 수가 있습니다. 그들이야말로 자기 양심이 원하는 바에 따라 자기가 원하는 대로 살 수 있는 사람들입니다. 하나님의 백성에게는 하나님의 특별한 보호가 있습니다. 아무도 그들을 함부로 건드리지 못합니다. 그들이 죄를 지을 때에는 하나님께서 직접 징계하시지만, 그가 징계하시지 않는데도 주위 사람들이 함부로 괴롭히고 공격할 때에는 하나님께서 직접 그자들을 심판하십니다. 또한 하나님 나라의 백성에게는 하나님의 특별한 공급이 있으며, 가진 것 하나 없어도 기도만으로 모든 것을 얻을 수 있는 특권이 있고, 진정한 존귀함이 있습니다.

하나님의 언약은 새로워질 필요가 있습니다. 하나님이 변하시기 때문이 아닙니다. 우리가 늘 변하기 때문입니다. 우리는 그냥 가만히 있어도 하나님과의 바른 관계에서 자꾸만 멀어져 가는 성향을 가지고 있습니다. 하나님께서 우리에게 은혜를 주시지 않는 것은 그의 능력이 줄어들었기 때문이 아닙니다. 그의 팔이 짧아졌기 때문이 아니에요. 하나님께서 우리에게 은혜를 주시지 않는 것은 우리가 그 은혜를 받을 만한 위치에 있지 못하기 때문입니다.

사실은 우리 가운데 성령이 충만히 임하고 생명력이 넘치는 것이 정상입니다. 그리스도인들이 모였는데도 힘없이 비실거리며 누울 자리만 찾는 것은 비정상적인 일이에요. 하나님의 백성은 힘이 넘쳐야 하고 소망이 넘쳐야 합니다. 왜 그렇습니까? 하나님께서 그렇게 되도록 생명과 경건에 속한 모든 것을 부어 주겠다고 약속하셨기 때문입니다. 아무리 낙심한 자라도 우리 가운데 있으면 벌떡 일어서는 것이 정상입니다. 그러나 그런 일이 우리 가운데 일어나지 않는다면, 그것은 우리가 하나님이 원하시는 위치에 있지 못하고 다른 곳으로 떠내려갔다는 증거입니다.

주일 예배가 무엇입니까? 바로 이 언약을 갱신하는 것입니다. 나도 모르는 사이에 하나님과의 바른 관계에서 멀어져 세상으로 떠내려갔던 것을 회복하는 것입니다. 단순히 사람만 많아진다고 해서 부흥이 아닙니다. 어려운 일을 당했을 때, 또는 하나님의 강력한 말씀을 들었을 때, '내가 하나님과 바른 관계에서 너무 멀리 떠나 왔구나. 나와 하나님 사이를 가로막는 것이 너무나도 많구나. 지금 내 모습은 하나님이 기뻐하시지 않는 모습이구나. 내가 정말 하나님이 싫어하시는 모습으로 여기 앉아 있구나' 하는 것을 깨닫고, 하나님과 나 사이를 가로막고 있는 모든 것을 청산하고 하나님께 바른 모습으로 나아가는 것이 진짜 부흥입니다.

회개는 단지 자신의 실패나 죄에 대해 감정적으로 슬퍼하는 것이 아닙니다. 눈물을 흘리면서 지난 시절을 안타깝게 생각하는 것은 참회입니다. 그러나 성경은 '참회하라, 천국이 가까웠느니라'고 하지 않고 "회개하라, 천국이 가까웠느니라"고 합니다. 오히려 눈물 한 방울 흘리지 않아도 좋으니 버릴 것은 버리고 청산할 것은 청산하고 끊을 것은 끊고 바른 관계를 회복하라는 것입니다.

회개는 자신의 모습을 바로 보고 삶을 뜯어 고치는 것입니다. 스케줄을 바꾸고 생활 습관을 고치고 버릴 것은 버리고 바른 위치에 두어야 할 것은 바른 위치에 두는 것입니다. 그렇게 할 때 하나님의 엄청난 영광이 내 속에 임하는 것과, 그분이 나를 얼마나 기뻐하시고 사랑하시는가를 전인격적으로 체험할 수 있습니다. 우리의 마음이 하나님 앞에서 흥분되며 '내가 참으로 하나님의 사랑받는 사람이구나' 하는 것을 온몸으로 느낄 수 있어요. 이보다 더 큰 상급이 어디에 있습니까?

여러분, 우리는 이 엄청난 축복의 문턱에 다 함께 와 있습니다. 이제 건드리기만 하면 하나님의 축복이 쏟아질 판입니다. 여기에서 돌아서면 안 됩니다. 참회하지 마십시오. 눈물 흘리려고 생각하지 마십시오. 우리가 해야 할 일은 결단을 내리는 것입니다. 하나님을 기쁘시게 못하는 것이 나의 삶에 있습니까? 그것이 취미든지 직업이든지 무엇이든지 간에 버리겠다고 결단하십시오.

5. 야곱의 반응과 드보라의 죽음

야곱은 하나님의 말씀을 듣고 또다시 하나님 앞에 돌을 세우고 전제와 기름을 붓습니다.

야곱이 하나님의 자기와 말씀하시던 곳에 기둥,
곧 돌 기둥을 세우고 그 위에 전제물을 붓고
또 그 위에 기름을 붓고 하나님이 자기와 말씀하시던
곳의 이름을 벧엘이라 불렀더라(35:14, 15).

다시 벧엘에
돌을 세우다

야곱은 30년 전에 이미 자기가 베고 자던 돌기둥을 세우고 거기에 기름을 부으면서 하나님께 서원한 적이 있습니다. 벧엘에서 하나님을 만난 그 경험은 야곱에게 특별한 것이었습니다. 우리도 하나님을 특별하게 만날 때가 있습니다. 그냥 환경적으로 도우시고 인도하시는 것이 아니라 직접 찾아오셔서 나를 감동시키시고 충만하게 채우실 때가 있습니다. 벧엘에서 야곱의 경험이 바로 그러했습니다.

야곱은 하나님의 특별한 임재를 체험한 후에 거기 돌을 세우고 전제와 기름을 부었습니다. 전제란 포도주를 붓는 의식으로서, 제사드리는 자의 생명을 의미합니다. 제물 위에 포도주를 부으면 꺼져 가던 불길이 다시 솟아 오릅니다. 마치 캠프파이어를 할 때 꺼져 가는 불에 기름을 부으면 다시 불길이 솟아 오르는 것과 같습니다. 다시 말해서 이것은 '나의 모든 생명을 다해, 나의 남은 삶을 다해 이 벧엘의 하나님을 떠나지 않겠다. 다시는 교만하지 않으며 나 자신을 자랑하지 않고 내 삶을 온전히 하나님께 드리겠다. 다시는 우리 가정에 우상을 허용하지 않겠다'는 뜻입니다. 앞으로 또 실패할지도 모르고 또 신앙이 흔들릴지도 모르지만, 그 부족한 믿음 그대로 하나님께 바치겠다는 것입니다.

하나님께서 특별한 체험을 주실 때 우리는 거기에 반응을 해야 합니다. 나의 중심으로 감사드리면서 그분이 주시는 것으로 만족하겠다는 결심을 드려야 합니다.

본문에는 리브가의 유모 드보라가 죽는 사건이 기록되어 있습니다.

리브가의 유모 드보라가 죽으매 그를 벧엘 아래
상수리나무 밑에 장사하고 그 나무 이름을
'알론 바굿'이라 불렀더라(35:8).

어떤 이는 그가 리브가의 유모가 아니라 라헬의 유모가 아니겠느냐고 말하기도 합니다. 리브가는 야곱의 모친으로서 이미 죽었는데, 더구나 그의 유모라면 얼마나 늙었겠습니까? 또 설사 그가 늦게까지 살아 있었다 하더라도 이삭의 집에 있어야지, 어떻게 야곱과 함께 벧엘에 있을 수 있었겠느냐 하는 의문도 있습니다. 리브가의 유모라면 적어도 160세는 넘었을 것입니다. 그런데 과연 그 나이가 되도록 야곱을 따라다닐 수 있었겠습니까?

드보라가 어떻게 거기 있게 되었는지는 모르겠지만, 모든 이가 그의 죽음을 애도한 것을 볼 때 야곱 집 사람들에게 큰 사랑과 존경을 받았다는 것은 알 수 있습니다. 드보라가 묻힌 나무 이름을 '알론 바굿'이

드보라의 죽음이
보여 주는 것

라고 했는데, 이것은 '애통의 나무'라는 뜻입니다. 아마도 드보라는 리브가가 죽고 난 후 그가 그토록 사랑하던 아들 야곱을 보고 싶어했고, 자기의 최후를 그와 함께하고 싶어했던 것이 아닌가 생각합니다. 그러나 늙은 몸으로 하란까지 찾아갈 수는 없었을 것이고, 야곱이 가나안 땅에 왔을 때 비로소 찾아왔을지도 모르겠습니다. 여하튼 드보라는 야곱과 그의 문제 많은 아들들이 다함께 하나님께 돌아와서 예배드리며 하나님의 은혜로 충만해지는 것을 보고 죽었습니다.

저는 그런 점에서 드보라가 성전에서 늘 기도하며 이스라엘의 위로를 기다렸던 안나와 비슷하다고 생각합니다. 안나는 어려서 남편을 잃은 후 무려 84년 간 과부로 지내면서 성전을 떠나지 않고 주야로 기도하다가, 마침내 성전에 할례를 받으러 오신 아기 예수를 안고 축복하는 영광을 얻었습니다. 비록 육신의 눈은 멀었지만 마음의 눈으로 영광의 주가 성전에 임하시는 것을 목격한 후에 그는 죽었습니다.

드보라는 에서가 다스리는 병든 교회에서 야곱의 영광의 회복을 바라보며 기도하던 여성도였습니다. 그는 리브가가 죽고 난 후에도 그 소망을 포기하지 않고 기다리다가, 마침내 야곱과 그의 열두 아들이 돌아와 하나님을 경배하며 교회를 온전케 하는 것을 본 후에 죽어서 벧엘에 묻혔습니다.

교회의 회복을
사모하라

오늘 우리가 바라보고 사모해야 할 것이 무엇입니까? 하나님의 교회가 온전히 그 영광을 회복하는 것입니다. 우리 주위에 얼마나 많은 사람들이 바른 복음을 듣지 못해서 고통 가운데 신앙생활을 하고 있습니까? 이 땅에 얼마나 많은 교회들이 병들어 있고 죽어 있으며 업신여김받고 있습니까? 그럼에도 불구하고 더 나은 영광을 바라보지 못하고 세상에서 돈 벌고 애 키우는 재미에 빠지거나 작은 취미와 욕심을 끌어안고 살 수 있습니까? 하나님이 기뻐하시지 않는 줄 알면서도 죄된 것들을 품고 살 수 있습니까?

우리가 그것으로 인해 가슴아파하지 않고 결단을 내리지 못한다면 야곱의 살인자 아들들보다 나을 것이 하나도 없습니다. 우리는 이 땅에 있는 교회들이 온전한 영광을 회복하기를 죽을 때까지 바라보아야 합니다. 야곱의 아들들과 같은 이 땅의 그리스도인들이 벧엘로 나아가 그 영광스러운 하나님의 얼굴을 뵙고 새로운 결단 내리는 모습을 우리 눈으로 보게 되기를 사모해야 합니다.

오늘 우리 앞에 그 영광의 순간이 다가오고 있습니다. 우리는 다함께 그 영광의 존전에 나아와 있습니다. 아직도 미련을 가지고 있고 아직도 포기하지 못하고 있는 욕심이 무엇입니까? 그것을 버릴 때 가장 나다운 모습, 가장 온전하고 영광스러운 모습을 회복할 것입니다.

사랑하는 성도 여러분, 일어나십시오. 가지고 있는 우상을 버리십시오. 몸을 정결케 하십시오. 새 옷을 입으십시오. 우리 모두 하나님을 만날 준비를 하고 나아갑시다.

5 요셉의 꿈

야곱이 가나안 땅, 곧 그 아비의 우거하던
땅에 거하였으니 야곱의 약전이 이러하니라.
요셉이 17세의 소년으로서 그 형제와 함께
양을 칠 때에 그 아비의 첩 빌하와 실바의
아들들로 더불어 함께하였더니 그가 그들의
과실을 아비에게 고하더라.
요셉은 노년에 얻은 아들이므로 이스라엘이
여러 아들보다 그를 깊이 사랑하여 위하여
채색옷을 지었더니 그 형들이 아비가 형제들보다
그를 사랑함을 보고 그를 미워하여 그에게 언사가
불평하였더라. 요셉이 꿈을 꾸고 자기 형들에게
고하매 그들이 그를 더욱 미워하였더라.
요셉이 그들에게 이르되
"청컨대 나의 꾼 꿈을 들으시오.
우리가 밭에서 곡식을 묶더니 내 단은 일어서고
당신들의 단은 내 단을 둘러서서 절하더이다."
그 형들이 그에게 이르되
"네가 참으로 우리의 왕이 되겠느냐?
참으로 우리를 다스리게 되겠느냐?" 하고
그 꿈과 그 말을 인하여 그를 더욱 미워하더니
요셉이 다시 꿈을 꾸고 그 형들에게 고하여 가로되
"내가 또 꿈을 꾼즉 해와 달과 열한 별이 내게

절하더이다" 하니라.

그가 그 꿈으로 부형에게 고하매 아비가
그를 꾸짖고 그에게 이르되 "너의 꾼 꿈이
무엇이냐? 나와 네 모와 네 형제들이
참으로 가서 땅에 엎드려 네게 절하겠느냐?"
그 형들은 시기하되 그 아비는 그 말을
마음에 두었더라.

창 37:1-11

가끔 집에서 아내와 남편이 병원 가는 문제를 두고 다툴 때가 있습니다. 대개 여성들은 몸이 좀 이상하면 병원에 잘 가는 편이지만, 남자들은 자신의 약한 모습을 인정하기 싫어서인지 몰라도 웬만해서는 병원에 가려고 하지 않습니다. 그런 남편을 설득해서 병원에 가게 하는 것이 얼마나 어려운 일인지 모릅니다.

구원의 필요성을 전혀 느끼지 못하는 사람을 설득해서 구원에 관심을 갖게 하는 것은, 자신은 건강하다고 믿고 있는 남편을 설득해서 병원에 가게 하는 것보다 훨씬 더 어려운 일입니다. 사람들은 자신의 인격이 완전하지는 않지만 그래도 지옥 형벌을 영원히 면할 수 없을 정도로 악하다고까지는 생각하지 않습니다. 그래서 인생에 특별한 계기가 생기기 전에는 신앙이나 하나님의 말씀에 주의를 기울이려고 하지 않습니다.

우리는 하나님의 백성으로 택함받은 야곱의 아들들이 얼마나 잔학하고 추잡스러운 죄성을 가지고 있는지 이미 살펴보았습니다. 저는 설교를 하면서도 얼마나 가슴이 찢어지고 아팠는지 말할 수가 없습니다.

야곱의 딸 디나는 가나안 여자와 놀기 위해 세겜 거리로 나갔다가 강간을 당했습니다. 그리고 야곱의 아들들은 그 분풀이로 모든 세겜 사람들을 칼로 쳐 죽였습니다. 그것도 할례를 받으면 결혼시켜 주겠다고 속여서 디나를 강간한 당사자뿐 아니라 거기 사는 남자들을 전부 죽이고 재산을 약탈했습니다.

그럼에도 불구하고 그들은 전혀 죄의식을 느끼지 못했습니다. 35장 끝부분에는 더 충격스러운 사실이 기록되어 있습니다. 야곱의 큰아들 르우벤이 자신의 작은어머니라고 할 수 있는 아버지의 첩 빌하와 통간한 것입니다. 그런데도 야곱의 아들들은 자신들에게 아무 문제가 없다고 생각했습니다. 자신들이 하나님 앞에서 멸망받을 수밖에 없는 죄인이며 하나님의 특별한 구원이 필요한 자들이라는 사실을 인정하지 않았습니다. 그런 가운데 하나님께서는 한 구원자를 준비하셨습니다. 그는 바로 요셉이라는 아들이었습니다.

우리가 요셉의 생애에서 볼 수 있는 것은 그가 너무나도 그리스도를 닮았다는 사실입니다. 요셉은 야곱이 끔찍이도 사랑하는 아들이었습니다. 그러나 그는 바로 그 사실 때문에 첩의 아들들로부터 미움을 받았습니다. 오늘 본문은 요셉이 배다른 형제들로부터 무엇 때문에 미움을 받게 되었고, 무엇 때문에 죽임을 당할 뻔했으며, 무엇 때문에 애굽까지 종으로 팔려가게 되었는지를 설명해 주고 있습니다.

요셉은 어느 정도 성장한 후에 아주 강력한 꿈을 하나 꾸게 되었습니다. 그것은 그가 밭에서 형제들과 함께 곡식단을 묶고 있는데, 갑자기 자기 단은 벌떡 일어서고 다른 형제들의 단이 그 단을 둘러서서 절하는 꿈이었습니다. 우리 생각에는 이 꿈을 꾸고 난 요셉의 기분이 아주 좋았을 것 같습니다. 그러나 실상은 정반대였습니다.

하나님이 주시는 꿈은 일상적인 꿈과 그 성질이 완전히 다릅니다. 하나님이 주시는 꿈은 희망사항이나 잠재의식의 발현이 아니라 하나님의 계시입니다. 하나님의 계시로 주어지는 말씀은 너무나도 무게 있고 강력하기 때문에 그것을 받은 사람이 완전히 탈진하게 되어 있습니다. 그 말씀에 사로잡히고 압도당한 나머지 때로는 자리에 드러누울 정도로 앓기도 합니다.

요셉은 이 꿈을 꾼 후에 완전히 하나님의 말씀에 사로잡혀서 다른 일을 할 수가 없었습니다. 그는 엄청난 말씀의 위력 앞에서 염려하고 근심했으며, 이 말씀을 형제들과 나누고 싶어했습니다. 그러나 막상 그 꿈을 이야기했을 때, 형제들로부터 버릇없고 나쁜 동생으로 더 미움을 받게 되었습니다.

하나님의 꿈은 한 번으로 끝나지 않았습니다. 요셉은 얼마 후에 비슷한 꿈을 또 꾸었습니다. 이번에는 한 걸음 더 나아가 하늘에 있는 태양과 달과 열한 별이 자기에게 절하는 꿈이었습니다. 요셉은 이 꿈을 또 이야기했다가 아버지 야곱에게도 심한 책망을 받았을 뿐 아니라 형들에게도 더 심하게 미움받는 처지에 빠지게 되었습니다.

Ⅰ. 요셉이 형들에게 미움받은 이유

우리는 35장 끝부분과 36장을 건너뛰고 37장으로 바로 넘어왔습니다. 36장에는 에서와 그 후손들의 족보가 나옵니다. 하나님의 약속에

에서의 족보를
기록한 의도

는 관심도 없이 자기 욕심에 따라 에돔 지역으로 거처를 옮긴 에서와 그 후손들에 대해 성경이 이렇게 깊은 관심을 보이는 것은 생각 밖의 일이 아닐 수 없습니다.

에서는
적이 아니다

아마 이렇게 에서의 후손에 대해 자세한 족보를 기록하고 있는 것은, 이스라엘 백성들에게 일종의 영적인 부담을 주기 위해서가 아닌가 합니다. 즉 '아무리 에서가 하나님의 약속을 무시하고 자기 기질대로 다른 길로 갔다 하더라도 결국 그들은 너희의 형제 민족이 아니냐? 그러므로 너희는 에돔 후손을 절대 적으로 생각하지 말고, 언젠가는 다시 하나님의 나라에 들어올 대상으로 생각하고 있어야 하며 언젠가는 관계를 회복해야 한다'는 뜻에서 상세한 족보를 기록하고 있는 것 같습니다.

예를 들어 우리는 북한에 관심이 많습니다. 그래서 북한이 대만의 핵 쓰레기를 반입하지 못하도록 적극적으로 저지 운동을 벌이고 있습니다. 우리가 살고 있는 곳도 아니고 마음대로 갈 수 있는 곳도 아닌데 그토록 관심을 가지는 이유가 무엇입니까? 비록 지금은 갈 수 없지만 언젠가는 다시 회복되어야 할 곳으로 믿기 때문입니다.

우리에게는 신앙이 없거나 신앙이 아주 약한 형제들이나 친척들이 있습니다. 어떤 의미에서 그들은 멀고도 가까운 관계의 사람들입니다. 한 번씩 만나서 이야기해 보면 생각하는 것이나 관심 갖는 바가 그렇게 다를 수가 없습니다. 그렇다고 해서 남처럼 완전히 잊고 살 수는 없습니다. 우리는 조카들이 어떤 아이들이며 어떻게 살고 있는지 관심을 가지지 않을 수 없습니다. 언제인지는 모르지만 하나님께서 기회를 주시면 그들도 우리와 같은 신앙의 울타리 안에 들어오게 되기를 바라기 때문입니다.

37장으로 넘어오면 다시 야곱의 이야기가 시작됩니다. 우리는 이미 야곱의 생애를 자세하게 살펴 왔습니다. 그런데 성경은 에서의 족보를 기록하고 난 후에 "야곱의 약전이 이러하니라"고 하면서, 마치 야곱의 생애를 다시 기록할 듯이 말씀을 시작하고 있습니다. 그런데 자세히 보면 더 이상 야곱의 생애가 아니라 그 아들들의 생애이며, 특히 요셉이 그 중심 인물로 등장하고 있는 것을 볼 수 있습니다.

이제부터는
민족의 구원사

그렇다면 왜 성경 기자는 '요셉의 생애가 이러하니라'고 말씀하지 않고 "야곱의 약전이 이러하니라"고 하면서 이야기를 시작하는 것일까요? 성경 기자가 이제부터 다루고 싶어하는 것은 한 개인으로서의 야곱의 생애가 아니라 한 나라로서의 이스라엘의 역사이기 때문입니다. 그렇다면 또 한 가지, 왜 아예 '이스라엘의 역사가 이러하니라'고 하지 않았을까요? 하나님께서 야곱을 이스라엘로 불러 주시긴 했지만 아직도 그들은 죄에서 구원받아야 할 사람들이었습니다. 그래서 새 이름이 아니라 옛 이름 야곱으로 기록하고 있는 것입니다.

그러므로 37장부터는 한 개인으로서의 야곱이나 개인으로서의 요셉이 아니라, 한 민족이요 나라로서 이스라엘이 어떻게 죄에서 구원받아 영광스러운 하나님의 백성으로 변해 가는지 그 과정을 보여 준다고 생각하면 되겠습니다.

이스라엘의 역사는 야곱의 사랑을 받는 한 아들의 이야기로부터 시작됩니다. 오늘 본문은 야곱이 그토록 사랑했던 아들 요셉이 하나님이 주신 꿈 때문에 배다른 형제들에게 미움을 받아 거의 죽을 뻔했다가 결국에는 애굽에 종으로 팔려가게 되는 이유를 설명하고 있습니다.

37장 2절부터 4절까지 보십시오.

> 야곱의 약전이 이러하니라.
> 요셉이 17세의 소년으로서 그 형제와 함께 양을 칠
> 때에 그 아비의 첩 빌하와 실바의 아들들로 더불어
> 함께하였더니 그가 그들의 과실을 아비에게 고하더라.
> 요셉은 노년에 얻은 아들이므로 이스라엘이 여러
> 아들보다 그를 깊이 사랑하여 위하여 채색옷을 지었더니
> 그 형들이 아비가 형제들보다 그를 사랑함을 보고
> 그를 미워하여 그에게 언사가 불평하였더라.

요셉이
미움받은
표면적 이유

여기에서 문제가 되는 것은 두 가지입니다. 첫째는 요셉이 자기의 배다른 형들, 곧 빌하와 실바의 소생들과 함께 양을 치면서 그들의 잘못을 아버지에게 고해 바쳤다는 사실입니다. 다시 말해서 요셉은 형제들의 잘못을 아버지에게 고자질하는 일을 했습니다. 둘째는 야곱이 요셉을 너무나도 사랑해서 다른 아들들에게는 주지 않는 채색옷을 만들어 입혔다는 것입니다.

이것을 보면서 우리는 요셉이 정말 미움 살 만한 짓을 했다고 생각하기 쉽습니다. 우리 문화에서는 다른 사람, 특히 형제의 잘못을 덮어 주지 못하고 부모에게 일러바치는 것을 굉장히 신사적이지 못한 행동으로 생각하기 때문입니다. 아버지의 특별한 편애를 받는 동생이 겸손할 줄 모르고 오히려 형들의 비행을 조사해서 일러바치니, 어떤 형이 그런 동생을 좋아하겠습니까?

더 나아가 요셉은 아주 황당한 꿈을 꾸어서 형제들을 화나게 만들었
습니다.

> 요셉이 꿈을 꾸고 자기 형들에게 고하매 그들이
> 그를 더욱 미워하였더라. 요셉이 그들에게 이르되
> "청컨대 나의 꾼 꿈을 들으시오"(37:5, 6).

요셉은 사정이 어떻게 돌아가는지도 모르고 눈치없이 자기 꿈 이야
기를 했습니다. 그 꿈의 내용이 어떤 것이었습니까?

> "우리가 밭에서 곡식을 묶더니 내 단은 일어서고
> 당신들의 단은 내 단을 둘러서서 절하더이다"(37:7).

추수를 하고 있는데 형들의 곡식단이 벌떡벌떡 일어서더니 자기 단
을 향해 절을 하더라는 것입니다. 그 꿈 이야기를 들은 형들의 반응이
8절에 나옵니다.

> 그 형들이 그에게 이르되 "네가 참으로 우리의 왕이
> 되겠느냐? 참으로 우리를 다스리게 되겠느냐?" 하고
> 그 꿈과 그 말을 인하여 그를 더욱 미워하였더니

'네가 아버지의 사랑을 좀 받는다고 해서 우리 일을 고자질하고 다
니더니 이제는 아예 우리를 다스리는 왕이 되고 싶다는 거냐?'는 것입

니다.

그런데 문제는 꿈이 이 한 번으로 그치지 않았다는 데 있었습니다.

요셉이 다시 꿈을 꾸고 그 형들에게 고하여 가로되
"내가 또 꿈을 꾼즉 해와 달과 열한 별이 내게
절하더이다" 하니라(37:9).

이번에는 한 술 더 떠서 하늘에 있는 해와 달과 별이 자기에게 절하
더라는 것입니다. 그러자 이번에는 아버지 야곱도 요셉을 책망했습니
다. 10절을 보십시오.

그가 그 꿈으로 부형에게 고하매 아비가 그를 꾸짖고
그에게 이르되 "너의 꾼 꿈이 무엇이냐? 나와 네 모와
네 형제들이 참으로 가서 땅에 엎드려 네게 절하겠느냐?"

11절은 이 일의 결과에 대해 이렇게 말씀하고 있습니다.

그 형들은 시기하되 그 아비는 그 말을 마음에 두었더라.

이 미움의
진짜 원인

이런 것들을 볼 때 요셉은 형들에게 미움받을 짓만 했던 것 같습니
다. 그는 동생인 주제에 형들의 잘못을 아버지에게 고해 바쳤고, 아버
지는 아버지대로 그를 편애했습니다. 게다가 과대망상증에 걸린 사람
처럼 이상한 꿈까지 꾸어댔으니 미움받는 게 당연하지 않느냐고 쉽게

생각할 수 있어요.

그러나 이것은 우리가 가지고 있는 문화의 틀에 성경을 억지로 끼워 맞추는 생각입니다. 요셉의 형들이 어떤 사람들이며 지금까지 어떤 짓을 저질러 왔는지 잊어서는 안 됩니다. 요셉의 형들은 이유 없이 한 성의 남자들을 다 죽이고 여자와 아이들을 잡아오며 가축과 재산을 약탈했으면서도 조금도 죄의식을 느끼지 못한 자들이었습니다. 그 버릇이 어디로 가겠습니까? 요셉은 이 악인들과 함께 생활하면서 도저히 묵과할 수 없는 그들의 죄를 본 것입니다. 물론 성경은 그들이 구체적으로 어떤 짓을 저질렀는지 기록하고 있지 않습니다. 그러나 그들이 하는 짓들이 세겜에서 했던 짓의 연장이라는 사실을 기억하지 않으면 안 됩니다.

요셉은 그들이 세겜에서 한 짓과 같은 짓들을 여기에서도 계속 하고 있는 것을 보았고, 그것에 동의할 수 없었습니다. 요셉이 아버지 야곱에게 고해 바친 것은 형들의 사소한 실수가 아니라 분명한 범죄 행위였습니다. 즉 요셉은 그들의 죄에 가담하지 않았을 뿐 아니라 죄를 죄로 지적하는 의로운 삶을 살려고 했기 때문에 형들의 미움을 산 것입니다.

요셉은 죄와 의에 대해 남다른 의식을 가지고 있었습니다. 그는 애굽에 종으로 팔려 갔을 때에도 철저하게 하나님과 동행했고 죄짓는 것을 두려워했습니다. 그는 주인의 회계 일을 맡았을 때 철저한 정직함으로 그 일을 했습니다. 노예로 팔려온 사람이 주인 집의 재산을 다 관리할 수 있었다는 것은 그가 얼마나 정직한 사람이었는가를 잘 보여주는 증거입니다. 또 그는 주인의 아내가 유혹했을 때 그 유혹을 단호히 뿌리치고 도망을 쳤습니다. 이런 것들을 생각할 때 요셉이 단순히 형들을 골탕먹이기 위해 작은 실수들을 부풀려서 고해 바쳤다고 볼 수 없습니다. 오히려 형들의 불의를 보고 참을 수가 없어서 '이것은 하나님 앞에서 용납될 수 없는 죄다. 반드시 시정되어야 한다'는 의미로 아버지에게 고했다고 보는 것이 더 자연스럽습니다.

아들들의 교만   그뿐만 아니라 빌하나 실바의 소생들과 요셉 사이에는 분명한 차이가 있었습니다. 요셉은 본처의 아들이고 빌하와 실바의 소생들은 첩의 아들로서 입양된 자들입니다. 물론 모두 야곱의 아들인 것은 사실이지만 자격은 같지가 않았습니다. 야곱은 본처의 아들인 요셉을 구별해서 사랑해야 할 이유가 있었고 권리가 있었습니다. 빌하와 실바의 아들들은 야곱의 아들로 인정받는 것만으로도 만족해야만 했습니다. 그러나 그들은 요셉을 시기했고 요셉보다 더 높은 위치에 서고자 했습니다.

이것은 마치 종의 아들인 이스마엘이 본처의 아들인 이삭을 시기해서 그에게 많은 고통과 상처를 안겨 준 일과 같습니다. 이스마엘이 아브라함의 집에서 쫓겨난 것은 단순히 종의 아들이었기 때문이 아닙니다. 이삭을 인정하고 그를 통해 하나님께 나아가려고만 했다면 이스마엘도 얼마든지 아브라함의 집에서 살 수가 있었습니다. 그러나 그는 이삭을 인정하지 않았습니다. 자기 자신을 너무나도 대단하게 생각한 나머지 이삭을 인정할 수가 없었습니다. 그는 하나님께서 이삭을 택하신 것을 알고서 그를 미워했고, 그보다 더 나은 위치에 서기 위해 괴롭히고 핍박했습니다. 그래서 결국 아브라함의 집에 있지 못하고 쫓겨났습니다.

하물며 야곱의 아들들은 이미 씻을 수 없는 죄를 저지른 자들입니다. 범죄자들이 살 수 있는 길이 무엇입니까? 자신의 욕망에 한계를 정해서 그 이상 벗어나지 않는 것입니다. 그런데 그들은 자신들이 야곱의 아들이라는 데에서 만족하지 않고, 요셉보다 더 높아지려 했으며 더 큰 것을 차지하려 했습니다. 그리고 그가 자기들의 죄에 동참하지 않는다는 이유로, 또 아버지의 사랑을 받는다는 이유로 미워하고 시기했습니다.

2. 꿈의 의미

하나님의 계시의 성격을 이해하지 못하면 요셉의 꿈을 과대망상중
에 걸린 사람의 황당무계한 공상으로 생각하기 쉽습니다. 그러나 서두에서 밝힌 것처럼 하나님이 주시는 꿈은 평범한 꿈이 아닙니다. 하나님이 주시는 꿈을 꾸는 사람은 그것이 하나님의 계시라는 것을 너무나도 분명히 알 수 있습니다. 계시로서의 꿈은 꿈꾼 사람을 완전히 사로잡아 버리기 때문입니다. 가위에 눌리면 어떻습니까? 꿈에 완전히 압도당해서 몸이 마비되고 소리도 안 나오지 않습니까? 하나님의 꿈도 그와 비슷합니다. 다만, 하나님이 주시는 꿈은 그 메시지가 너무나도 분명합니다. 그 말씀의 능력이 꿈꾼 사람을 압도해서 탈진하게 만들든지 자리에 눕게 만드는 것입니다.

하나님께서 꿈을 주시면 그 꿈의 내용에 마음을 완전히 빼앗길 뿐 아니라 그 후에도 계속 그 말씀에 붙들리게 됩니다. 요셉은 하나님께서 주신 꿈을 꾸고 난 후 완전히 딴사람이 된 것 같았습니다. 그는 그

꿈의 내용 때문에 심히 두려웠을 뿐 아니라 그 뜻을 알지 못해서 번민
했습니다. 그는 그 꿈에 대해서 형들과 나누고 싶었습니다. 형들은 이
런 부분에 대해서 어떻게 생각하는지, 자신보다 경험이 많으니 혹시
이런 계시를 받아본 적이 있지는 않은지 얘기해 보고 싶었습니다.

그러나 형들은 하나님의 말씀에 관심 있는 사람들이 아니었습니다.
그들은 오히려 요셉의 꿈을 건방진 동생의 과대망상증으로 치부했습
니다. 8절을 보십시오.

> 그 형들이 그에게 이르되 "네가 참으로 우리의 왕이
> 되겠느냐? 참으로 우리를 다스리게 되겠느냐?" 하고
> 그 꿈과 그 말을 인하여 그를 더욱 미워하더니

첫번째
꿈의 의미

우리는 이제 요셉의 꿈을 해석할 필요가 있습니다. 이 꿈의 의미가
무엇입니까? 요셉이 처음에 꾼 꿈은 하나님께서 앞으로 이스라엘 백
성들을 어떻게 구원하실지, 그 계획을 보여 주시는 꿈입니다. 그 해석
의 핵심은 "우리가 밭에서 곡식을 묶더니"라는 말에 있습니다. 야곱의
가족들은 밭에서 곡식을 거두는 사람들이 아닙니다. 그들은 목축업을
하기 때문에 밭에서 추수 행위를 하지 않습니다. 그럼에도 불구하고
야곱의 아들들이 밭에서 곡식을 거두고 있었다는 것은 무언가 곡식과
관련해서 하나님의 특별한 계획이 있다는 뜻입니다. 앞으로 그들은 양
식 때문에 굉장히 큰 어려움을 겪게 될 것입니다. 그러나 하나님께서
는 요셉을 통해 그 어려움에서 그들을 구원해 주실 것입니다. 요셉의
꿈은 그 계획을 미리 보여 주시는 계시입니다.

그러나 사실 하나님의 계획은 단순히 양식 문제에 그치는 것이 아니었습니다. 하나님께서는 야곱의 아들들 안에 있는 죄성을 치료하여 그들을 참된 하나님의 백성으로 삼고자 하셨습니다. 야곱의 아들들은 자신들이 요셉보다 못하게 되리라는 꿈 이야기를 듣고 그를 죽이려고 했습니다. 하나님께서 높이기로 작정하신 자가 자기들보다 못한 동생이라는 사실을 알고, 그런 하나님의 뜻이 이루어지지 못하도록 그를 죽이려고 한 것입니다.

바로 이것입니다. 하나님께서는 그들의 상태 그대로는 도저히 하나님의 백성이 될 수 없다는 것을 아셨습니다. 그들은 다른 사람들을 이유 없이 죽이고서도 죄의식조차 느끼지 못하는 사람들이었습니다. 그래서 하나님께서는 그들이 정말 어떤 죄인인지를 스스로 깨닫고 그 죄에 대해 고민하며 번민하게 하시려고 의로운 요셉을 죽이게 하십니다.

즉 이 꿈의 표면에 나타나는 주제는 '양식'이지만 그 안에 깊이 들어 있는 핵심은 '죄성과 죽음'인 것입니다. 그들은 자기 죄성 때문에 하나님이 택하신 의로운 요셉을 죽이고 그 일로 인해 양심의 고통을 받아서 자기들이 죄인이라는 것을 알게 될 것이며, 죽은 줄만 알았던 요셉을 통해 구원받을 것입니다. 이것이 하나님의 놀라운 구원 계획이었습니다.

이처럼 요셉이 처음에 꾼 꿈은 이스라엘에 대한 하나님의 구원 계획을 보여 줄 뿐 아니라 특히 이스라엘의 아들들 마음 속 깊이 자리잡은 하나님을 향한 미움과 적개심, 하나님의 뜻에 굴복하지 않으려고 하는 교만을 들추어내서, 그들이 엄청난 죄인이라는 사실과 결국 구원받지 않고서는 하나님의 백성이 될 수 없다는 사실을 보여 주시려는 것이었습니다.

그런 의미에서 요셉은 그리스도의 완전한 모형이 됩니다. 이스라엘 백성들이 예수 그리스도를 십자가에 못박아 죽인 이유가 무엇입니까? 말로 표현할 수 없는 시기심 때문이었습니다. 보잘것없는 갈릴리 출신 목수가 하나님의 아들이요 자기들을 구원할 자라는 사실을 알았을 때, 그들은 시기심으로 의로운 그를 십자가에 못박아 죽였습니다. 그러나 예수님은 죽음에서 부활하여 온 세상을 구원하셨습니다.

두번째 꿈의 의미 두번째 꿈은 요셉이 첫번째 꿈 때문에 말할 수 없는 고난을 받겠지만 결국은 승리해서 높은 자리에 오르게 되리라는 것을 보여 주는 계시입니다. 9절을 보십시오.

요셉이 다시 꿈을 꾸고 그 형들에게 고하여 가로되
"내가 또 꿈을 꾼즉 해와 달과 열한 별이 내게
절하더이다" 하니라.

"해와 달과 열한 별"은 하늘에서 가장 빛나는 것들입니다. 야곱은 이것을 당장 이런 식으로 해석합니다.

"너의 꾼 꿈이 무엇이냐? 나와 네 모와 네 형제들이
참으로 가서 땅에 엎드려 네게 절하겠느냐?"(37:10 하)

즉 그는 이 꿈을 나중에 요셉이 높아져서 자신과 요셉의 어머니와 그 형제들이 그 앞에 절하게 되는 것으로만 해석했습니다. 물론 나중에 요셉은 실제로 애굽의 총리대신이 되고, 그의 형들은 곡식을 사기 위해 그를 찾아가 무릎을 꿇고 절을 합니다. 그러나 그 때에도 야곱은 요셉에게 엎드려 절하지 않습니다. 그는 지금 너무 성급한 해석을 내리고 있습니다. '열한 별'이라는 말만 듣고 곧바로 요셉의 형제들을 의미한다고 생각했어요. 그러니까 이 꿈이 요셉 스스로 자신을 높이려는 것으로밖에 보이지 않은 것입니다.

그러나 이 꿈에서 단순히 요셉이 나중에 총리대신이 되어 영광의 자리에 이르게 된다는 것만 보아서는 안 됩니다. 이 꿈은 그리스도의 승귀(昇貴), 즉 그의 높아지심을 보여 주는 꿈입니다. 요셉은 그리스도의 모형입니다. 그리스도께서 이스라엘 백성들을 구원하기 위해 말할 수 없이 낮아지며 큰 고통을 받겠지만, 결국은 지극히 높은 자리에 앉아 모든 성도들의 찬양과 경배를 받게 될 것을 해와 달과 별의 경배로 미리 보여 주시는 것입니다.

신학자들은 '달'의 해석을 놓고 어려움을 많이 겪었습니다. 라헬은 그 때 이미 죽은 상태였는데, 어떻게 요셉에게 무릎을 꿇고 절을 하겠느냐는 것입니다. 그래서 '달'은 죽은 라헬이 아니라 빌하를 가리킨다고 주장하는 학자도 있었습니다. 그러나 이것은 요셉의 영광을 애굽의 총리대신이 되는 데 맞추어 해석하려는 태도에서 나오는 주장입니다.

물론 이 꿈은 일차적으로 요셉이 고생 끝에 누릴 영광을 보여 줍니다. 그러나 궁극적으로는 예수 그리스도께서 부활하신 후 영원한 지위를 얻고 영광의 자리에 앉을 것을 보여 주는 계시입니다. 그 앞에서는 야곱과 라헬뿐 아니라 모든 이스라엘이 살아서, 영원토록 경배하며 찬양하게 될 것입니다.

3. 꿈에 대한 반응

요셉의 꿈에 대한 가족들의 반응은 11절에 잘 표현되고 있습니다.

그 형들은 시기하되 그 아비는 그 말을 마음에 두었더라.

형제들의 반응   야곱의 아들들은 요셉의 꿈 이야기를 듣고 그를 시기하고 미워하여 결국 죽이려는 자리까지 나아가게 됩니다. 그들이 이런 식으로 반응한 이유가 무엇일까요? 자기들에게는 전혀 문제가 없다고 생각했기 때문입니다. 그들은 이유 없이 다른 사람들을 죽이고 그들의 아내와 아이들과 모든 재산을 빼앗았음에도 불구하고 자기들에게 구원이 필요하다고 생각하지 않았습니다.

만일 그들이 스스로 죄인이라는 것을 알고 하나님 앞에서 죄 용서를 받아야만 살 수 있다고 생각했다면, 하나님께서 이렇게 죄인 된 자기들을 살려 두시는 이유는 그분께 무슨 계획이 있기 때문이라는 것과 특히 그 일을 위해 요셉을 택하셨다는 사실을 깨달았을 것입니다. 적어도 하나님께서 요셉을 통해 자기들이 생각지 못하는 어떤 일을 하실 계획을 가지고 계신다는 걸 알았을 거예요. 그리고 그것을 알았다면 '앞으로 요셉이 우리를 위해 얼마나 많은 수고를 할까! 그러니 그런 영광스러운 위치에 오르는 것도 당연하지' 라고 생각했을 것입니다.

그러나 그들은 요셉의 꿈 이야기를 듣고 그를 시기했습니다. 그의 꿈이 하나님의 계시라는 것을 몰랐기 때문이 아닙니다. 그들이 그 꿈을 단순한 개꿈으로 여겼다면 그렇게까지 시기하고 미워할 이유가 없습니다. 하나님께서 무언가 아주 중요한 일을 이루기 위해 요셉을 택하셨다는 것을 알았기 때문에 그토록 미워한 것입니다. 그들은 그것이 자신들에게 꼭 필요한 일이라는 것을 알지 못했습니다. 다른 사람을 죽이고 재산을 약탈했으면서도 자기들이 죄인인지 몰랐어요. 주변에 있는 사람들도 다 자기들처럼 살고 있었기 때문입니다. 이처럼 스스로 죄인인지 모르는 사람에게 구원의 필요성을 가르쳐 주는 것보다 더 어려운 일은 없습니다.

그런데 야곱은 어떤 반응을 보였습니까? 그는 이중적인 반응을 보였습니다. 우선 요셉을 책망해서 그가 이 꿈으로 인해 교만한 마음을 가지지 못하도록 하는 한편, 자신은 이 꿈을 마음 속 깊은 곳에 새겨 두었습니다. 아들들은 아무도 관심을 보이지 않는 이 꿈에 왜 유독 야곱만큼은 이렇게 깊은 관심을 가지고 있었을까요? 야곱의 반응

그는 자기 가족들 사이에서 저질러진 엄청난 죄에 대해 고민하고 있었습니다. 성경을 보면 그가 자기 집 안에서 일어나고 있는 살인과 간음과 도둑질에 대해서 침묵하고 있음을 알 수 있습니다. 디나가 강간을 당했을 때에도 그는 아무 말 하지 않았습니다. 아들들이 세겜 남자들을 다 죽여 버렸을 때에도 아무 말 하지 않았습니다. 르우벤이 자기 첩과 통간했다는 사실을 알았을 때에도 아무 말 하지 않았습니다.

그 이유가 무엇입니까? 왜 야곱은 자기 집에서 저질러지고 있는 이 엄청난 죄에 대해서 침묵을 지키고 있는 것입니까? 이 모든 것이 죄가 아니라는 뜻입니까?

야곱은 이 죄들이 자기가 감당할 수 있는 성질의 것이 아니라는 사실을 알았습니다. 아들들의 죄를 죄로 생각지 않아서 침묵한 것도 아

니고 그들을 너무 사랑했기 때문에 침묵한 것도 아닙니다. 그 아들들 안에 있는 죄성, 심지어 자기 안에까지 있는 이 죄성은 인간이 다룰 수 있는 성질의 것이 아니라는 사실을 그는 알았던 것입니다. 자기가 아들들의 죄를 처리하려면 다 죽이는 수밖에 없습니다. 마치 〈대장 부리 바〉에 나오는 주인공처럼 아들들을 일렬로 세워 놓고 한 명씩 죽이는 수밖에 없어요.

"나는 이 죄를
해결할 수 없다"

사실 야곱은 족장으로서 그렇게 할 수 있는 권한과 책임이 있었습니다. 그럼에도 불구하고 그는 아들들의 무서운 죄에 대하여 일언반구하지 않고, 요셉이 일러 준 그 많은 비행들에 대해서도 잔소리 한마디 하지 않고, 가만히 기다렸습니다. 자신이 직접 그 죄를 처리하려고 든다면 아들들을 다 죽일 수밖에 없고, 그렇게 죽인다고 한들 문제가 해결되지 않는다는 것을 알았기 때문입니다.

사람의 방법으로는 도저히 그들의 죄를 해결할 수 없었습니다. 그래서 그는 기다리고 있었습니다. 하나님께서 오셔서 자기 집을 이 죄로부터 건져 주시기를 기다리고 있었습니다. 그것이 아니라면 야곱의 침묵을 설명할 수 있는 길이 없습니다.

야곱이 요셉의 꿈 이야기를 듣고 어떤 생각을 했겠습니까? 한편으로는 그 꿈의 당돌함 때문에 당황했겠지만, 다른 한편으로는 '그럴 수도 있다'고 생각했을 것입니다. '이 꿈의 의미를 당장 다 알 수는 없지만 하나님께서 우리 집 안에 있는 이 엄청난 죄를 해결하기 위해 어떤 계획을 가지고 계시며 그 일을 위해서 요셉을 쓰실지도 모른다'는 생각을 했을 것입니다.

지금 야곱의 마음 속에 있는 가장 무거운 짐이 무엇입니까? 자기 집을 가득 채우고 있는 폭력과 타락과 음란입니다. 야곱은 하나님께서 이스라엘을 이 무서운 죄에서 구원해 주시기를 기다리고 있었습니다. 곡식단의 꿈이나 하늘의 해와 달과 별의 꿈이 이 죄와 어떻게 연결되는지는 그도 모릅니다. 그러나 하나님께서 이 아들들을 다 죽이지 않고서도 그들의 죄를 해결할 계획을 가지고 계시며, 그 열쇠를 쥐고 있는 사람이 요셉일지도 모른다는 생각으로 야곱은 그 꿈을 마음 속에 담아 놓았습니다.

야곱의 반응과 아들들의 반응은 왜 달랐을까?

사람들은 자신을 어떻게 생각하느냐에 따라 하나님의 말씀에 각기 다르게 반응합니다. 자기 안에 있는 죄성 때문에 고민하고 번민하던 사람은 오늘 이 말씀을 들으면서 '완전히 나한테 하시는 말씀이로구나' 생각할 것이고, 그 의미를 당장은 모른다 해도 여하튼 하나님께서 어떤 일을 행하실 것을 기대할 것입니다. 그러나 자기한테 전혀 문제가 없다고 생각하던 사람은 마치 무시당한 듯한 불쾌한 느낌을 받을 것입니다. 밖에서 밥 냄새는 솔솔 들어오고 설교는 들어도 무슨 말인지 알 수가 없는데, 불행하게도 오늘은 졸립지도 않습니다. 이런 사람은 설교가 5분만 길어져도 화가 나서 못 견딥니다. 자기는 아무 문제도 없는데 왜 저 인간이 설교를 5분이나 더 끄느냐는 것이지요.

자신을 어떻게 생각하느냐에 따라 말씀 앞에 이렇게 다른 반응이 나타납니다. 만약 야곱의 아들들이 자신들이 이제껏 저질러 온 죄에 대해 조금이라도 생각하고 있었다면 '하나님이 무슨 계획을 가지고 계시구나. 우리를 죽이시지 않고 요셉을 통해 건져 내시겠구나. 그러려면 요셉이 앞으로 고생이 많겠네. 어쩌면 우리 형제들이 지금까지 지어 온 모든 죄를 다 뒤집어쓸지도 모르잖아. 그러고 보니 요셉이 참 귀한 존재로구나' 하는 생각을 가졌을 것입니다. 그런데 자기들은 죄가 없다고 생각하니까 요셉이 미운 것입니다.

반면에 야곱은 죄의 문제를 놓고 고민하고 있었습니다. 말 한마디 하지 않았지만, 사실은 엄청나게 고민하고 있었습니다. 자기가 이 문제를 해결하려면 자식들을 다 죽여야 하는데, 사실은 그렇게 죽인다고 해서 해결될 일도 아니었습니다. 오직 하나님이 오셔야 했습니다. 그래서 기다리고 있던 중에 하나님의 말씀이 아들 요셉에게 임한 것입니다. 그래서 그는 요셉의 꿈을 마음 속 깊이 담아 두었습니다.

오늘 우리는 어떤 심정으로 여기에 앉아 있습니까? 물론 스스로 인격이 완전하다고 생각하는 사람은 없겠지만, 자신이 지옥에서 영원히 멸망당해야 할 죄인이라는 생각까지는 못 하는 사람이 많을 것입니다. 그러니까 말씀을 들어도 급할 것이 전혀 없습니다. 적어도 남을 죽이거나 큰 피해를 입힌 적은 없지 않습니까? 또 주변 사람들도 다 나처럼 살고 있지 않습니까? 그래서 흔히 하는 말이 "나만 지옥 가냐?"라는 것입니다. 그런 식으로 따지고 들면 지옥 안 갈 사람 없고, 그렇게 다 간다면 까짓것 자기도 가면 된다는 것이지요.

그러나 우리가 오늘까지 살아오면서 마음 속으로 얼마나 많은 사람을 죽였습니까? 다른 여자나 남자에 대해 마음 속으로 비행을 저지른 적은 또 얼마나 많습니까? 그러면서도 이런 것들이 영원히 멸망당할 죄라고는 생각지 못하는 것입니다.

십자가에
어떻게
반응할 것인가?

그러나 예수 그리스도께서 십자가에 못박혀 죽으심으로써 이야기는 달라집니다. 그리스도는 바로 내 속에 있는 죄성 때문에 죽임을 당하셨습니다. 행동은 둘째 문제입니다. 내 속에 있는 이 죄성, 겉으로 보기에는 점잖지만 속으로는 수없이 남을 죽이고 저주하고 음란한 짓을 하는 이 죄성 때문에 십자가에 못박혀 죽으신 것입니다. 그러나 그는 죽음으로 끝날 분이 아닙니다. 죽음에서 부활하여 영원한 영광 가운데 경배와 찬양을 받으실 분입니다. 하나님께서는 요셉의 꿈을 통해 이것을 미리 예표로 보여 주셨습니다.

요셉의 형들이 요셉을 미워한 것은 스스로 죄인이라고 생각하지 않았기 때문입니다. 그들은 스스로 구원받아야 할 필요가 있다고 생각한 적이 없었어요. 그러니까 요셉의 꿈 이야기가 자신들을 완전히 무시하고 업신여기며 건방지게 도전하는 것으로밖에 들리지 않은 것입니다. 오늘날도 마찬가지입니다. 자신을 죄인이라고 생각하지 않는 사람에게 예수 그리스도의 십자가는 미친 짓으로밖에 보이지 않습니다. 자신을 멸망당할 죄인으로 생각하지 않는 사람에게 말씀은 건방진 도전으로밖에 들리지 않습니다.

4. 하나님의 말씀과 비전

요셉은 꿈의 사람입니다. 그는 소년 때 꾸었던 꿈에 붙들려서 말할 수 없는 고난을 겪었습니다. 그는 자신의 꿈 때문에 노예로 팔려갔고, 바로의 꿈을 해석함으로써 감옥의 죄수에서 일약 애굽의 총리로 발탁되었습니다. 그는 결국 이 꿈의 성취를 보았습니다.

요셉은 이 꿈을 꾸었을 때, 분명히 하나님께서 자기에 대해 어떤 계획을 가지고 계신다는 것을 알았고 또 믿었습니다. 그 믿음이 그로 하

요셉이 믿은 것

여금 한평생 그 엄청난 시련과 유혹에 굴복하지 않게 했습니다. 저는 요셉이 이 꿈의 의미를 제대로 알았다고는 생각하지 않습니다. 그러나 적어도 하나님께서 자신에 대해 놀라운 계획을 가지고 계시다는 것은 알았을 것입니다. 그래서 형제들에게 미움을 받고 죽음의 위협을 받으며 결국 노예로 팔려 가면서도 형들을 원망하지 않았습니다. 그는 사람에게 섭섭해하지도 않았고 사람을 붙들려고도 하지 않았습니다. 오직 하나님의 뜻은 반드시 이루어진다는 믿음으로 한평생 살았습니다.

한번 생각해 보십시오. 그 어린 나이에, 특히 어머니를 일찍 여읜 상태에서 남도 아니고 형들의 손에 노예로 팔려갈 때 그 심정이 어떠했겠습니까? 사랑받던 아들에서 비참한 노예로 전락하여 목에 쇠사슬을 감고 맨발로 그 뜨거운 사막을 걸어 애굽으로 향했을 때, 그 어려운 노예생활 속에서도 하나님을 인도하심을 믿고 열심히 일했는데 여주인의 유혹을 거절하는 바람에 감옥에 가게 되었을 때는 또 어떠했겠습니까? 감옥의 신고식은 참 무섭습니다. 특히 애굽의 시위대 감옥은 악명 높은 곳이었습니다. 거기에서 얼마나 매를 많이 맞았겠으며 얼마나 큰 두려움에 빠졌겠습니까? 도대체 무슨 운명이 이렇게 기구한 것입니까? 그의 인생은 꿈 때문에 완전히 망한 인생이었습니다. 그런데도 그는 꿈을 포기하지 않았습니다. 하나님은 반드시 자신과 함께하시며 자신에 대한 놀라운 계획을 이루신다는 것을 믿었습니다.

"그분께는 나에 대한 계획이 있다"

이 일을 통해 깨닫게 되는 것이 무엇입니까? 첫째로, 나에 대한 하나님의 계획은 단번에 알 수가 없다는 것입니다. 요셉이 무슨 재주로 자신의 꿈의 의미를 알겠습니까? 곡식단을 묶는 의미를 무슨 재주로 알며, 해와 달과 별의 의미는 또 무슨 수로 알겠습니까? 단지 그가 붙든 것은 '구체적으로는 모르겠지만, 하나님은 분명히 나를 사랑하시며 나에 대한 계획을 가지고 계신다'는 것뿐입니다. 그것 하나만을 붙들고 그는 인생 밑바닥까지 내려갔습니다.

또한 요셉은 하나님의 뜻이 이루어지기 위해서는 반드시 고통의 긴 터널을 통과해야 한다는 것을 배웠습니다. 하나님의 나라에서 높아지려면 반드시 낮아져야 합니다. 하나님 나라에서 가장 높아질 수 있는 사람은 인생의 가장 밑바닥까지 내려간 사람입니다. 요셉이 그렇게 높은 곳에 앉을 수 있었던 것은 그가 인생 밑바닥, 노예보다 더한 시위대 감옥의 죄수로까지 낮아지는 경험을 했기 때문입니다.

하나님 나라에서는 공부 잘하고 사업 잘해서 높아지는 경우는 없습니다. 그것은 세상 나라의 특징입니다. 인간은 죄성을 가지고 있기 때문에 이 죄의 쓴맛을 못 본 사람은 절대로 하나님 나라에서 영광스러워질 수가 없습니다. 하나님 나라는 그냥 이루어지지 않습니다. 야곱이 단지 아들들을 많이 낳았다고 해서 그들이 저절로 하나님의 백성이 되는 게 아니에요. 희생을 통해 고난의 쓴잔을 맛보아야 비로소 하나님의 백성이 될 수 있는 것입니다.

오늘 우리는 죄인으로서 구원받은 자들임을 기억해야 합니다. 죄인이 살 수 있는 유일한 길은 자기 욕망에 한계를 긋고 그 안에 머무르는 것입니다. 자신이 죄인이었다는 사실을 잊고 무한정 자신의 욕망을 넓히려고 할 때, 결국은 하나님의 은혜 밖으로 튕겨 나가게 됩니다. 도피성 안으로 도망쳤던 살인자들을 생각해 보십시오. 물론 그들이 고의로 살인한 것은 아닙니다. 그러나 여하튼 사람을 죽였기 때문에 도피성을 자신의 한계로 정해야만 했습니다.

하나님께서 나에게 주신 것으로 만족하십시오. 월셋집을 주시고 보잘것없는 직장을 주셨더라도 그것으로 만족해야 합니다. 자기가 할 수 있는 모든 것을 다 하는 사람보다 어리석은 사람이 없습니다. 현명한 사람은 남이 준다고 해서 절대로 다 받지 않습니다. 선을 그어 놓고 그 안에 있는 것으로 자족합니다. 그리스도인들의 바른 자세는 목숨을 건진 것으로 만족하는 것입니다. 더 가지려고 하지 마십시오. 모든 것을 다 채우려 하지 마십시오.

나에 대한 계획을
어떻게 알까?

오늘 나에 대한 하나님의 뜻이 무엇이라고 생각합니까? 우리도 이 세상을 살면서 나에 대한 하나님의 뜻을 하나 붙들고 살아야 할 것 아닙니까? 그 뜻이 무엇인 것 같습니까? 성경 아무 곳이나 읽다가 마음에 드는 부분을 나에 대한 뜻으로 무조건 믿어 버리면 될까요?

처음부터 자신에 대한 하나님의 뜻을 다 알 수는 없습니다. 그러나 분명한 것은 그리스도인 중에 의미 없이 부름 받은 자는 아무도 없다는 것입니다. 처음에는 그 뜻이 구체적으로 어떤 것인지 알 수가 없습니다. 완전히 오리무중이에요. 계속 안개 속을 헤매는 것 같습니다. 그러나 말씀을 점점 더 알아 가다 보면 자신을 휘어잡는 말씀이 있습니다. 어느 한순간 거대한 하나님의 성이 보이기 시작하고, 그 성 중에서 어느 부분을 위해 나를 부르셨는지 구체적으로 밝혀지는 때가 있습니다.

하나님께서는 우리 안에 점진적으로 강한 소망을 주십니다. 그러나 그 소망은 반드시 공동체적인 확인을 받아야 합니다. 사도 바울은 주님이 자신을 이방의 빛으로 택하셨다는 것을 알았습니다. '이방의 빛'은 이사야서 말씀으로서 예수님을 가리키는 표현입니다. 그런데 바울은 그 말씀을 자신에게 적용해서 스스로 이방인에게 복음을 전할 자로 생각했습니다. 그러나 그가 실제로 선교사로 파송된 것은 주님을 영접하고서도 무려 14년이 지난 후, 안디옥 교회라는 공동체를 통해서였습니다. 중요한 것은 나에 대한 하나님의 계획을 인정하고 끝까지 인내하는 것입니다.

말씀을 붙들고 바닥으로 내려가지 않는 사람은 높아질 수가 없습니다. 주님을 위해 사용되기 위해서는 반드시 잃는 것이 있어야 합니다. 주님을 위해서 잃는 것이 하나도 없는 사람은 그와 함께 기쁨의 잔치에 참여할 수 없습니다. 아마 들어오라고 해도 부끄러워서 들어가지 못할 것입니다. 그 잔치에 들어간 사람은 모두 주님을 위하여 가족을 잃거나 직장을 빼앗기거나 때로는 목숨까지 잃은 자들인데 어떻게 가만히 앉아서 그 영광의 자리에 들어가겠습니까? 이 세상에서 욕심스럽게 내 것 다 챙기고 아무것도 잃지 않은 사람은 그 기쁨의 잔치에 들어갈 수 없습니다.

세상에서 가장 부러운 사람이 누구입니까? 요셉처럼 하나님의 말씀 때문에 온갖 고난을 받는 사람입니다. 그는 고난받은 만큼 높아질 것입니다. 주님의 약속 때문에 가족을 잃고 직장을 잃고 인생 밑바닥에서 헤매고 있는 사람을 볼 때, '저 사람이야말로 가장 높아질 사람이구나, 정말 부럽'고 생각해야 옳습니다. 전부 눈이 멀어서 별 어려움 없이 편하게 잘살고 사업도 잘되는 사람을 부러워하는데, 부러워할 이유가 하나도 없어요. 그런 사람은 결국 맨 밑바닥으로 떨어질 것입니다. 오히려 나보다 더 많이 고난받고 나보다 더 많이 낮아진 사람을 보면 부러워서 견디지 못하는 그런 눈을 가져야 합니다.

그 계획을 붙들고
바닥으로 가라

내가 편하게 살고 있는 동안, 주님의 말씀을 멀리하고 내 욕심을 위해 살고 있는 동안, 에어컨 틀어 놓고 맛있는 것 챙겨 먹고 있는 동안, 다른 사람들이 상을 다 가져가고 있습니다. 자기의 직장을 포기하고 가족들에게도 버림받은 채 말씀 하나 들고 이곳 저곳 돌아다니면서 상을 전부 다 챙겨 가고 있어요. 아무 문제 없이 편하게 사는 사람에게는 상이 없습니다.

사랑하는 여러분, 하나님 나라에서 가장 중요한 것은 말씀 때문에 바닥으로 내려가는 것입니다. 누군가 말씀 때문에 바닥으로 내려가는 걸 보면서 '와, 저 사람 행복하겠네. 나도 더 내려가야 하고 더 당해야 할 텐데' 하는 사람은 뭔가를 알고 있는 사람입니다. 하나님께서는 그를 통해 이 땅에서 놀라운 구원을 일으키실 것이며, 그는 낮아진 만큼, 고통의 쓴잔을 마신 만큼 영광스러워질 것입니다.

6 고난의 시작

그 형들이 세겜에 가서 아비의 양 떼를
칠 때에 이스라엘이 요셉에게 이르되
"네 형들이 세겜에서 양을 치지 아니하느냐?
너를 그들에게로 보내리라."
요셉이 아비에게 대답하되 "내가 그리 하겠나이다."
이스라엘이 그에게 이르되 "가서 네 형들과 양 떼가
다 잘 있는 여부를 보고 돌아와 내게 고하라" 하고
그를 헤브론 골짜기에서 보내매 이에 세겜으로
가니라. 어떤 사람이 그를 만난즉 그가 들에서
방황하는지라. 그 사람이 그에게 물어 가로되
"네가 무엇을 찾느냐?" 그가 가로되
"내가 나의 형들을 찾으오니 청컨대 그들의
양치는 곳을 내게 가르치소서." 그 사람이 가로되
"그들이 여기서 떠났느니라. 내가 그들의 말을
들으니 '도단으로 가자' 하더라." 요셉이 그 형들의
뒤를 따라가서 도단에서 그들을 만나니라.
요셉이 그들에게 가까이 오기 전에 그들이 요셉을
멀리서 보고 죽이기를 꾀하여 서로 이르되
"꿈꾸는 자가 오는도다! 자, 그를 죽여 한 구덩이에
던지고 우리가 말하기를 '악한 짐승이 그를
잡아먹었다' 하자. 그 꿈이 어떻게 되는 것을
우리가 볼 것이니라" 하는지라. 르우벤이 듣고

요셉을 그들의 손에서 구원하려 하여 가로되
"우리가 그 생명은 상하지 말자."
르우벤이 또 그들에게 이르되 "피를 흘리지 말라.
그를 광야 그 구덩이에 던지고 손을 그에게 대지
말라" 하니 이는 그가 요셉을 그들의 손에서
구원하여 그 아비에게로 돌리려 함이었더라.
요셉이 형들에게 이르매 그 형들이 요셉의 옷,
곧 그 입은 채색옷을 벗기고 그를 잡아 구덩이에
던지니 그 구덩이는 빈 것이라. 그 속에 물이
없었더라.

창 37:12-24

인기 있는 텔레비전 역사 드라마 중에 〈용의 눈물〉이라는 것이 있습니다. 이 드라마는 태조 이성계의 아들 가운데 이방원이 벌이는 궁중 쿠데타를 사극으로 다룬 것입니다. 왕의 자리는 하나이고 왕이 되고 싶어하는 사람은 여러 명이다 보니, 그들 사이에 암투와 경쟁과 살육이 일어날 수밖에 없습니다. 이방원은 두 차례에 걸쳐 왕자의 난을 일으켜 경쟁자들을 제거하고 결국 왕위에 오릅니다.

이 세상에서 최고의 자리에 오르려면 이런 방식으로 경쟁자를 제거하는 수밖에 없습니다. 무언가 남들보다 한 수 빠르고 한 발 앞서 가는 사람이 결국 승리하게 되어 있습니다. 그래서 우리는 자주 '인생의 낙오자'라는 말을 듣습니다. 인생의 경기에서 한번 밀린 사람은 결국 그 차이를 극복하지 못해서 낙오자가 되고 만다는 뜻입니다.

그러나 하나님의 나라는 그렇지 않습니다. 하나님의 나라에서 지도자가 되려면 무엇보다 남들이 겪지 않은 고난과 어려움을 몸소 다 겪어 보아야 합니다. 먼저 그는 자기 백성들의 미움을 받아야 하고 배신을 당해야 합니다. 그들로부터 버림을 받아 죽음의 자리에 이르러야 하며 인생 맨 밑바닥까지 던져져야 합니다. 그것도 그냥 밑바닥이 아니라 인간의 힘으로는 도저히 다시 소생할 수 없는 절망의 수렁까지 빠져 보아야 합니다. 그래야 인간의 죄성을 깊이 이해하게 됩니다. 그 사람이 마침내 하나님의 능력으로 그 절망의 자리에서 빠져나왔을 때, 그분의 손에 붙들려 그 백성들을 위기에서 구출하는 지도자가 되는 것입니다.

지도자의
두 가지 자질

그래서 하나님 나라의 지도자에게는 두 가지 자질이 필요합니다. 하나는 인간의 죄성에 대한 깊은 이해입니다. 즉 인간은 겉으로 보이는 것과 그 중심이 완전히 다르며, 모든 사람의 중심에는 어느 누구도 다룰 수 없는 깊은 죄성이 있다는 것을 깨닫는 것입니다. 그리고 다른 하나는 그럼에도 불구하고 이들을 사랑하고 구원하기를 기뻐하시는 하나님의 능력과 사랑을 깨닫는 것입니다.

오늘 본문은 요셉이 형들을 도우러 갔다가 그들의 손에 거의 죽임을 당할 뻔한 것과 결국 애굽으로 가는 대상들에게 팔려서 노예로 전락하는 내용을 보여 주고 있습니다. 이것은 요셉이 앞으로 겪어야 할 고난의 시작에 불과합니다. 바로 이 순간부터 요셉은 바닥으로 곤두박질치기 시작하고, 결국 인생의 맨 밑바닥까지 떨어지게 됩니다.

이러한 요셉의 고난을 단순히 많은 형제들 사이의 파워 게임에서 희생당한 것으로 생각하면 안 됩니다. 예를 들어 아무리 우애가 좋은 형제라 하더라도 재산 상속 문제가 걸리면 의가 갈리게 마련입니다. 서로 원수가 되기도 하고 심한 경우에는 청부살인이 일어나기도 합니다. 그러나 요셉의 경우를 이처럼 상속의 문제를 사이에 둔 단순한 갈등의 구도로 보면 안 됩니다. 이것이 단순히 여러 어머니를 둔 형제 사이의 재산 상속을 둘러싼 알력과 갈등의 문제였다면, 요셉은 이번에 제거됨으로써 완전히 끝장이 났어야 합니다. 형들과의 경쟁에서 이렇게 한번 밀려난 후에 인생의 낙오자가 되었어야 해요.

그러나 놀랍게도 요셉의 인생은 이것으로 끝나지 않습니다. 그는 놀랍게 재기합니다. 그것도 그냥 재기하는 것이 아니라 멸망할 수밖에 없는 형제들을 살릴 능력을 가진 자로 나타납니다. 그렇게 될 수 있었던 이유가 무엇입니까? 하나님께서 이 악한 야곱의 아들들을 사랑하시며, 이런 방식으로 그들을 구원하기로 계획하셨기 때문입니다. 이 점에서 요셉은 놀라우리만큼 예수 그리스도를 닮았습니다.

I. 아버지의 파송

요셉의 고난은 아버지 야곱이 그를 형들에게 보내는 데서부터 시작됩니다. 37장 12절과 13절을 보십시오.

그 형들이 세겜에 가서 아비의 양 떼를 칠 때에
이스라엘이 요셉에게 이르되 "네 형들이 세겜에서
양을 치지 아니하느냐? 너를 그들에게로 보내리라."
요셉이 아비에게 대답하되 "내가 그리 하겠나이다."

세겜이라고 하면 생각나는 것이 있을 것입니다. 세겜은 야곱의 아들들이 가나안 사람들을 이유 없이 처절하게 살육했던 곳입니다. 누이 디나가 강간당하고 왔을 때 그 분풀이로 족장과 남자들을 다 죽이고 아이들과 여자들을 노예로 빼앗고 재산을 약탈한 곳이 바로 세겜이에 요. 야곱의 아들들은 자신들이 얼마 전에 엄청난 죄를 지은 바로 그 곳까지 가서 양을 먹이게 되었습니다. 아마 바로 세겜은 아니고 그 근처 어디였을 것입니다.

야곱이
요셉을
보낸 이유 그럼에도 불구하고 그 곳은 적진이나 마찬가지였습니다. 아들들을 염려한 야곱은 그들이 잘 있는가 살펴보고 어려움에 처해 있다면 도움을 주기 위해 요셉을 파송합니다. 14절을 보십시오.

> 이스라엘이 그에게 이르되 "가서 네 형들과 양 떼가
> 다 잘 있는 여부를 보고 돌아와 내게 고하라" 하고
> 그를 헤브론 골짜기에서 보내매 이에 세겜으로 가니라.

야곱은 왜 이 위험한 곳에 요셉을 혼자 보냈을까요? 아마 요셉이 충분히 성인이 된데다가 지혜도 뛰어났기 때문에 이 정도의 일은 혼자서도 잘 감당할 수 있으리라고 믿었던 것 같습니다. 이처럼 요셉은 자기혼자 생각으로 형들이 있는 곳에 가려 한 것이 아니라 아버지의 명령을 받고 그 뜻에 따라 세겜에 갔습니다. 다시 말해서 사적인 방문을 한것이 아니라 아버지를 대신하여 공적인 임무를 띄고 보냄을 받은 것입니다.

그러나 그는 세겜 어느 곳에서도 형들과 양 떼들을 만날 수가 없었습니다. 그들은 이미 다른 곳으로 옮긴 상태였습니다.

어떤 사람이 그를 만난즉 그가 들에서 방황하는지라.

그 사람이 그에게 물어 가로되 "네가 무엇을 찾느냐?"

그가 가로되 "내가 나의 형들을 찾으오니 청컨대

그들의 양 치는 곳을 내게 가르치소서."

그 사람이 가로되 "그들이 여기서 떠났느니라.

내가 그들의 말을 들으니 '도단으로 가자' 하더라."

요셉이 그 형들의 뒤를 따라가서 도단에서 그들을

만나니라(37:15-17).

아마도 세겜은 양을 먹이는 곳으로 유명했던 것 같습니다. 야곱의 아들들이 그 끔찍한 짓을 해 놓고서도 다시 그 곳으로 갈 수밖에 없었던 것은 세겜의 풀이 그만큼 좋았기 때문이 아닌가 생각됩니다. 그러나 그들은 세겜에 오래 있지 못하고 훨씬 북쪽에 있는 도단이라는 곳으로 옮겨 갔습니다. 헤브론은 남쪽에, 세겜은 가운데, 도단은 그보다 위쪽에 있습니다. 요셉의 형들이 아무래도 세겜에 있기가 불안해서 신변 보호를 위해 도단으로 옮긴 것인지, 아니면 세겜도 풀 사정이나 물 사정이 여의치 않아서 옮긴 것인지는 분명치 않습니다. 그러나 원래 있기로 한 세겜에 있지 못하고 도단으로 옮긴 것을 보면 무언가 어려움이 있기는 있었던 것 같습니다.

야곱이 요셉을 보낸 것은 바로 이러한 형제들의 어려움을 도와 주기 위해서였습니다. 그가 이렇게 요셉을 위험한 곳에 혼자 보낸 것을 보면 그의 능력을 얼마나 신뢰하고 있었는지 잘 알 수 있습니다. 요셉은 단순히 형들의 안부만 확인하기 위해서 간 것이 아니라 그들을 도와

<아들들의 어려움을 도우려고>

주기 위해서 갔고, 야곱은 요셉이 간 것을 마치 자신이 직접 간 것과 마찬가지로 생각했습니다. 요셉에게는 그만큼 위기를 극복할 만한 능력과 지혜가 있었습니다.

순종이
고난을 낳다

요셉이 어려움에 빠진 것은 이렇게 아버지의 보냄을 받았기 때문입니다. 만일 야곱이 그를 보내지 않았거나 그가 아버지의 말씀에 순종하지 않았더라면 어려움에 빠질 이유가 없습니다. 세겜에 형들이 없는 것을 보고 그냥 돌아가기만 했어도 어려움을 겪지 않았을 거예요. 그러나 요셉은 아버지의 말씀에 순종해서 끝까지 형들을 찾으려고 했기 때문에 변을 당하게 되었습니다.

이 점에서도 요셉은 예수 그리스도의 완벽한 모형이 됩니다. 그리스도께서 어려움을 당하신 이유는 그가 스스로 왔기 때문이 아니라 아버지의 보냄을 받았기 때문입니다. 그리스도께는 얼마든지 아버지의 뜻에 순종하지 않을 자유가 있었습니다. 그러나 그분은 아버지를 기쁘시게 하기 원했고 이 세상에서 아버지의 뜻을 철저하게 이루려고 했기 때문에 미움을 받아 결국 십자가에서 죽임을 당하셨습니다. 예수님은 요한복음에서 자신이 스스로 온 것이 아니라 아버지의 보냄을 받아서 왔다는 점을 강조하셨습니다.

예수께서 가라사대 "하나님이 너희 아버지였으면
너희가 나를 사랑하였으리니 이는 내가 하나님께로
나서 왔음이라. 나는 스스로 온 것이 아니요 아버지께서
나를 보내신 것이니라"(요 8:42).

하나님께서 그 아들을 직접 인간들에게 보내신 것은 인간들이 어려움에 빠져 있었기 때문입니다. 그렇지 않다면 아들까지 보내실 이유가 없습니다. 예를 들어 어떤 사람이 몸에 이상이 있어서 병원에 진찰받으러 갔는데 병원 원장이 직접 그 병에 대해 설명하면서 수술하라고 했다면, 그것은 그 병이 상당히 심각하다는 뜻입니다. 그렇지 않으면 그 바쁜 원장이 직접 나와서 이러쿵저러쿵 설명할 이유가 없습니다. 마찬가지로 하나님께서 아들을 보내신 것은 우리 인간이 대단히 위험한 자리에 있었기 때문입니다. 사람들은 어려움을 느끼지 못하고 있었고 자기들의 삶이 그런 대로 괜찮다고 생각했지만, 하나님께서는 그 앞에 기다리고 있는 위험을 보시고 예수 그리스도를 보내신 것입니다.

야곱이 사랑하는 아들 요셉을 보낸 것은 세겜에 있는 아들들의 상황이 심상치 않다는 것을 느꼈기 때문입니다. 어쩌면 그들 모두가 가나안 사람들의 보복을 받아서 목숨을 잃을 수도 있었습니다. 그래서 야곱 자신만큼이나 지혜로운, 아니 어쩌면 자신보다 훨씬 더 힘이 있고 순발력이 있는 요셉을 보냄으로써 그들을 도와 주려고 했습니다. 그러나 그들은 요셉의 방문을 달가워하지 않았습니다.

2. 형제들의 음모

요셉이 다가오는 것을 알아본 형제들이 어떻게 했습니까?

요셉이 그들에게 가까이 오기 전에 그들이 요셉을 멀리서

보고 죽이기를 꾀하여 서로 이르되 "꿈꾸는 자가
오는도다! 자, 그를 죽여 한 구덩이에 던지고 우리가
말하기를 악한 짐승이 그를 잡아먹었다 하자. 그 꿈이
어떻게 되는 것을 우리가 볼 것이니라" 하는지라
(37:18-20).

요셉이 도단까지 자기들을 찾아온 것을 보면 분명히 많은 고생을 한
것이 틀림없습니다. 그런데도 형제들은 그를 영접하러 나가기는커녕
죽일 생각을 했습니다. 요셉임이 확인되자마자 마음 속에 절제할 수
없는 시기심과 분노가 끓어 오르면서 그를 이번에 반드시 죽여야 한다
는 데 금방 의견일치를 보게 된 것입니다.

왜 요셉을
죽이려 했을까? 그들은 왜 요셉을 죽이려고 했을까요? 놀랍게도 요셉의 꿈 때문이
었습니다. 그들은 요셉을 '꿈꾸는 자'라고 부르면서, 그를 죽이면 그
꿈이 어떻게 되는지 보자고 말하고 있습니다. 그들은 요셉으로부터 꿈
이야기를 들었을 때, 그것이 보통 꿈이 아니라 요셉을 통해 어떤 중요
한 일을 하시려는 하나님의 계획을 보여 주는 꿈이라는 것을 알았습니
다. 그러자 하나님을 향해 원망과 분노가 터져나오기 시작했습니다.
왜 하나님이 자기들의 일에 대해 계획을 가지고 계시느냐는 것입니다.
다른 말로 표현하면 하나님이 뭔데 요셉을 들어서 자기들의 머리로 삼
으려 하시느냐는 것입니다.

이 심리를 제대로 이해하려면 마태복음 21장에 나오는 포도원 농부
의 비유를 이해해야 합니다. 한 주인이 포도원을 만들어 농부들에게
세를 주고 먼 곳으로 떠났습니다. 그런데 포도를 딸 때가 되어서 종들

을 보내 세금을 내라고 했더니, 농부들이 종을 두들겨팬 후에 빈손으로 돌려 보냈습니다. 그 이유가 무엇입니까? 포도원을 빼앗기 위해서입니다. 종을 한 명 보내서는 안 되겠다고 생각한 주인이 더 많은 종을 보냈더니, 그 중에 더러는 죽이기까지 했습니다. 결국 주인은 사랑하는 아들을 보내면서 '설마 내 아들까지 박대하지는 않겠지'라고 생각했습니다. 그러나 농부들은 그가 상속자라는 것을 알고 그를 죽여서 포도원 밖에 내던져 버렸습니다.

예수님께서 이 비유를 말씀하신 이유가 무엇입니까? 그가 오신 것은 우리의 삶에서 하나님의 주권을 회복하기 위해서입니다. 원래 우리의 삶은 우리의 것이 아닙니다. 전부 하나님의 것입니다. 우리 재산, 우리 재능, 우리 돈, 전부 하나님의 것입니다. 그러나 그리스도가 오시기까지는 하나님께서 사람들을 자기 마음대로 살도록 내버려 두셨습니다. 그것이 옳기 때문이 아닙니다. 아직 하나님께서 그들의 죄를 용서하지 않으셨기 때문입니다.

마침내 예수 그리스도가 오셨을 때, 하나님께서는 그를 통해 우리 인간들의 죄를 다 용서하기로 결심하셨습니다. 그리고 그 때부터 우리의 삶 가운데 개입해서 '이제 너희 마음대로 살거나 너희 계획과 감정대로 살지 말고 내 뜻대로 살아야 한다'고 주권을 요구하기 시작하셨습니다. 유대인들은 그 사실을 알자마자 예수를 죽이기로 결정했습니다. 그 이유가 무엇입니까? 이 모든 것을 자기들의 것으로 여겼기 때문입니다. 자기 돈이고 자기 인생인데 예수가 왜 이러쿵저러쿵 하느냐는 거예요. 자기들의 인생은 어디까지나 자기들의 것이니까 하나님은 간섭하지 말라는 것입니다.

그의 간섭이 싫다!

하나님께서 요셉에게 그 꿈을 보여 주신 것은 야곱의 아들들의 삶에 간섭하시기 위해서였습니다. 그들은 지금까지 자기 마음대로 살아왔습니다. 말이 이스라엘이지 실제로 그들이 살아온 삶은 영락없는 죄인의 삶이었습니다. 그들은 살인하고 약탈하고 강간하고 거짓말했습니다. 그 모습 그대로는 도저히 하나님의 복된 백성이 될 수 없었습니다. 하나님께서는 요셉을 통해 그들의 죄를 용서하고 그들의 남은 삶을 하나님의 뜻대로 살게 하겠다는 계획을 가지고 계셨습니다. 그러나 그들은 하나님께서 자신들의 삶에 개입하려고 하신다는 것을 알자마자 그가 보내신 자를 죽이려고 했습니다.

**신앙은
그의 간섭 아래
사는 것**

신앙은 단지 기독교라는 종교를 가지는 것이 아닙니다. 신앙에서는 '사는 것'보다 더 중요한 것이 없습니다. 예배도 굉장히 중요하지만, 예배 끝나고 나서 우리의 일상생활을 어떻게 사느냐가 예배만큼 중요합니다. 우리는 지금까지 인생을 우리 것으로 생각해서, 우리 마음대로 결정하고 우리 마음대로 살아왔습니다. 하나님께서 예수님을 보내신 것은, 그런 우리의 삶이 실패라는 것을 인정하고 이제 남은 삶이라도 하나님의 뜻대로 살기 위해 그분에게 맡기라는 뜻입니다.

지금까지 야곱의 아들들의 삶은 완전한 실패였습니다. 그들의 삶에서는 음란과 거짓말과 도둑질과 살인 외에는 찾을 것이 없었습니다. 그런데 하나님께서는 요셉을 통해서 그들의 남은 삶을 붙들고 주장해서 아름답게 사용하기를 원하셨습니다. 그들은 이제라도 하나님께서 자신들에 대한 계획을 가지고 계심을 기뻐하는 마음으로 요셉을 환영하며, 혹시 하나님께서 그에게 새로 보여 주신 것이 있는지 겸손하게 듣는 태도를 가져야 했습니다.

지금까지 나의 삶은 어떠했습니까? 아마도 선뜻 '성공'이라고 말할 수 있는 사람은 별로 없을 것입니다. 그렇다면 앞으로 남은 삶을 내가 계속 책임지고 살 때 과연 성공할 자신이 있습니까? 나의 남은 삶을 전적으로 내가 책임지고 살 때 이전보다 큰 죄에 빠지지 않을 자신이 있습니까? 신앙은 내 몸을 어떻게 사용하느냐, 내 인생을 어떤 방식으로 사느냐와 관계가 있습니다. 내 몸을 하나님의 뜻대로 사용하는 것, 나의 남은 인생을 내 마음대로 살지 않고 하나님의 뜻대로 사는 것이 진정한 신앙입니다.

그리스도께서 오신 것은 우리 삶에서 하나님의 주권을 회복함으로써 남은 삶을 바로 살게 하시기 위한 것입니다. 내가 가진 모든 것에 차압딱지를 붙여서 어떤 것도 내 마음대로 사용하거나 결정하지 못하게 하시고 하나님 뜻대로 살게 하심으로써, 우리의 남은 삶을 복되게 하기 위한 것입니다. 더 이상 내 욕심대로, 내 야망을 실현하기 위해 사는 것이 아니라 나의 모든 것을 통해 하나님을 나타내고 하나님을 기쁘시게 하기 위해 사용하라는 거예요.

'내 것'은 없다

만약 제가 헌금 시간에 여러분의 집 문서를 다 내놓으라고 한다면 고분고분하게 내놓을 사람이 과연 있겠습니까? 다들 "저 도둑놈 같으니라고!" 하고 욕하면서 입에 거품을 물고 덤벼들지 않겠습니까? 그런데 하나님은 우리에게 그렇게 하십니다. 집 문서 다 내놓으라는 겁니다. 가지고 있는 통장 다 내놓으라는 겁니다. 직장 사표를 하나님이 받아 두시겠다는 겁니다. 텔레비전에도 빨간 딱지 붙이고, 내 머리에도 빨간 딱지 붙이라는 겁니다. 왜 아무거나 보고 아무거나 생각합니까? 왜 돈을 제멋대로 쓰고 몸을 제멋대로 씁니까? 왜 성질난다고 제멋대로 소리지릅니까? 그렇게 제멋대로 못 하게 하려고 예수님이 오신 것입니다.

'자유'의 함정 야곱의 아들들이 요셉을 죽이기로 결정한 것은, 그가 오면 그가 시키는 대로 해야 한다는 것을 알았기 때문입니다. 그는 지금 아버지 대신 오고 있습니다. 그러니까 이제부터는 마음대로 행동하고 마음대로 누리고 마음대로 옮겨다니던 자유를 다 빼앗긴 채, 요셉이 시키는 대로 해야 하는 것입니다. 계속 죄짓고 거짓말하고 양도 잡아먹어야 하는데 요셉이 오면 그런 짓들을 더 이상 못 한다는 거예요. 그들은 요셉을 죽이지 않으면 자유가 없다는 것을 알았습니다.

제가 목회를 하면서 느끼는 것은, 교인들은 목사가 설교만 하기를 바란다는 것입니다. 목사가 조금이라도 자기 사생활에 뛰어든다는 느낌이 들면 그 때부터 원수의 관계로 돌변해 버립니다. '당신은 설교만 하고 내 문제는 내가 결정하도록 내버려 두라'는 것이지요. 자녀 교육에서도 마찬가지입니다. 그리스도인이라고 하면서도 철저하게 자기 욕심대로, 자기 방식대로 아이를 교육해야 직성이 풀립니다.

그러나 여러분, 내가 낳은 자식이라고 해서 내 자식이 아닙니다. 그렇게 애지중지 키워서 결혼시켜 놓았더니 완전히 배우자한테 매여 정신 못 차린다고 한탄할 필요가 없어요. 자식은 하나님이 나에게 맡겨 주신 존재일 뿐입니다. 부부도 마찬가지입니다. 부부가 천국에 가서도 계속 팔짱끼고 다닐 것 같습니까? 천년 만년 부부로 살 것처럼 예배 시간까지 땀나게 손잡고 팔짱끼고 집착할 필요가 없습니다. 이 세상 살 때 친구로 잘 지내면 되지요. 천국에 가면 부부보다 더 가까운 관계가 될 겁니다.

우리 삶에 '나의 것'이라고는 아무것도 없습니다. 배우자도 하나님께서 맡겨 주신 사람이고 자식도 하나님께서 맡겨 주신 사람입니다. 돈도 하나님이 맡기신 것이고, 직책도 하나님이 맡기신 것입니다. 그것을 인정하지 못하는 것이 죄성입니다.

오늘 본문이 우리에게 보여 주는 것이 무엇입니까? 이스라엘 백성들은 원래부터 구원받을 만한 자격이 없는 사람들이었다는 것입니다. 하나님께서 일방적으로 그들을 사랑하셨고, 일방적으로 요셉을 보내셨으며, 거의 죽음에 가까운 요셉의 고난을 통해서 일방적으로 그들을 용서하시고, 제멋대로 살려는 그들을 설득해서 하나님의 백성으로 만드셨다는 것입니다.

일방적인 이 은혜가 없었다면

3. 르우벤의 도움

야곱의 아들들이 요셉을 죽이려고 했을 때 놀랍게도 르우벤이 요셉을 도와 주었습니다.

르우벤이 듣고 요셉을 그들의 손에서 구원하려 하여
가로되 "우리가 그 생명은 상하지 말자."
르우벤이 또 그들에게 이르되 "피를 흘리지 말라.
그를 광야 그 구덩이에 던지고 손을 그에게 대지
말라" 하니 이는 그가 요셉을 그들의 손에서 구원하여
그 아비에게로 돌리려 함이었더라(37:21, 22).

왜 하필 르우벤이 요셉을 도우려고 했을까요? 두 가지 가능성을 생각할 수 있습니다. 하나는 르우벤도 요셉처럼 본처 소생이었기 때문에 요셉을 미워할 이유가 없었으리라고 보는 것입니다. 다시 말해서 첩의 소생들보다는 본처 소생인 르우벤이 요셉에게 적개심을 덜 가졌을 수도 있다고 가정하는 것입니다. 그러나 우리는 본처인 레아와 라헬의 관계가 오히려 더 적대적이었다는 사실을 기억할 필요가 있습니다. 첩들보다는 본처들이 더 심한 알력과 경쟁의 관계였어요. 더욱이 재산 상속의 문제를 놓고 본다면 첩의 소생보다는 본처의 소생들이 훨씬 더 요셉과 경쟁 관계에 있었습니다. 그리고 르우벤을 제외한 다른 본처 소생들은 전혀 요셉을 편들어 주지 않았습니다. 이런 점들로 미루어 볼 때 르우벤이 요셉처럼 본처의 소생이었기 때문에 도우려고 했다는 주장은 설득력을 잃습니다.

우리는 이러한 행동의 유일한 이유를 르우벤의 죄의식에서 찾아볼 수 있습니다. 르우벤은 야곱의 아들들 중에서 가장 무서운 죄를 지었습니다. 그것은 아비의 침상을 더럽힌 죄였습니다. 르우벤은 서모 빌하와 동침을 했습니다. 물론 야곱의 집에는 십계명처럼 명문화된 율법은 없었습니다. 그러나 불문율로서 율법이 있었습니다. 르우벤은 자기가 간음을 행했으며, 그것은 죽임당해 마땅한 죄라는 것을 알고 있었습니다. 아마 그는 자신의 죄 때문에 심히 괴로워했을 것입니다. 그런데 자기처럼 마땅히 죽임당해야 할 죄인은 살아 있고, 아무 죄도 짓지 않은 요셉은 죽게 된다는 사실이 그를 고통스럽게 만든 것 같습니다. 르우벤은 형제들의 분노를 가라앉힐 길이 없었기 때문에, 직접 죽이는 대신 광야에 있는 구덩이에 던져 넣어서 굶어 죽게 하자고 제안했습니다. 나중에 자기가 그를 다시 끌어내서 아버지에게 보낼 생각이었던 것입니다.

여기에서 우리는 요셉의 고통에 대해 두 가지 입장이 있는 것을 볼 수 있습니다. 하나는 요셉이 고통을 받으면 받을수록 좋아하는 입장입니다. 시기하고 질투하는 마음 때문에 요셉이 잔인하게 죽임을 당하면 당할수록 더 좋아하는 것이지요. 단번에 쳐서 몇 초 만에 죽이기보다는, 구덩이 안에 넣어서 서서히 굶겨 죽이는 편이 더 재미있는 것입니다. 아마 그래서 형제들은 르우벤의 제안에 선뜻 동의했을 것입니다.

의인의 고통에 대한 입장 두 가지

그러나 자신을 죄인으로 생각한 르우벤은 요셉의 고통을 곧 자신의 고통으로 느끼고 괴로워했습니다. '요셉이 이 상태에서 죽는다면 나는 수십 번 수백 번 죽어야 할 사람이고, 요셉이 여기에서 돌에 맞아 죽는다면 나는 수천 번 수만 번 돌에 짓이김을 당해 죽어야 하는 죄인'이라는 생각을 하니까, 요셉을 나서서 구하지는 못해도 그의 편에 서려고 노력하게 되는 것입니다.

성경은 예수 그리스도의 십자가 고통을 통해 인류를 두 부류로 나누고 있습니다. 하나는 예수 그리스도를 십자가에 못박는 사람들이요 다른 하나는 십자가의 고통에 동참하는 사람들입니다. 물론 거의 대부분의 사람은 예수 그리스도의 고통은 자기와 아무 상관 없는 일로서, 자신은 둘 중에 어느 편도 아니라고 생각합니다. 그러나 무죄한 사람이 죽었을 때에는 누구나 둘 중에 하나의 편에 서지 않을 수 없습니다. 즉 그를 죽인 세력의 편에 서든지, 죽임당한 그 사람의 편에 서게 되는 것입니다.

군사정권 시절에 한 학생이 경찰에 끌려가서 물고문을 받다가 죽은 일이 있었습니다. 그의 죽음은 '탁' 치니까 '억' 하고 죽었다는 유명한 말을 남겼습니다. 물론 그의 물고문에 직접 가담한 경찰은 몇 명 되지 않았고, 그들은 처벌을 받았습니다. 그러나 그 학생의 죽음은 단지 그 몇 명에 의해 저질러진 일이 아닙니다. 억압의 방식으로 정권을 유지하고자 했던 사람들은 모두 그 학생을 죽인 자의 편에 선 것입니다. 직접 그의 목을 누르고 물을 먹이지 않았다 해도, 그 정권에 가담해서 그런 방식으로 정권을 유지하고자 했던 사람들은 모두 그 학생을 죽인 죄를 지은 것입니다. 반면에 그 정권 밑에서 탄압받고 고생한 사람들은 그 학생과 같은 고통을 마음 속으로 경험했을 것입니다.

못박은 자의 편인가?

우리는 대개 그리스도의 십자가 죽음과 자신은 아무 상관이 없다고 생각합니다. 그런데 하나님께서 나의 삶에 간섭하시며 예수를 믿지 않으면 구원받을 수 없다고 하실 때, 갑자기 반발심이 올라옵니다. '도대체 예수가 뭔데 나한테 이래라저래라 하는 거야? 왜 십자가 아니면 안 된다는 건데?' 하는 마음이 고개를 쳐드는 것입니다. 그래서 어떤 사람은 할 수 있는 한 율법을 다 깨뜨려 보고 싶어합니다.

제가 그랬습니다. 하나님이 율법을 다 지켜야 한다니까 오히려 다 어겨 보고 싶었어요. 그래도 살인하지 말라, 간음하지 말라 같은 계명들까지 어기면 윤리적으로 문제가 생기니까, 제사할 때 남은 음식 먹고 제사술을 마심으로써 하나님께 반항했습니다. 그렇게 실제로는 율법을 다 어길 수 없었지만, 마음으로는 다 어겨 보고 싶었어요. 예수 그리스도를 십자가에 못박은 것은 바로 그런 반발심입니다. '왜 예수 아니면 구원받을 수 없다는 거야? 하나님이 뭔데 나의 삶에 간섭하는 거야?' 하는 반발심이 결국 예수를 십자가로 몰아간 것입니다.

그러나 자신의 죄를 깊이 깨닫고 괴로워하는 사람은 예수의 십자가를 볼 때 '내가 바로 저기에 달려 있어야 하는데 저분이 대신 달렸구나!' 하는 생각이 들면서, 사실은 자신이야말로 사람들의 비웃음과 침 뱉음을 당해야 할 것 같은 느낌을 받습니다.

그리스도인이 살고 있는 삶은 제2의 인생입니다. 이것은 예수께서 침 뱉음을 당하고 가시에 찔리고 채찍에 맞음으로써 주신 귀중한 삶입니다. 너무나도 존귀한 분이 이런 값을 지불하고 우리에게 새로운 삶을 주셨다는 것을 깨달을 때 도저히 인생을 허비하거나 낭비할 수가 없습니다. 혼자서 헛된 공상이나 하고 궁상이나 떨면서 몇 달 몇 년씩 침체에 빠져 지낼 수가 없어요. 방황하기에는 너무나도 아까운 시간입니다. 내 욕심대로 이것도 해 보고 저것도 해 보기에는 너무나도 귀중한 시간입니다.

르우벤이 요셉의 편에 섰던 이유가 무엇입니까? 자기가 죽어야 할 죄인이라는 것을 깨달았기 때문입니다. 참으로 놀라운 것은 야곱의 아들들 중에서도 가장 무서운 죄를 지은 자가 자기도 모르게 요셉을 도우려고 했다는 이 사실입니다. 물론 그는 요셉을 건져 내지 못했습니다. 그러기에는 그 자신의 죄가 컸고 형제들 사이에 영향력도 없었습니다. 그러나 그가 요셉 편에 서려고 했다는 것, 어떻게 해서든지 그를 도우려고 했다는 사실만큼은 성경의 기록으로 영원히 남게 되었습니다.

4. 구덩이에 빠진 요셉

고난의 시작　　　마침내 요셉은 구덩이에 빠지게 되었습니다. 형들은 요셉의 채색옷을 벗기고 물이 없는 깊은 구덩이에 던져 넣어서 마시지도 못하고 먹지도 못하는 고통을 주었습니다. 요셉은 그 깊은 구덩이에서 사망의 고통을 맛보아야만 했습니다.

> 요셉이 형들에게 이르매 그 형들이 요셉의 옷,
> 곧 그 입은 채색옷을 벗기고 그를 잡아 구덩이에
> 던지니 그 구덩이는 빈 것이라. 그 속에 물이 없었더라
> (37:23, 24).

　요셉의 형들이 가장 싫어했던 것은 요셉의 채색옷이었습니다. 그래서 그들은 그 옷부터 벗겼습니다. 아버지가 준 사랑과 영광부터 빼앗은 것입니다. 그리고 물이 없는 깊은 구덩이에 던져 넣어서 굶주리고 목말라 죽게 하려 했습니다.
　이것은 요셉이 겪어야 할 고난의 시작에 불과했습니다. 사실 이 구덩이는 그가 앞으로 당할 환난과 고통에 비하면 아무것도 아닙니다. 이 구덩이는 쉽게 빠져나갈 수 있는 곳이었습니다. 누군가 줄만 내려주면 올라갈 수 있는 곳이었어요. 그는 앞으로 더 깊은 구덩이, 사람이 던져 준 줄로는 도저히 올라갈 수 없는 구덩이에 빠지게 될 것입니다. 애굽의 노예생활과 억울한 누명, 가장 악명 높은 시위대의 감옥살이라는 인생의 밑바닥이 그를 기다리고 있었습니다.

하나님께서는 왜 이렇게 엄청난 환난을 준비해 두신 것일까요? 요셉을 이스라엘의 구원자로 세우시기 위해서입니다. 전에 말했듯이 하나님의 집을 다스릴 사람은 두 가지를 알아야 하는데, 그 중에 하나가 인간의 죄성입니다. 그 죄성을 철저히 깨닫지 못한 사람은 이스라엘 백성들이 가진 돈이나 재주나 사람의 숫자를 자꾸 믿게 됩니다.

그러나 하나님은 그런 것으로 일하기를 원치 않으십니다. 하나님은 사람들이 서로 힘을 합하여 그의 구원을 이루거나 그의 나라 세우는 것을 기뻐하지 않으십니다. 사람들은 의기투합하는 것을 좋아합니다. 같은 고향 사람들끼리, 같은 학교 출신들끼리, 비슷한 성향을 가진 사람들끼리, 마음이 맞고 이야기가 통하는 사람들끼리 의기투합해서 일 벌이기를 좋아해요. 그러나 그런 것을 하나님의 일이라고 생각하면 큰일납니다.

하나님이 요셉에게 원하신 것은 인간의 죄성과 소망 없음을 철저히 보는 것이었습니다. 그는 형들을 도우러 간 자신을 오히려 그들이 죽이려 하는 것을 보면서, 그것도 가장 고통스러운 방법으로 죽이려 하다가 결국 애굽으로 가는 상인들에게 노예로 팔아먹는 것을 보면서, 이스라엘이 하나님 앞에서 얼마나 무서운 죄인이며 구원받을 자격이 없는 자들인지 뼈저리게 경험했습니다.

요셉은 사람을 의지하지 않았습니다. 르우벤은 요셉을 구덩이에 넣으면서 나중에 자기가 구해 주겠다고 귓속말을 했을지도 모릅니다. 그러나 그는 오지 않았습니다. 애굽의 감옥에서도 요셉의 도움을 받은 관원장이 그를 꺼내 주겠다고 했지만, 그 후로도 무려 2년 동안 그의 존재를 까맣게 잊고 지냈습니다. 하나님께서는 요셉을 사람이 꺼내 줄 수 없는 깊은 구덩이에 빠뜨리시고 하나님의 방법으로 끄집어내셨습니다. 요셉은 오직 하나님의 말씀과 그의 뜻과 그의 능력에만 붙들렸습니다. 그는 사람의 방법과 수단을 믿지 않았습니다. 만약 사람이 어떤 일을 해 주더라도 그것은 하나님께서 하시는 것이지 사람이 하는 것이 아니라는 사실을 그는 분명히 알았습니다.

그런 사람만이 다른 사람을 미워하지 않을 수 있습니다. 사람이 어떤 존재인지 알고 아무 기대도 하지 않기 때문입니다. 그래서 요셉은 나중에 형들을 만났을 때에도 보복하려고 하지 않았습니다. 다른 사람을 미워하는 것은 무언가 기대한 바가 있기 때문입니다. 기대한 게 있으니까 섭섭하고, 믿었기 때문에 속에서 불이 붙는 것입니다. 그러나 아예 기대를 갖지 않는 사람은 실망할 것도 없고 욕할 것도 없습니다. 그런 사람만이 '원래 인간들이 다 그렇다'는 것을 알고 분풀이하지 않으며 남을 불쌍히 여기고 사랑으로 끌어안을 수 있습니다.

하나님만
바라보게
하시려고

하나님께서 요셉을 그토록 낮추시고 형제들이나 믿을 만한 모든 사람들에게 배반당하게 하시며 결국 하나님의 때에 하나님의 능력과 방법으로 그 깊은 구덩이에서 끌어올리신 이유가 무엇입니까? 사람을 의지하지 않고 오직 하나님만 의지함으로써, 모든 사람을 용서하고 끌어안는 자로 만드시기 위해서입니다. 그들 모두를 구원하는 자로 세우시기 위해서입니다.

좋아하는 사람과 싫어하는 사람, 기질이 비슷한 사람과 완전히 다른 사람을 나누는 것은 도토리 키재기와 같은 일입니다. 왜 특정 부류의 사람들만 사랑하려고 합니까? 철저하게 사람에게 실망하고, 사람 안에 선한 것이 없다는 것과 혹시 있더라도 그것은 하나님에게서 나온 것이라는 사실을 깨달을 때에야 비로소 우리는 사람에게 기대를 갖거나 사람을 의지하지 않고 하나님만 바라보게 됩니다.

사랑하는 여러분, 아직도 가족이나 남편이나 다른 사람에게 섭섭한 마음이 있습니까? 몰라서 그렇습니다. 더 당해 봐야 섭섭한 마음이 없어질 것입니다. 섭섭한 마음이 있다는 그 자체가 아직도 사람의 죄성을 모른다는 뜻이고 사람에게 기대하는 바가 있다는 뜻입니다. 하나님을 오늘 우리에게 온전히 그분만 바라보고 그분께만 영광돌리며 그분이 나에 대해 가지고 계신 선한 뜻을 신뢰하라고 말씀하십니다.

오늘 본문이 보여 주는 것이 무엇입니까? 요셉의 생애가 아닙니다. 오늘 본문은 우리의 완악한 본성에도 불구하고 일방적으로 오셔서 우리의 죄를 감당하신 예수 그리스도를 보여 주고 있습니다. 예수님은 하나님의 보냄을 받아 오셨습니다. 그가 이렇게 직접 오셨다는 것은, 우리 인생이 마치 한 걸음만 잘못 디뎌도 결코 회복될 수 없는 엄청난 사망의 낭떠러지를 아슬아슬하게 걸어가는 것처럼 위태롭다는 뜻입니다.

예수님은 우리의 남은 인생을 하나님께서 사용하실 수 있게 하려고 오셨습니다. 어떤 사람은 "어쨌든 천국만 가면 되니까, 실컷 술 마시면서 놀다가 죽기 5분 전에 회개하자"고 합니다. 그것은 신앙을 오해하고 하는 말입니다. 진정한 신앙은 남은 삶을 내 욕심과 정욕대로 쓰지 않고 하나님의 방법대로 쓰는 것입니다.

우리는 실패할 수밖에 없는 사람들입니다. 그래서 주님이 오신 것입니다. 주님이 내 인생에 차압딱지를 붙이신 것은, 내 마음대로 결혼도 되지 않고 유학도 가지 못하고 취직도 잘 되지 않게 하신 것은 나를 완전한 실패자로 만들기 위해서가 아닙니다. 나의 남은 인생을 정말 멋지게 살게 하기 위해서, 정말 하나님 앞에 아름답게 살게 하기 위해서입니다. 그래서 그는 침 뱉음을 당하셨고 채찍에 맞으셨으며 십자가에 못박혀 죽으신 것입니다.

우리에게는 낭비할 시간이 없습니다. 우리가 엉망으로 만들었던 캔버스는 예수님이 이미 다 처리하셨고, 지금 우리 앞에는 완전히 새로운 흰 도화지가 주어져 있습니다. 생각해 보십시오. 여기에 무엇을 그려야 할지, 어떻게 하면 실패하지 않고 온전한 그림을 그릴 수 있을지 생각해 보십시오. 너무 나이들어서 믿었기 때문에 못 한다고 하지 마십시오. 지금이야말로 마지막 불꽃을 태울 좋은 기회입니다.

하나님께서는 사람에게 기대하지도 말고 섭섭해하지도 말라고 말씀하십니다. 아직도 사람에게 미움과 분노를 느끼는 사람은 깊은 구덩이의 맛을 못 본 사람입니다. 가장 가까운 사람에게 배신당해 보지 않은 사람은 인간성을 논할 자격이 없어요. 하나님은 인간을 믿지 말라고 하십니다. 우리가 믿는 것은 오직 사람 안에서 역사하시는 성령입니다. 성령의 선을 넘어서 인간적인 방법으로 친하게 지내거나 사랑에 빠질 때 결코 하나님의 뜻을 이룰 수 없습니다. 절제되고 통제된 사랑과 감정만이 하나님의 뜻을 이룰 수 있는 길입니다.

철저하게 하나님만 의지하십시오. 하나님만 바라보십시오. 그가 우리를 깊은 구덩이에서 건지시며 우리의 영광을 회복시키실 것입니다.

7 야곱의 통곡

그들이 앉아 음식을 먹다가 눈을 들어 본즉
한 떼 이스마엘 족속이 길르앗에서 오는데
그 약대들에 향품과 유향과 몰약을 싣고 애굽으로
내려가는지라. 유다가 자기 형제에게 이르되
"우리가 우리 동생을 죽이고 그의 피를 은익한들
무엇이 유익할까? 자, 그를 이스마엘 사람에게
팔고 우리 손을 그에게 대지 말자. 그는 우리의
동생이요 우리의 골육이니라" 하매 형제들이
청종하였더라. 때에 미디안 사람 상고들이
지나는지라. 그들이 요셉을 구덩이에서 끌어올리고
은 20개에 그를 이스마엘 사람들에게 팔매 그
상고들이 요셉을 데리고 애굽으로 갔더라.
르우벤이 돌아와서 구덩이에 이르러 본즉 거기
요셉이 없는지라. 옷을 찢고 아우들에게로 와서
가로되 "아이가 없도다! 나는 나는 어디로 갈까?"
그들이 요셉의 옷을 취하고 숫염소를 죽여 그 옷을
피에 적시고 그 채색옷을 보내어 그 아비에게로
가져다가 이르기를 "우리가 이것을 얻었으니
아버지의 아들의 옷인가 아닌가 보소서" 하매
아비가 그것을 알아보고 가로되
"내 아들의 옷이라! 악한 짐승이 그를 먹었도다.
요셉이 정녕 찢겼도다" 하고 자기 옷을 찢고

굵은 베로 허리를 묶고 오래도록 그 아들을
위하여 애통하니 그 모든 자녀가 위로하되
그가 그 위로를 받지 아니하여 가로되
"내가 슬퍼하며 음부에 내려 아들에게로 가리라"
하고 그 아비가 그를 위하여 울었더라.
미디안 사람이 애굽에서 바로의 신하 시위대장
보디발에게 요셉을 팔았더라.

창 37:25-36

요즘 학원 폭력이 심각한 사회 문제로 대두되고 있습니다. 그런데 문제는 실제로 다른 학생을 때리는 청소년 자신은 그렇게 죄의식을 느끼지 못한다는 것입니다. 단지 주먹이 근질근질하거나 상대방이 너무 건방지게 굴어서 좀 손봐 준 것뿐이라고 생각합니다. 그러나 괴롭힘을 당하는 당사자에게는 그것이 얼마나 큰 고통이요 절망인지 말로 표현할 수가 없습니다.

어느 학교에서 몇 명의 불량한 학생들이 좀 건방져 보이는 아이를 데려다가 두들겨팼습니다. 그런데 그 아이는 폭력을 견디다 못해 그만 자살을 하고 말았습니다. 때린 학생들은 그 때까지만 해도 자기들이 얼마나 엄청난 짓을 했는지 잘 몰랐습니다. 그런데 그 부모가 아이의 시신을 붙들고 몸부침치며 통곡하는 것을 보았을 때에야 비로소 '우리가 무언가 엄청난 일을 저지르기는 저질렀구나' 하는 생각이 들기 시작했습니다.

야곱의 아들들은 동생 요셉을 죽이려고 물이 없는 우물에 처넣은 다음에도 전혀 죄의식을 느끼지 못하고 있었습니다. 그들은 요셉이 그 안에서 죽어 가고 있는데도 태연하게 자기들끼리 음식을 먹을 수 있을 정도로 마음이 굳어 있었고, 도대체 무엇이 죄이며 자기들이 지금 어떤 짓을 저지르고 있는지 전혀 깨닫지 못했습니다.

그런데 그들 가까운 곳에 대상들이 지나가고 있었습니다. 그들은 사막을 횡단하는 상인들이었습니다. 야곱의 아들들 중 하나가 그들을 보고 다른 형제들에게 제안을 했습니다. "굳이 우리 손으로 직접 죽일 필요가 뭐 있냐? 저 대상들에게 팔아 버리자." 듣고 보니 그럴듯해서, 형제들은 은 20개를 받고 요셉을 노예로 팔아 버렸습니다. 그리고 아버지에게는 요셉이 죽었다고 하려고, 일부러 숫양 한 마리를 죽여서 그 피를 요셉의 옷에 묻혔습니다. 그리고 그 옷을 아버지에게 보내면서 '이 옷을 길에서 발견했는데, 혹시 요셉의 옷이 아닌지 봐 달라'고 했습니다.

아버지의 통곡　그들은 아버지가 이 피 묻은 옷을 보고 대충 슬퍼하다가 얼마쯤 지나면 그 슬픔을 극복할 줄 알았습니다. 그러나 야곱의 슬픔은 진정되지 않았습니다. 그는 요셉의 옷을 보고 엄청나게 통곡했습니다. 이렇게 슬퍼하고 애통하는 모습은 여지껏 같이 산 사람들도 본 적이 없을 정도였습니다. 야곱은 어머니가 돌아가셨을 때에도 이렇게 울지 않았고, 아버지가 돌아가셨을 때에도, 심지어는 디나가 강간당하고 자식들이 밖에 나가서 사람을 죽이는 죄를 짓고 돌아왔을 때에도 울지 않고 잘 참아 냈습니다. 그러나 요셉의 피 묻은 옷을 보고 울 때에는 아무도 그를 달래거나 말릴 수가 없었습니다.

야곱의 이 엄청난 통곡을 보았을 때에서야 비로소 아들들은 조금씩 겁이 나기 시작했습니다. 야곱에게 요셉은 단순히 사랑하는 아들이 아니었습니다. 아버지에게 요셉은 모든 재산과 아들들과 이 세상 전부를 합친 것보다 더 귀중한 존재였다는 사실을 아들들은 깨닫기 시작했습니다.

야곱은 장난이나 심심풀이로 요셉을 보낸 것이 아닙니다. 다른 아들들을 돕기 위해 이 세상 전부보다 소중한 그 아들을 보낸 것입니다. 그들은 일시적인 시기심으로 요셉을 팔아 넘겼지만, 야곱한테는 세상 전부를 잃은 것과 같았습니다. 자식들은 야곱을 위로하려고 여러 가지로 노력해 보았습니다. 그러나 그의 슬픔은 어떤 것으로도 진정될 수가 없었습니다. 그는 모든 위로를 거절했습니다. 그가 바라는 것은 오직 하나, 슬퍼하며 음부로 내려가서 아들에게로 가는 것뿐이었습니다.

의로운
한 아들은
아버지의
전부였다

오늘 본문이 우리에게 보여 주고자 하는 것이 무엇입니까? 야곱의 애통은 지금까지 아들들이 저질러 온 죄에 대한 그의 침묵에 약간의 빛을 비추어 주고 있습니다. 우리가 지금까지 야곱의 집에 대한 말씀을 죽 살펴 오면서 느낀 것은 '이것은 결코 하나님 백성의 모습이 아니다. 무언가 잘못되어도 크게 잘못되었다'는 것입니다. 여동생이 강간당했다고 칼차고 나가서 동네 사람들을 전부 죽여 버리는 것은 하나님 백성의 모습이 아닙니다. 아버지가 자기 동생을 더 사랑한다고 해서 그를 죽이려고 음모하는 것은 성도들의 모습이 아닙니다. 우리는 성경을 읽으면서 계속 '이건 아닌데' 하는 마음을 가졌습니다.

그런데 이런 아들들의 모습을 보면서도 잘 참았던 야곱이 사랑하는 요셉의 죽음 앞에서는 엄청난 애통을 참지 못한 것입니다. 요셉의 죽음은 지금까지 다른 아들들이 저질러 온 모든 죄보다 더 큰 아픔을 야곱에게 안겨다 주었습니다. 의로운 한 아들의 피흘림은 다른 많은 아들들의 불의보다 더 큰 고통을 주었습니다. 지금까지 자신들의 잘못을 조금도 깨닫지 못하던 아들들은 아버지의 이 엄청난 애통을 보고서야 자신들이 어떤 짓을 했는지 깨닫기 시작했습니다.

하나님의
애통함을
아느냐?

이 점에서 요셉은 예수 그리스도의 완벽한 예표입니다. 하나님이 심심해서 예수 그리스도를 이 세상에 보내신 것이 아닙니다. 정말 우리를 너무나도 사랑하기 때문에, 정말 우리를 돕고 싶었기 때문에 하나밖에 없는 사랑하는 아들을 보내신 것입니다. 그 아들은 하나님께 온 우주를 합친 것보다, 온 천사를 합친 것보다 더 귀한 존재였습니다. 그러나 인간들은 이 아들을 제 맘대로 처리해 버렸습니다. 예루살렘 성문 밖으로 끌고 나가 십자가에 못박아 죽여 버린 것입니다. 그리고 나서도 자기들이 어떤 짓을 했는지 제대로 깨닫지 못했습니다.

그런데 복음과 성령의 역사를 통하여 조금씩 그 죄에 대한 각성이 일어나기 시작했습니다. 그리스도의 죽음이 정말 어떤 것인지 깨닫게 되면서 애통하는 사람들이 하나 둘 생겨났습니다. 자기 어머니가 죽는 것을 보면서도 눈물 한 방울 흘리지 않던 사람들이, 동생한테 사고가 났을 때도 전혀 울지 않던 사람들이, 십자가 죽음의 의미를 알고 나서는 애통하기 시작했습니다. 그리고 자신들이 지금까지 살면서 했던 일들이 얼마나 하나님 가슴에 못을 박는 짓이었는지 조금씩 깨닫기 시작했습니다.

1. 아들들의 무서운 죄성

야곱의 아들들은 요셉을 잡아서 죽이려고 하면서도 이것이 얼마나 엄청난 죄인지 알지 못하고 있었습니다. 그래서 그들은 요셉을 물 없는 구덩이에 처넣고서도 태연하게 자기들끼리 음식을 먹을 수 있었습니다. 37장 25절 앞부분을 보십시오.

그들이 앉아 음식을 먹다가

지금 동생은 물 없는 구덩이 속에서 두려움과 허기로 죽어 가고 있습니다. 그런데 형이란 사람들은 밖에서 태연하게 음식을 먹고 있는 것입니다. 음식은 원래 편하게 먹어야 체하지 않는 법입니다. 부담스러운 상황에서 먹으면 목에 딱 걸리게 되어 있고, 마음에 미움과 분노가 있거나 흥분된 상태에서는 음식이 잘 넘어가지 않게 되어 있어요. 하물며 옆에서 사람이 죽어 가고 있는데 음식이 목구멍으로 들어갑니까? 살려 달라는 외침이 귀를 찌르는데도 편안하게 음식을 먹을 수 있는 사람은 정상적인 사람이 아닙니다.

요셉이 구덩이 속에서 허기와 공포로 죽어 가고 있는데도 형들이 태연하게 잘 먹고 있었다는 것은, 동생을 죽이는 일이 전혀 마음에 고통스럽지 않았다는 것을 의미합니다. 그들은 이 엄청난 죄 앞에서도 마음의 평안을 누렸습니다.

어떻게 그럴 수 있습니까? 마음 속에 있는 양심의 등불을 다 꺼 버렸기 때문에 그럴 수 있습니다. 조금이라도 양심이 살아 있으면 마음

이 죄성!

이 약해지고 갈등이 생기니까 아예 철저하게 마음문을 닫아 버리고 양심을 죽여 버린 것입니다. 그러니까 옆에서 동생은 죽어 가고 있는데도 편하게 음식을 먹을 수 있는 거예요. 지금 야곱의 아들들은 철저한 어두움에 빠져 있습니다. 그들은 지금 자기들이 얼마나 엄청난 짓을 저지르고 있는지 전혀 모르고 있습니다.

요셉을 노예로
팔기로 하다
그 때 그들 앞에 새로운 상황이 벌어졌습니다. 그들 옆으로 한 무리의 상인들이 지나가고 있었던 것입니다.

한 떼 이스마엘 족속이 길르앗에서 오는데
그 약대들에게 향품과 유향과 몰약을 싣고 애굽으로
내려가는지라. 유다가 자기 형제에게 이르되
"우리가 우리 동생을 죽이고 그의 피를 은닉한들
무엇이 유익할까? 자, 그를 이스마엘 사람에게 팔고
우리 손을 그에게 대지 말자. 그는 우리의 동생이요
우리의 골육이니라" 하매 형제들이 청종하였더라.
때에 미디안 사람 상고들이 지나는지라.
그들이 요셉을 구덩이에서 끌어올리고 은 20개에
그를 이스마엘 사람들에게 팔매 그 상고들이 요셉을
데리고 애굽으로 갔더라(37:25하-28).

원래 길르앗은 향료로 유명한 곳입니다. 이 대상들은 길르앗에서 향료를 사서 애굽에 가져다가 파는 상인들이었습니다. 아마도 수십 명씩 무리를 지어서 낙타를 끌고 사막을 지나다녔을 것입니다.

이 상인들을 보자 형제들 중의 하나인 유다에게 한 가지 생각이 떠올랐습니다. 요셉을 제거하는 것이 목적이라면 굳이 직접 죽일 필요가 뭐가 있느냐는 것입니다. 그냥 지나가는 상인들에게 팔아 버리면 죽을 때까지 노예로 살 테니 요셉은 자연히 제거되는 셈이고, 자신들은 돈을 쥘 수 있으니 일거양득이 아니냐는 것이지요. 그래서 그는 형제들에게 요셉을 죽이지 말고 이 대상들에게 팔아 버리자고 제안했고, 형제들은 선뜻 동의했습니다.

그들이 이렇게 한 것은 요셉에 대한 마음이 관대해졌기 때문이 아닙니다. 실제로 그들의 마음은 조금도 관대해지지 않았습니다. 오히려 더 치밀해졌습니다. 야곱의 아들들은 무죄한 자의 피를 흘리는 것이 하나님 앞에서 분명히 죄가 된다는 것을 알았습니다. 그래서 자신들이 직접 죽이기보다는 다른 사람의 손에 넘겨서 죽게 하는 편이 훨씬 더 책임을 줄일 수 있는 길이라고 생각했던 것입니다.

정말 그렇습니까? 자신이 직접 죽이지 않고 다른 사람의 손에 넘겨서 죽이면 책임을 줄일 수 있습니까? 세상에서는 그것을 크게 문제삼지 않을지 모릅니다. 그러나 하나님 앞에서는 직접 살인이나 간접 살인이나 똑같이 유죄라는 것을 알아야 합니다.

제가 군대에서 장교 훈련을 받을 때였습니다. 우리를 대단히 비인격적으로 대하던 부대장이 한 명 있었습니다. 어느 날, 훈련을 하기 위해 사격장에 가게 되었을 때 우리는 저마다 '누구 한 명이 저놈을 쏘아 주었으면' 하고 바랐습니다. 물론 실제로 쏜 사람은 없었습니다. 그런 식으로 자기 인생을 망치고 싶은 사람이 없었기 때문입니다. 결국 사격장 훈련은 별 사고 없이 끝났습니다. 그러나 우리에게는 누군가 거

이것은
덜한 죄인가?

기서 큰일을 저질러 주기를 바라는 마음이 정말 있었습니다. 실제로 그를 쏜 사람은 없었지만, 누군가 쏘았다면 아마 굉장히 좋아했을 것입니다. 자기 손에 피를 묻히지 않고도 미운 사람을 제거할 수 있었을 테니까요.

사람은 다른 사람을 죽이고 싶은 충동을 여러 번 느낍니다. 그러나 대개는 직접 죽일 정도로 어리석지 않습니다. 남을 직접 죽이면 자기 인생도 같이 끝나 버린다는 것을 알기 때문이지요. 그래서 직접 죽이는 대신, 상대방을 무참하게 쓰러뜨리는 프로복싱을 보거나 악한 사람을 설정해 놓고 그들을 잔인하게 죽이는 영화를 보면서 기분을 풉니다. 설교 열 번 듣는 것보다 이렇게 쏘고 저렇게 쏘는 영화 한 편 보는게 더 기분전환이 돼요.

성적 충동을 느낄 때도 마찬가지입니다. 사회적인 책임도 있고 아내도 신경쓰이고 돈도 없으니 직접 음란한 짓을 하지는 못하고, 그 대신 음란한 영화나 잡지나 소설을 읽음으로써 대리만족을 느낍니다. 그러면서도 '난 아무도 죽이지 않았어. 난 아무도 건드리지 않았어'라고 생각하는 것입니다.

위선(僞善)　　유다가 다른 형제들에게 요셉을 죽이지 말고 이스마엘 상인들에게 팔자고 제안한 것은 그의 마음이 관대해졌기 때문이 아닙니다. 단지 자기들의 손에 직접 피를 묻히지 않고 요셉을 제거하고 싶었던 것뿐입니다. 물론 말은 그럴듯하게 했습니다. "우리 손을 그에게 대지 말자. 그는 우리의 동생이요 우리의 골육이니라." 정말 동생이요 골육으로 생각한다면 왜 노예로 팔아먹습니까? 그 당시에 노예로 팔려 간다는 것은 곧 죽음을 의미했습니다. 정말 자기 말대로 요셉을 동생으로 생각한다면 노예로 팔지 말아야지요. 유다는 위선자입니다. 그는 겉으로는 가장 자비로운 사람인 양 말했지만 실제로는 더 악한 자였습니다. 직접 죽이는 것보다는 팔아 버리는 편이 양심의 고통도 적고 경제적으로도 득이 되니까 이런 제안을 한 것입니다.

이제 남은 문제는 그 은 20개로 무엇을 하느냐는 것이었습니다. 과연 누가 그 은을 가지려 들겠습니까? 아마 형제들 가운데 누구도 이 재수 없는 돈을 가지려 들지 않았을 것입니다. 이 일은 놀랍게도 유대인들이 예수님을 십자가에 못박았을 때 거의 그대로 재연되었습니다. 가룟 유다는 예수님을 은 30개에 팔았습니다. 유대인들은 예수님을 체포하고 난 후 자신들의 손에 피를 묻히지 않기 위해 로마 총독 빌라도를 끌어들였습니다. 빌라도는 이 일에 말려들지 않으려고 몸부림을 쳤지만 마치 늪에 빠진 사람처럼 몸부림치면 칠수록 빠져들어서, 결국 예수님께 사형선고를 내리게 되었습니다. 그는 유대인들 앞에서 손을 씻으면서 "나는 무죄하니 이 죄는 너희가 감당하라"고 했지만, 지금도 우리는 사도신경에서 "본디오 빌라도에게 고난을 받으사"라고 고백하고 있습니다. 아무리 손을 씻어도 소용이 없습니다.

예수님을 판 후 유다는 양심의 가책이 생겨서 돈을 도로 갖다 주면서 물러달라고 했습니다. 그러나 아무도 그 재수 없는 돈을 받으려 하지 않았습니다. 결국 가룟 유다는 그 돈을 성전에 던져 놓고 자신은 목을 매어 죽어 버렸습니다. 그 돈은 핏값이었기 때문에 사람들은 그것을 성전궤에 넣지 않고 나그네의 묘지를 구하는 데 썼습니다. 요즘으로 치면 행려자들의 묘지를 구하는 데 쓴 것입니다.

이 형제들이 요셉을 판 돈을 어디에 썼는지는 모르지만, 절대로 마음이 편하지는 않았을 것입니다. 떳떳하게 번 돈이라면 부끄러워할 이유가 없습니다. 그러나 그 돈에는 동생의 피가 묻어 있었습니다. 형제들은 아마 서로 그 돈을 받지 않으려고 하다가 결국 공평하게 나누어 가졌을 것입니다. 이것은 각자 그 죄에 동참했다는 표지입니다. 그 돈을 받은 사람은 결코 무죄할 수가 없습니다.

오늘 우리는 옳지 않은 것 앞에서 자기 입장을 분명히 밝혀야 합니다. 단지 자기가 직접 살인하지 않고 직접 간음하지 않았다는 것으로는 하나님 앞에서 변명이 되지 않습니다. 옳지 않은 일이면 처음부터 분명히 거부해야 그 핏값이 자기에게 돌아오지 않습니다.

2. 르우벤의 탄식과 형제들의 음모

르우벤의 탄식   야곱의 아들들 중에서 요셉을 살리려고 했던 유일한 인물은 가장 죄 많은 르우벤이었습니다. 그는 처음에 형제들이 요셉을 죽이려고 했을 때, 그러지 말고 구덩이에 던져 넣자고 해서 위기를 모면케 한 사람이었습니다. 그는 다른 아들들이 요셉을 상인에게 팔아 넘기는 자리에 없었던 것 같습니다. 요셉이 팔리고 난 후에야 돌아와서 구덩이를 보니 요셉이 없었습니다.

> 르우벤이 돌아와서 구덩이에 이르러 본즉 거기 요셉이
> 없는지라. 옷을 찢고 아우들에게로 와서 가로되
> "아이가 없도다! 나는 나는 어디로 갈까?"(37:29, 30)

여기에서 보게 되는 것은 르우벤에게 요셉을 살리고 싶은 마음은 있었지만 그럴 만한 힘이 없었다는 점입니다. 아마도 르우벤은 요셉을 구덩이에 두었다가 형제들이 없는 틈을 타서 꺼내려 했던 것 같습니다. 그런데 그가 없는 사이에 동안 다른 형제들이 상인들에게 팔아 버린 것입니다. 르우벤이 할 수 있는 일은 그저 자기 옷을 찢으면서 "나는 나는 어디로 갈까?" 하며 절망하고 좌절하는 것뿐이었습니다.

르우벤의 이 말은 무슨 뜻이었을까요?, '이제 어떻게 하면 좋으냐' 는 뜻도 있었을 테고, '이 넓은 천지에 어디로 가서 요셉을 찾느냐' 는 뜻도 있었을 것입니다. 르우벤은 아버지의 첩과 동침하는 죄를 저질렀습니다. 그래서 아버지에 대한 죄를 갚을 수 있는 유일한 길은 그가 사랑하는 요셉을 살려 보내는 것이라고 생각했을지도 모르겠습니다. 그러나 이미 다른 형제들이 요셉을 팔아 버린 것을 알았을 때, '이제 영원히 아버지 앞에서 내 부끄러움을 씻을 수 없게 되었다' 는 뜻에서 이렇게 탄식했을 수도 있습니다.

르우벤은 왜 요셉을 살리지 못했습니까? 죄인에게는 다른 죄인을 살릴 자격이 없기 때문입니다. 르우벤은 장자임에도 불구하고 다른 형제들에게 전혀 인정받지 못하고 있었습니다. 아마 이렇게 형제들의 무리에 낄 수 있는 것만도 엄청난 은혜였을 것입니다. 이렇게 자기도 겨우 끼여 있는 주제에 어떻게 다른 형제들을 설득해서 요셉을 살려 낼 수 있었겠습니까? 죄인이 다른 죄인을 걱정해 주는 것은 아무 소용 없는 일입니다. 아무도 그의 말을 들어 주지 않습니다. 만일 르우벤이 죄가 없는 상태에서 요셉 대신 자기가 죽겠다고 나섰더라면 혹시 살릴 수 있었을지 모릅니다. 그러나 그는 자기 자신이 이미 죄인이었을 뿐

죄인은 죄인을
살릴 수 없다

아니라 요셉을 대신해서 죽을 자신도 없었습니다. 그러니까 요셉에게
아무 도움도 되지 못했던 것입니다.

가끔 자기도 깊은 죄에 빠져 있는 사람이 다른 사람의 죄를 걱정해
주는 것을 볼 때가 있습니다. 그러나 그의 걱정은 전혀 도움이 되지 않
습니다. 자기 죄가 해결되어야 남을 돕는 것이지, 자신도 죄에 빠져 있
는 상태에서 동생이나 동료의 미래를 걱정해 봐야 무슨 소용이 있습니
까? 그 사람 걱정은 하나님께 맡기고 자신부터 먼저 죄에서 떠나는 것
이 급선무입니다.

그 다음에 일어난 일을 보면 르우벤이 형제들 사이에서 얼마나 무력
했는지를 알 수 있습니다.

> 그들이 요셉의 옷을 취하고 숫염소를 죽여 그 옷을
> 피에 적시고 그 채색옷을 보내어 그 아비에게로 가져다가
> 이르기를 "우리가 이것을 얻었으니 아버지의 아들의
> 옷인가 아닌가 보소서" 하매(37:31, 32)

거짓 증거   그들은 요셉이 짐승에 찢겨 죽은 것으로 가장하기로 했습니다. 그래
서 숫염소를 하나 죽여서 요셉의 옷을 그 피에 적셨습니다. 그리고 그
옷을 자기들이 직접 가져가지 않고 다른 사람 편에 아버지에게 보냈습
니다. 그들이 직접 옷을 들고 가지 않은 것은 약간이나마 마음에 가책
이 있었기 때문이었던 것 같습니다. 좌우간 형제들은 요셉이 죽은 것
으로 하자는 데 완전히 의견 일치를 보았고, 르우벤도 여기에 대해서
는 아무 소리 하지 못했습니다.

어떻게 수가 적지도 않은 형제들이 이 거짓 증거에 완전히 하나가 될 수 있었을까요? 돈의 힘이었을 수도 있고, 집단적인 이기주의가 발동했을 수도 있습니다. 아무래도 요셉을 판 돈을 받은 자들은 입을 다물 수밖에 없었을 것입니다. 르우벤이 아무리 "나는 나는 어디로 갈까?"라고 탄식해도, 돈을 받고 나서는 아무 소리 할 수 없는 것입니다. 또 정직하게 요셉이 노예로 팔려 갔다고 말하면 아버지가 도로 찾아올지도 모르고, 그렇게 되면 일이 더 골치 아파지지 않겠습니까? 그래서 형제들은 일단 요셉이 죽은 것으로 하는 편이 모두에게 편하다는 생각으로 자신들의 머리에서 그를 지우기로 했습니다.

가족 중 한 명이 정신병에 걸렸을 때 멀리 떨어진 수용소 같은 데 넣어 놓고 잊어버리려 드는 경우가 간혹 있습니다. 다른 식구들이 그 한 사람을 감당하기가 너무나 힘들기 때문입니다. 그런데 이와는 달리 멀쩡한 남편이나 아내를 정신병자로 몰아서 병원에 집어넣고 유산을 가로채거나 불륜을 저지르는 사람들도 있습니다. 요셉의 형제들은 멀쩡한 사람을 노예로 팔아 버린 후, 죽은 것으로 만들어 버렸습니다. 그리고 그를 자신들의 기억에서 영영 지워 버리기로 했습니다.

3. 야곱의 통곡

야곱의 아들들이 자기들이 저지른 짓의 심각성을 깨달은 것은 요셉의 죽음을 확인한 야곱의 태도를 보았을 때였습니다.

아비가 그것을 알아보고 가로되 "내 아들의 옷이라!
악한 짐승이 그를 먹었도다. 요셉이 정녕 찢겼도다!"
하고 자기 옷을 찢고 굵은 베로 허리를 묶고
오래도록 그 아들을 위하여 애통하니 그 모든 자녀가
위로하되 그가 그 위로를 받지 아니하여 가로되
"내가 슬퍼하며 음부에 내려 아들에게로 가리라"
하고 그 아비가 그를 위하여 울었더라(37:33-35).

야곱의 아들들은 다른 아들도 많으니 아버지가 잠깐 애통하다가 시간이 지나면 그만 포기하고 잊을 줄 알았습니다. 그러나 야곱의 애통은 그들이 생각한 것 이상으로 심각했습니다. 그는 엄청나게 울었습니다. 지금까지 야곱은 이렇게 운 적이 없었습니다. 어떤 어려움이 있어도 잘 참아 냈어요. 그런데 사랑하는 아들 요셉의 죽음 앞에서는 그 어떤 것으로도 위로받지 못했습니다. 울고 또 울어도 그의 울음은 그치지 않았습니다.

죄의 각성이
시작되다

그 때서야 아들들은 야곱에게 요셉이 얼마나 특별한 존재였는지를 깨달았습니다. 아무리 아버지를 위로하고 그 슬픔을 덜어 드리려고 해도 소용이 없었어요. 단순히 요셉을 편애했기 때문이 아니었습니다. 정확한 이유는 알 수 없었지만, 요셉은 아버지의 모든 것이었고 요셉이 없는 아버지의 삶은 의미가 없었습니다. 아들들은 애통하는 아버지의 모습 앞에 '우리가 너무나도 엄청난 일을 저질렀구나. 우리는 단순한 시기심에서 요셉을 제거하려고 했는데, 아버지한테는 요셉이 모든 것이었어. 요셉은 그냥 좀 편애받은 것이 아니라 아버지의 삶 전부였던 거야' 하면서 문제의 심각성을 느끼기 시작했습니다.

야곱은 다른 것으로는 이런 식으로 울지 않았습니다. 야곱은 지독한 사람이에요. 절대로 울지 않습니다. 심지어는 아버지나 어머니가 돌아가셨을 때에도 울지 않았고, 딸이 강간당했을 때에도 울지 않았고, 아들들이 죄를 지었을 때에도 울지 않았습니다. 그런데 요셉이 없어졌을 때에는 오래오래 울었고, 그의 슬픔은 도무지 진정이 되지 않았습니다. 그 때서야 비로소 아들들은 죄인 열 명보다 참으로 의롭게 살려고 했던 이 아들 한 명이 아버지에게 얼마나 소중했으며, 그 무죄한 한 명의 피를 흘린 것이 얼마나 용서받을 수 없는 죄인가를 어렴풋이 알게 되었습니다.

하나님께서 이 세상에 하나밖에 없는 아들을 보내신 것은 너무나도 큰 사랑의 표현이었습니다. 하나님께서는 사람들이 하나님을 싫어한다는 것을 아시면서도 사랑하는 아들을 보내셨습니다. 그 아들만큼이나 우리를 사랑하셨기 때문입니다. 사람들은 예수를 유대인이니 4대 성인 중 한 사람이니 하지만, 하나님께는 이 아들이 전부였습니다. 이 세상 모든 사람들, 모든 천사들, 태양과 별들을 다 합쳐도 이 아들 하나만 못했어요. 그런데 사람들은 마치 주인 없는 개 한 마리 잡듯이 이 아들을 십자가에 못박아 죽여 버렸습니다. 그러면서도 자기들이 무슨 짓을 하고 있는지도 모르고, 그 밑에서 희희낙락 옷을 나눠 가졌습니다.

중요한 것은 예수를 유대인들이 죽였느냐 로마 군인들이 죽였느냐가 아닙니다. 이 세상에 오신 하나님의 아들을 인간 중에 누군가 잡아서 죽였다는 사실 그 자체가 이미 하나님을 향한 선전포고인 것입니

"우리는
아버지의
전부를 죽였다"

다. 예를 들어 일본 국왕의 가장 사랑하는 아들이 좋은 의도로 우리 나라를 방문했는데, 우리 나라 사람들이 그를 잡아서 개 패듯이 패고 나무에 달아서 죽였다고 합시다. 그것은 일본과 사생결단하고 싸워 보겠다는 선전포고나 다름없습니다. 하물며 하나님께서 보내신 아들을 때리고 욕하고 십자가에 못박아 죽인 것은 어떻겠습니까? 그 사실 자체가 이 세상 사람들은 단 한 명도 하나님 앞에 용서받을 수 없음을 보여주는 것이 아닙니까? 이 죄 하나만으로도 세상 사람들은 하나님께 도저히 용서받을 수 없습니다.

하나님 아버지의 슬픔은 성령의 역사를 통해서 우리에게 전달됩니다. 우리는 자신이 무슨 짓을 했는지, 지금까지 하나님을 인정하지 않고 내 인생을 내멋대로 사용하면서 살아온 것이 얼마나 큰 죄인지를 아주 조금씩 깨닫고 애통하기 시작합니다. 그래서 스가랴 선지자는 이렇게 말씀했습니다.

내가 다윗의 집과 예루살렘 거민에게 은총과
간구하는 심령을 부어 주리니 그들이 그 찌른 바
그를 바라보고 애통하기를 독자를 위하여 애통하듯
하며 그를 위하여 통곡하기를 장자를 위하여 통곡하듯
하리로다(슥 12:10).

이 죄를 어떻게 용서받을까? 아들들이 요셉을 죽이려고 했다는 것을 야곱이 몰랐기에 단지 옷만 찢고 슬피 우는 데서 그친 것이지, 만약 그들이 하나같이 요셉을 죽이기 위해 구덩이에 빠뜨려 굶기고 결국 애굽에 노예로 팔아 버렸다는 사실을 알았다면 과연 그들을 살려 두었겠습니까? 아마 당장 그들과 전쟁을 치르려 했을 것입니다. 그것만큼은 절대 용서할 수 없는 일입니다. 르우벤이 자기 첩과 통간하고 시므온과 레위가 세겜 사람들을 죽이고 다른 아들들이 재산을 약탈한 것은 참을 수 있다 해도, 그들이 다 한통속이 되어서 요셉을 죽이려 하다가 결국 노예로 팔아 버린 것만큼은 절대 용서할 수 없는 일입니다. "너희 같은 죄인들이 공모해서 의롭게 살려는 이 아들을 구덩이에 빠뜨려서 굶기고 결국은 노예로 팔아먹어? 그리고 감히 요셉이 죽었다고 나를 속여?" 절대로 살려 놓지 않았을 겁니다. 열 명 다 죽였을 거예요.

그러나 하나님께서는 야곱이 하나님의 선지자임에도 불구하고 요셉이 살아 있다는 사실을 그에게 감추셨습니다. 아직 하나님이 정하신 때가 되지 않았기 때문입니다. 그 때가 올 때까지 요셉은 감추어 있어야만 했습니다. 마치 십자가 구원이 나타나기까지 그리스도께서 감추어 있고, 그 대신 애통하는 율법이 사람들의 마음을 지배한 것과 비슷합니다.

의로운 이 아들의 죽음은 다른 아들들의 모든 죄보다 더 큰 슬픔을 야곱에게 안겨 주었습니다. 이것은 우리가 지금까지 지어 온 모든 죄보다 예수 그리스도의 죽음이 하나님 앞에 더 고통스럽고 안타까웠다는 것을 보여 줍니다. 우리의 그 어떤 죄도 예수 그리스도의 피만큼 값지지 못합니다. 야곱의 아들들은 요셉을 은 20개에 팔았지만 야곱에게는 요셉이 그의 모든 재산이었고 모든 삶이었습니다.

중요한 것은 하나님의 용서를 받는 것입니다. 그리고 하나님의 아들을 죽인 인류가 그분의 용서를 받을 수 있는 유일한 길은 지금까지 하

제 남은 삶을
받으소서

나님을 거역하고 내 고집대로 살아왔음을 고백하고 나의 남은 삶을 하나님께 드리는 것뿐입니다.

4. 더 낮아진 요셉

현실이 말씀에
역행할 때　　하나님께서 요셉에게 주신 비전은 그가 참으로 영화로워지며 모든 형제들 중에 높아지는 것이었습니다. 그러나 요셉에게 실제로 일어난 일은 꿈과는 정반대로 가장 비참한 자리까지 낮아지는 것이었습니다. 36절을 보십시오.

　　미디안 사람이 애굽에서 바로의 신하 시위대장
　　보디발에게 요셉을 팔았더라.

　　요셉을 사간 상인들을 이스마엘 사람이라고도 하고 미디안 사람이라고도 하는 것은 그들 가운데 이스마엘 사람들과 미디안 사람들이 섞여 있었기 때문인 것 같습니다. 요셉은 노예로 팔려 가면서 자기는 노예가 아니요 자유인의 아들로서 자기와 함께 아버지에게 가기만 하면 노예값을 다 갚겠노라고 수없이 이야기했을 것입니다. 그러나 절망스럽게도 이런 간절한 요청에도 아랑곳없이, 그들은 요셉을 애굽의 시위대장 보디발에게 노예로 팔아 버렸습니다.
　　하나님께서는 분명히 요셉이 높아지는 꿈을 보여 주셨습니다. 그런데 왜 그에게 나타난 현실은 말씀과 정반대로 인생 밑바닥으로 곤두박질치고 있습니까? 왜 하나님의 꿈 때문에 오히려 인생의 가장 비참한 자리까지 떨어지는 일이 일어나는 것입니까? 이처럼 하나님 안에서 소망하는 바와 실제로 나타나는 현실이 정반대가 될 때 우리가 취할 수 있는 행동은 무엇입니까?

말씀을 붙들고 끝까지 내려가라

대개의 사람들은 그럴 때 하나님의 말씀이 잘못되었다고 생각합니다. "하나님의 말씀은 믿을 수가 없어. 괜히 말씀을 붙들었다가 인생에서 실패하고 시간만 낭비했네" 하면서 하나님 믿은 것을 후회하고 세상을 향해 나가는 사람들이 많습니다. 그러나 정말 하나님의 신실하심과 전능하심을 믿는 사람은 말씀을 붙들고 기꺼이 인생 밑바닥으로 내려갑니다. 왜냐하면 바로 거기에 다시 솟아오를 수 있는 길이 있기 때문입니다.

하나님께서는 우리에게 가장 좋은 것을 주시기 전에 반드시 우리의 믿음을 달아 보십니다. 과연 어떤 장애나 어려움이 있어도 끝까지 말씀을 신뢰하고 붙드는지 시험해 보십니다. 하나님께서는 가장 좋은 것을 그냥 주시는 법이 없어요. 말씀을 붙드는 자들을 먼저 깊은 구덩이에 처넣으십니다. 그러면 어떻게 됩니까? 거의 대개의 사람들은 살기 위해 말씀을 버립니다. 그러나 깊은 구덩이에 빠졌으면서도 말씀을 절대로 놓지 않는 사람이 있습니다. 그런 사람은 다시 솟아오르게 되어 있습니다.

가끔 강에서 수영을 하다 보면 큰 소용돌이를 만날 때가 있습니다. 잘못해서 그 소용돌이에 휩쓸리면 아무리 헤엄을 쳐도 점점 더 그 안으로 빨려 들어가게 되어 있습니다. 소용돌이에 갇혔을 때 빠져나오는 법은 그냥 바닥으로 내려가는 것입니다. 수영의 기본은 잠수입니다.

밑으로 내려가면 밖으로 나오게 되어 있어요.

하나님의 소용돌이도 그렇습니다. 말씀을 붙들면 그 때부터 하나님의 소용돌이에 휩쓸리게 되어 있습니다. 내가 원하지 않는 방향을 향해 나의 삶과 모든 것이 점점 끌려 들어가게 됩니다. 그 때 살 수 있는 유일한 길은 말씀을 붙들고 잠수하는 것입니다. 이것은 침체와 다른 것입니다. 이렇게 잠수하면 물에 밀려서 밖으로 나오게 되어 있어요. '하나님은 나에게 단잔도 주시지만 쓴잔도 주신다. 왜 내게 지금 쓴잔을 주시는지는 모르겠지만 하나님께서 주시는 잔을 나는 기꺼이 마시겠다' 생각하고 그 잔을 남김없이 다 마시는 사람은 다시 올라오게 되어 있습니다.

하나님께서는 우리를 고난으로 시험해 보십니다. 어려움 가운데 있는 사랑하는 성도 여러분, 말씀을 붙들고 기꺼이 그 고난의 시간을 감당하십시오. 그러면 하나님께서 그 꿈대로, 그 약속대로 다시 여러분들을 영화롭게 하실 것입니다.

8 유다의 타락과 다말의 신앙

그 후에 유다가 자기 형제에게서 내려가서
아둘람 사람 히라에게로 나아가니라.
유다가 거기서 가나안 사람 수아라 하는 자의
딸을 보고 그를 취하여 동침하니 그가 잉태하여
아들을 낳으매 유다가 그 이름을 '엘'이라 하니라.
그가 다시 잉태하여 아들을 낳고 그 이름을
'오난'이라 하고 그가 또 다시 아들을 낳고
그 이름을 '셀라'라 하니라.
그가 셀라를 낳을 때에 유다는 거십에 있었더라.
유다가 장자 엘을 위하여 아내를 취하니
그 이름은 다말이더라. 유다의 장자 엘이 여호와
목전에 악하므로 여호와께서 그를 죽이신지라.
유다가 오난에게 이르되
"네 형수에게로 들어가서 남편의 아우의 본분을
행하여 네 형을 위하여 씨가 있게 하라."
오난이 그 씨가 자기 것이 되지 않을 줄 알므로
형수에게 들어갔을 때에 형에게 아들을 얻게
아니하려고 땅에 설정하매 그 일이 여호와
목전에 악하므로 여호와께서 그도 죽이시니
유다가 그 며느리 다말에게 이르되
"수절하고 네 아비 집에 있어서 내 아들
셀라가 장성하기를 기다리라" 하니

셀라도 그 형들같이 죽을까 염려함이라.
다말이 가서 그 아비 집에 있으니라.

창 38:1-11

바다 속에 화산이 폭발했을 때 처음 생기는 섬은 나무 한 그루, 풀 한 포기 없는 돌섬입니다. 그런데 세월이 지나서 흙이 생기게 되면 어디서 왔는지 모를 식물의 씨가 그 위에 떨어져 풀이 자라고 나무가 생깁니다. 주위에 섬도 없고 육지도 없는데 어디선가 식물의 씨가 운반되어 그 무인도에 울창한 숲을 만들어 내는 것을 볼 때, 비록 식물에 불과하지만 그 생명의 강인함에 놀라지 않을 수가 없습니다. 학자들은 이런 씨가 조류를 따라 흘러 들어가거나 새의 몸에 붙어서 옮겨지는 것이 아닌가 생각한다고 합니다.

그런데 그런 생명의 강인함만큼이나 강인한 것이 하나 있습니다. 그것은 바로 말씀의 능력입니다. 우리는 하나님의 말씀이 구체적으로 어디에서 어떻게 전달되는지 잘 모릅니다. 그러나 어떤 경로를 통해서든지 일단 말씀이 들어가기만 하면 하나님을 믿는 사람들이 하나 둘씩 생겨납니다.

오늘 우리는 대단히 어려운 한 가지 문제에 봉착하게 됩니다. 그것은 하나님께서 믿는 백성의 타락을 통해서도 이방인을 구원하실 수 있느냐 하는 문제입니다. 우리 생각으로는 믿는 백성의 타락을 통해서는 이방인을 구원할 수 없을 것 같습니다. 그러나 하나님의 백성이 타락하는 과정에서라도 말씀의 씨가 떨어질 경우, 그 말씀을 듣고 구원받는 사람이 생길 수 있습니다. 물론 그 백성이 단순히 타락하는 데서만 그친다면 아무 일도 일어나지 않을 것입니다. 그러나 그 과정에서 하나님의 말씀이 전달될 기회가 있다면, 그 자신은 망할지 몰라도 그 말씀을 전해 듣고 믿는 자는 살게 되어 있습니다.

우리는 이런 아이러니컬한 일이 바로 유대인과 이방인 사이에서 일어났다는 것을 기억할 필요가 있습니다. 어떻게 우리 같은 이방인들이 이렇게 많이 그의 백성이 될 수 있었습니까? 하나님을 떠난 유대인들 때문이었습니다. 유대인들 다수가 하나님을 떠남으로써, 복음은 유대인이라는 강한 껍질을 벗고 그 테두리를 벗어나 땅끝까지 전파될 수 있었습니다. 그리고 이 복음이 떨어지는 곳마다 우후죽순처럼 하나님의 백성들이 만들어지고 교회가 생겨났습니다.

유다는
타락했지만　　우리는 오늘 본문에서 야곱의 아들들 가운데 하나인 유다가 자기 형제들을 떠나 가나안 사회 안으로 깊숙이 들어가는 것을 보게 됩니다. 이것은 분명히 유다의 타락을 의미합니다. 야곱 집안은 3대에 걸쳐 가나안 땅에 살아왔지만 마치 물과 기름처럼 그들과 섞이지 않았습니다. 어떻게 하든지 가나안 사람들과는 구별된 삶을 살았어요. 그런데 그런 구별을 과감하게 깨뜨린 장본인이 바로 유다였습니다.

유다는 자기 형제들을 떠나 가나안 사람들 속에 깊숙이 들어가서 그들과 어울려 살았고, 가나안 여자와 결혼해서 세 아들을 낳았으며, 큰 아들을 가나안 여자와 결혼시켰습니다. 이것은 유다가 하나님 나라의 비전을 버리고 완전히 이 세상에 동화되어 세상 사람들과 똑같이 살았다는 것을 의미합니다. 그런데 이 집안에 중요한 인물이 한 사람 있었습니다. 그 사람은 바로 이방인 며느리 다말이었습니다.

유다의 큰아들 엘은 하나님 앞에서 중요한 죄를 지어 즉사했습니다. 그런데 그 당시에는 형이 죽으면 동생이 형수와 관계를 맺음으로써 형의 아들을 낳아 주는 형사취수제도가 있었습니다. 유다는 둘째 아들한테 형수에게 들어가 형의 아들을 낳아 주라고 일렀습니다. 그러나 둘째 아들은 그렇게 하기가 싫어서 형수와 성관계만 갖고 결정적인 순간에 정액을 밖에 쏟음으로써 임신을 불가능하게 했습니다. 하나님께서는 오난의 행동을 징계하여 그를 죽이셨습니다. 이제 유다는 큰일이 났습니다. 다말이라는 여자 때문에 아들들을 다 잃게 생겼기 때문입니다. 그래서 셋째 아들이라도 살리려는 생각으로, 그가 어리다는 핑계를 대서 다말을 아비 집에 보내 수절하게 했습니다.

이방 여인에게 말씀의 씨가 떨어지다

오늘 본문이 이야기하고 있는 내용은 여기까지입니다. 그러나 나중에 보면 이 다말이라는 여자가 얼마나 중요한 인물인지가 드러납니다. 이 여자는 자기 시아버지와의 관계를 통해 쌍둥이 아들을 낳는데, 그 가운데 하나에게서 다윗의 왕가가 나오는 것입니다.

본문은 유다의 타락을 보여 주고 있습니다. 그러나 그는 끝까지 타락하지 않고 다시 하나님께 돌아오는데, 그 과정에서 원치 않게 이방 여인 다말을 하나님께 데리고 오게 됩니다. 유다의 타락과 회복의 과정은 이 이방 여인을 인도해 오는 하나님의 손길이었습니다. 물론 이 중간 과정에서 일어난 일들은 경악을 금치 못할 정도로 추악하고 비도덕적입니다. 그러나 하나님께서는 이 모든 것을 뛰어넘어 한 이방 여인을 사랑하셨고 그를 구원하기를 기뻐하셨으며 그의 자손을 통해 그리스도를 보내기로 작정하셨습니다.

1. 형제들을 떠난 유다

유다는 자기 형제들을 떠나 아둘람 사람 히라에게 갔습니다.

> 그 후에 유다가 자기 형제에게서 내려가서
> 아둘람 사람 히라에게로 나아가니라(38:1).

신앙 공동체를
포기하다

여기에서 유다가 자기 형제를 떠나 히라에게 갔다는 것은 볼일이 있어서 잠시 다니러 갔다는 뜻이 아닙니다. 완전히 가나안 사람이 되기 위해 자기 형제들과 관계를 끊고 신앙적인 모든 생활을 포기한 채, 아둘람 사람 히라와 연합하여 살려고 거처를 옮겼다는 뜻입니다. 유다는 거기서 가나안 여자와 결혼하여 완전히 정착하고 살았습니다.

> 유다가 거기서 가나안 사람 수아라 하는 자의 딸을 보고
> 그를 취하여 동침하니(38:2)

유다의 형제들이 완전한 것은 아니었지만 그래도 그들은 신앙의 공동체를 이루고 있었습니다. 그런데 유다는 그 공동체를 버리고 완전한 가나안 사람이 되기 위해서 히라에게 갔습니다. 그가 왜 형제들을 떠

났는지에 대해서는 성경이 밝히고 있지 않습니다. 그러나 하나님께 대한 신앙을 버리고 자기 형제들을 떠났다는 것만큼은 분명한 사실입니다.

그런 의미에서 저는 룻기가 창세기 38장에 대한 완벽한 주석서가 된다고 생각합니다. 그 배경은 사사들이 이스라엘을 통치할 무렵으로서, 유다가 살았던 시대보다 훨씬 후대입니다. 베들레헴에 엘리멜렉이라는 사람이 살고 있었습니다. 그는 상당한 재산을 가진 자였는데 베들레헴에 흉년이 들자 가난한 자들과 물건을 나누기 싫어서 재산을 정리하고 모압 땅으로 이사를 가 버렸습니다. 그는 자기 두 아들을 모압 여자와 결혼시키고 아예 거기에 정착해 버렸습니다.

그러나 하나님께서는 그것을 기뻐하지 않으셨고, 엘리멜렉과 두 아들은 징계를 받아 죽었습니다. 결국 엘리멜렉의 집에는 과부 세 사람만 남게 되었습니다. 엘리멜렉의 아내인 나오미는 베들레헴에 양식이 있다는 말을 듣고 모압 땅을 떠나 베들레헴으로 돌아가기로 했는데, 그 과정에서 하나님을 믿기 원하는 한 이방 여인 룻을 데려가게 됩니다. 하나님께서는 이 룻을 축복하셔서 다윗 왕의 할머니가 되게 하셨습니다.

우리는 이와 거의 비슷한 모습을 유다의 타락에서 볼 수 있습니다. 유다가 형제들을 버리고 히라에게 간 이유는 분명치 않지만, 신앙을 버리려 했다는 것만큼은 분명합니다. 신앙이나 믿음의 형제들과의 관계를 중요하게 생각지 않고 이렇게 떠난 유다는 가나안 땅에서 하나님의 축복을 받지 못했습니다. 아들 셋을 낳았는데 둘이 죽어 버렸고, 어쩌면 남은 하나마저도 죽을지 몰랐습니다.

엘리멜렉이 타락했듯이

유다는 결국 자기 형제들에게로 돌아가기로 합니다. 아마도 가나안 땅에 찾아온 엄청난 흉년 때문에 다시 형제들을 찾게 된 것이 아닌가 합니다. 가나안 땅에 흉년이 들어 야곱의 아들들이 애굽에 가서 곡식을 사려고 할 때, 유다도 그 가운데 끼어 있기 때문입니다. 그는 세상을 사랑해서 형제들을 떠났지만, 완전히 실패하고 빈털터리가 된 채 이방 여자 한 명을 데리고 형제들을 다시 찾아왔습니다.

다말이라는 여자는 이방인이었지만 하나님의 백성이 되기를 원했습니다. 그는 남편이 죽었을 때 얼마든지 가나안 방식대로 새출발을 할 수 있었음에도 불구하고, 끝까지 자기에게 주어진 믿음의 기회를 포기하지 않고 하나님 백성의 아이를 낳았습니다. 그리하여 그 자신이 하나님의 백성이 되었을 뿐 아니라, 다윗 왕가를 창설하는 믿음의 어머니, 복된 어머니가 되었습니다.

하나님께서 이 일을 통해 보여 주려고 하시는 바가 무엇입니까? 그가 가나안 사람들을 멸망시키려 하시는 것은 어디까지나 그들의 도덕적인 타락 때문이지 그들에게 편견이나 좋지 않은 감정이 있어서가 아니라는 것입니다.

유다가 버린 것을 갈망한 이방 여인들

하나님께서는 하나님의 백성이 되기를 원하는 가나안 여자들을 높이셔서 이스라엘의 어머니가 되게 하셨습니다. 그 최초의 여인이 여기 나오는 다말이며, 그 다음이 여호수아 때 이스라엘을 도운 여리고 성의 라합이고, 다른 한 사람은 사사 시대의 모압 여자 룻입니다. 이들은 모두 정상적으로는 하나님의 백성이 될 수 없는 사람들이었습니다. 그러나 자기에게 주어진 믿음의 기회를 사생결단하고 붙듦으로써 하나님의 백성이 되었고, 믿음의 어머니가 되었으며, 자신들을 통해 예수 그리스도가 이 땅에 오시는 축복을 누렸습니다.

2. 유다의 결혼과 아들들의 죽음

하나님을 모르고 우상을 숭배하면서 사는 것과, 하나님을 믿는다 하면서도 도덕적으로 타락하고 성적으로 문란하게 사는 것 중에 어느 것이 더 위험할 것 같습니까?

우리 생각에는 일단 하나님을 믿기만 하면 좀 타락한 생활을 살아도 회개하면 될 것 같습니다. 그러나 하나님께서는 그분을 모르고 우상을 숭배하는 것보다 그분을 안다고 하면서도 도덕적, 성적으로 타락한 삶을 사는 것을 더 싫어하십니다. 후에 예루살렘이 바벨론에게 멸망당한 것은 이스라엘 백성들이 하나님을 섬기지 않았기 때문이 아니라 도덕적, 성적으로 타락했기 때문입니다. 오늘 유다의 타락은 왜 이스라엘 자손들이 애굽으로 가야 했는지, 왜 그들이 가나안 땅을 차지하게 되기까지 그 땅에서 430년이나 노예로 지내야 했는지를 설명해 주고 있습니다.

아브라함은 무슨 일이 있어도 이삭을 가나안 여자와는 결혼시켜서는 안 된다는 전제 하에, 자기 종을 멀리 하란까지 보내서 며느리를 구해 오게 했습니다. 이삭 또한 아들 야곱을 밧단 아람까지 보내어 아내를 구하게 했습니다. 그 이유가 무엇입니까? 가나안 여자들은 성적으로 너무나도 타락해 있어서 창녀와 다를 바가 없었기 때문입니다.

하나님께서는 이스라엘 백성들이 하나님을 섬기는 것도 중요하지만

아브라함이나
이삭과는 달리

그에 못지 않게 도덕적, 성적으로 순결한 삶을 살기를 원하셨습니다. 이스라엘 백성들은 가나안 땅을 차지하기 전에 무려 430년 동안 애굽에서 노예 생활을 했습니다. 그래서 비록 신앙적으로는 하나님을 잘 알지 못했지만, 적어도 성적으로는 가나안의 타락한 문화로부터 자신들을 지킬 수 있었습니다.

순결한 삶을
포기하다

　그런데 오늘 본문에서 유다는 너무나도 쉽게 가나안 여자와 결혼하는 것을 볼 수 있습니다. 이것은 유다가 하나님의 말씀이나 약속에 관심이 없었다는 것을 나타냅니다. 지금 유다의 행동은 신앙이라고는 조금도 없었던 이스마엘이나 에서가 한 짓과 전혀 다를 바가 없습니다. 아브라함의 큰아들 이스마엘이나 이삭의 큰아들 에서는 신앙이 없는 사람들이었지만 그래도 신앙의 흉내는 냈습니다. 밥 먹을 때 형식적으로나마 기도를 한다든지 비록 졸더라도 주일에 교회에는 나와서 앉아 있는 식으로 신앙의 흉내는 내고 있었어요. 그런데 결정적으로 가나안 여자들과 결혼함으로써 하나님을 떠나고 말았습니다.

　그런데 유다는 자기 발로 신앙의 공동체를 떠나서 이방 여자와 결혼해 버렸습니다. 이것은 스스로 하나님의 약속과 신앙을 완전히 포기해 버리는 것과 같은 행동이었습니다. 그런데 하나님께서는 유다가 자기 길을 가지 못하도록 그를 징계하심으로써 가나안 생활을 실패로 돌리시고 완전히 망하게 하셨습니다. 무엇보다 유다에게 큰 충격을 준 것은 큰아들 엘의 죽음이었습니다.

　　유다가 장자 엘을 위하여 아내를 취하니 그 이름은
　　다말이더라. 유다의 장자 엘이 여호와의 목전에

악하므로 여호와께서 그를 죽이신지라(38:6, 7).

엘이 하나님 앞에서 구체적으로 무슨 죄를 지었는지는 알 수 없습니다. 그러나 무언가 하나님 앞에서 중요한 죄를 지었고, 그 죄 때문에 하나님께서는 그를 죽이셨습니다.

여기에서 우리에게 떠오르는 의문이 있습니다. 야곱의 아들들이 저지른 그 엄청난 죄에 대해서는 그렇게 오래 참으셨던 하나님께서 이 유다의 아들은 왜 이렇게 급하게 징계하여 죽이셨을까요? 야곱의 아들들은 세겜 사람들을 몰살시키는 죄를 지었습니다. 르우벤은 서모와 간통하는 죄를 지었습니다. 또한 그들은 요셉을 시기해서 죽이려고 하다가 노예로 팔아 버리는 큰 죄까지 지었습니다. 그럼에도 불구하고 그들은 전부 다 살아 있었습니다. 그런데 엘은 살인이나 간음이나 자기 형제를 팔아먹는 것보다 더 큰 무슨 죄를 지었길래 이렇게 곧바로 즉사한 것입니까?

저는 이 문제에 대한 답을 죄의 질에서 찾기보다는 공동체의 문제에서 찾아야 한다고 생각합니다. 야곱의 아들들이 무서운 죄를 지었음에도 불구하고 살 수 있었던 것은, 그들이 아직 아버지 집에 머물러 있었기 때문입니다. 야곱의 집은 구약 시대의 교회였고 거기에는 여전히 하나님의 은혜가 임하고 있었습니다. 그러나 유다는 이 신앙의 공동체를 떠나 세상으로 갔고, 세상에는 그를 지켜 줄 하나님의 은혜가 없었습니다.

이것은 엘리멜렉의 가정에도 그대로 적용될 수 있습니다. 엘리멜렉이 굶주리게 될 것을 각오하고서라도 베들레헴에 머물렀더라면 하나님의 은혜가 그 가족들을 지켜 주었을 것입니다. 그러나 베들레헴을 떠나 모압으로 갔을 때 그들은 더 이상 하나님의 은혜의 보호를 받을 수 없었고, 결국 남자 셋이 다 죽고 말았습니다.

사도 바울은 고린도 교회에 편지를 쓰면서, 교인 중에 성적으로 무서운 죄를 지은 한 형제를 교회에서 내쫓음으로써 그를 사단에게 넘겨주라고 말씀했습니다.

이런 자를 사단에게 내어주었으니 이는 육신은 멸하고
영은 주 예수의 날에 구원얻게 하려 함이라(고전 5:5).

공동체에는
보호막이 있다

사도 바울은 믿음의 공동체가 사탄의 엄청난 세력으로부터 한 영혼 한 영혼을 지켜 주는 피난처라는 것을 알고 있었습니다. 눈에 보이지는 않지만 하나님께서 불과 화염검으로 교회 안에 있는 사람들을 보호하고 계시다는 것을 알고 있었어요. 하나님의 공동체에 신실하게 속해 있다는 것은 곧 수많은 유혹과 시험으로부터 자동적으로 보호받는다는 뜻입니다.

사도 바울은 교만하게 죄를 짓고서도 회개하지 않는 형제를 믿음의 공동체 안에서 더 이상 보호해 줄 이유가 없다고 말했습니다. 그를 내쫓아서 자기 하고 싶은 대로 실컷 하게 두라는 것입니다. 그러다가 자신의 비참한 모습을 보고 회개하고 돌아오면 다시 받아 줄 수 있습니다. 유다가 바로 그런 경우였습니다. 그는 하나님 백성들의 공동체를 별로 중요하게 생각하지 않고 세상으로 떠났지만, 가나안 땅에서 실패하고 두 아들을 잃은 후에 비참한 모습으로 돌아왔습니다.

오늘날 사람들은 이 신앙의 공동체에 하나님의 보호막이 있다는 사실을 잘 모르고 있습니다. 그래서 나오고 싶으면 나오고 빠지고 싶으면 빠집니다. 아주 자기 마음대로 들락날락거려요. 그럴 경우에는 별도리가 없습니다. 자기 마음대로 하게 두어야 합니다. 그렇게 실컷 자기 욕심대로 살다가 만신창이가 되어서라도 회개하고 돌아오면 정말 다행이지만, 실제로는 돌아오지 못하는 경우가 더 많습니다.

사람들은 눈에 보이지 않는 세계에 대해 아는 바가 없기 때문에, 이 세상 안에 자기에게 필요한 모든 것이 다 있는 줄 압니다. 세상으로만 달려가면 돈과 명예와 모든 것을 움켜쥘 수 있다고 생각해요. 그러나 우리가 보지 못하는 것이 있습니다. 그것은 믿음의 공동체를 덮고 있는 하나님의 은혜입니다. 그래서 저는 교인들에게 졸아도 교회에 와서 졸라고 합니다. 물론 교회에 와서 매일 졸기만 하는 것도 문제지만, 너무 피곤해서 어쩔 수 없다면 그래도 교회에 와서 조는 게 나아요. 집에서 조는 것과 교회에서 조는 것은 질적으로 다른 일입니다.

이것은 장소의 문제가 아닙니다. 하나님의 백성이 모여 있는 곳이라면 어디든지, 하나님께서 그 위에 그룹 날개를 치시고 웬만한 시험으로부터는 자동적으로 보호받게 하십니다. 우리 눈에 보이지 않는 시험이 얼마나 많습니까? 건물 공사하는 곳 지나가다가 위에서 떨어지는 벽돌 하나만 맞으면 아무리 머리가 단단한 사람이라도 바로 죽게 되어 있어요. 우리가 사는 세상에는 도처에 위험이 깔려 있습니다. 사람들은 자기 영혼이 얼마나 망가져 있고 이 세상에 얼마나 많은 영적인 병균과 유혹이 있는지 잘 모르기 때문에 신앙의 공동체를 따분하게 생각하고 재미없게 생각합니다. 그러나 그것은 굉장히 위험한 생각입니다.

사람의 영혼을 치료할 수 있는 유일한 곳은 믿음의 공동체뿐이라는 것을 잊지 마십시오.

3. 형사취수제도

엘이 하나님께 죄를 지어 죽임을 당했을 때, 유다는 둘째 아들 오난에게 형수에게 들어가 형을 위해 아이를 낳게 하라고 명했습니다. 이것이 그 유명한 형사취수제도(levirate)로서, 형이 죽으면 동생이 형수와 관계를 맺음으로써 형의 후손을 남기는 풍습입니다. 우리 나라에도 고대에 이런 제도가 있었습니다.

이 제도는 이방인의 풍습인가?

이것은 특히 상속과 관계가 있는 제도였습니다. 만일 어떤 남자가 아들을 낳지 못하고 죽어 버리면 아버지의 아들로서 받을 수 있는 그의 몫은 이 세상에서 완전히 없어지고 맙니다. 그런데 굳이 아버지가 그 죽은 아들에게 유산을 물려주고 싶을 때 그 동생으로 하여금 형수와 관계를 맺게 함으로써 아들을 낳게 할 수 있었습니다. 그 때 태어난 아들은 동생의 아들이 아니라 죽은 형의 아들이 됩니다. 그러면 그 아들에게 죽은 이의 몫을 물려주는 것입니다. 이것이 형사취수제도입니다. 이 경우에 동생은 큰 희생을 해야 합니다. 가만히 있으면 형의 몫까지 자기 것이 될 텐데 형에게 아들을 만들어 줌으로써 자기 몫을 줄여 버리는 셈이 되기 때문입니다.

엘이 죽었을 때 유다가 둘째 아들에게 형수와 관계를 맺으라고 명한 것은, 아마도 큰아들의 죽음이 너무나 애석했기 때문이었던 것 같습니다. 그리고 또 한편으로는 그 당시 문화 안에 이런 풍습이 있었기 때문일 것입니다. 이것은 후에 율법 안에 구체적으로 명시됨으로써 굉장히 영광스러운 제도로 이스라엘 안에 정착됩니다. 그러나 이것을 하나님께서 이방의 풍습을 끌어들여서 율법으로 정하신 것으로 생각하면 안 됩니다. 이것은 우연의 일치라고 할 수 있습니다. 할례 제도와 비슷하게 보면 좋겠습니다.

할례의 예

할례는 이스라엘 자손들에게만 있는 풍습이 아니었습니다. 블레셋 족속은 할례를 행하지 않았던 것이 분명하지만, 그 밖의 민족들 중에는 할례를 행하는 민족들이 있었습니다. 그러나 그 의미는 이스라엘 자손들이 생각하는 의미와 완전히 달랐습니다. 이방 민족들의 할례에는 위생적인 의미나 성인식의 의미가 있었지만, 이스라엘 사람들의 할례에는 하나님의 언약을 자기 몸에 새기며 자기 안에 있는 부패한 본성을 잘라 낸다는 영적인 의미가 있었던 것입니다.

형사취수제도 역시 이방인들은 상속의 문제 때문에 행했지만, 율법에서는 하나님의 백성들은 죽어도 살며 하나님이 주신 기업은 영원히 사라지지 않는다는 의미에서 행하게 한 것입니다. 즉 이것은 부활에 대한 예표인 동시에 자신의 몸을 바쳐 죽은 자의 기업을 지켜 주는 진정한 구제와 사랑의 실천이었습니다.

물론 유다가 오난에게 형수를 취하라고 한 것은 이방인의 풍습에 따른 명령이었습니다. 그러나 오난은 죽은 형에게 아들이 생기는 것을 기뻐하지 않았습니다. 가만히 있으면 형의 몫까지 자동적으로 자기 것이 될 텐데, 공연히 죽은 사람에게 아들을 만들어 주어서 자기 몫을 줄일 필요가 뭐가 있겠습니까? 형에게 아들이 생기면 재산이 반으로 줄

어드는 것이 아니라 삼분의 일로 줄어듭니다. 장자는 상속을 받을 때 다른 형제의 배를 받게 되어 있기 때문입니다. 그러니까 손해도 보통 손해가 아니에요. 그래서 오난은 성관계를 하다가 결정적인 순간에 몸 밖에 사정을 함으로써 피임을 해 버렸습니다.

> 오난이 그 씨가 자기 것이 되지 않을 줄 알므로
> 형수에게 들어갔을 때에 형에게 아들을 얻게
> 아니하려고 땅에 설정하매(38:9)

오난의 죄 그래서 요즘도 오난처럼 피임하는 방법을 오나니즘(onanism)이라고 합니다. 죽은 형의 아들을 낳기 위해 형수와 성관계를 갖는 것은 간음 이 아닙니다. 그러나 오난처럼 성관계는 하면서 피임을 해 버리면 간 음이 됩니다. 겉으로는 아버지의 말씀에 순종하며 죽은 형을 불쌍히 여기는 체하면서 실제로는 피임을 해서 형수가 임신하지 못하게 한 것 은 너무나도 큰 위선이었고 음란한 짓이었습니다. 그래서 하나님께서 는 오난을 바로 심판하여 죽이셨습니다.

오늘 본문을 잘못 이해하면 마치 하나님께서 피임 자체를 금지하신 것처럼 생각하기 쉽습니다. 그래서 간혹 피임을 하거나 임신을 인위적 으로 조절하는 것은 죄이기 때문에 주시는 대로 무조건 낳아야 한다고 생각하는 사람들도 있습니다. 그러나 오난이 죽은 것은 피임했기 때문 이 아니라 간음했기 때문입니다. 차라리 처음부터 형의 아들을 낳게 해 주기 싫다고 했으면 그것으로 끝났을 것입니다. 형사취수제도는 강 요할 수 있는 일이 아니라 동생의 전적인 희생과 헌신으로 이루어지는 일이기 때문입니다. 그런데 오난은 겉으로는 아버지의 뜻에 따를 것처럼 해놓고, 실제로는 성관계만 맺고 사정은 엉뚱한 데 함으로써 임신을 불가능하게 만들었습니다. 이것은 하나님 보시기에 아주 가증한 행동이었습니다.

우리는 이 일을 보면서 유다의 가족이 신앙 공동체를 떠난 후 얼마나 도덕적으로 타락했고 이기적으로 변해 있었는지를 알 수 있습니다. 물론 유다의 형제들도 완전한 사람들이 아니었고 야곱의 집도 완전한 하나님의 나라는 아니었습니다. 그 안에도 미움과 음행과 죄가 있었습니다. 그럼에도 불구하고 거기에는 하나님의 은혜가 있어서 늘 회복이 되곤 했습니다. 그러나 일단 공동체를 떠난 유다의 가족은 마치 활시위를 떠난 활처럼 갈 데까지 가고 있었습니다. 거기에는 믿음도, 사랑도, 눈물도 없었습니다.

유다 집안의 타락

4. 다말의 수절

이제 유다의 세 아들 중 둘이 죽고 하나만 남았습니다. 그러나 그 아들은 아직 어려서 형사취수를 시킬 수 있는 연령이 아니었던 것 같습니다. 유다는 그 사실을 굉장히 다행스럽게 생각하면서 다말에게 아비집에 가서 수절하고 있으라고 말했습니다. 11절을 보십시오

유다가 그 며느리 다말에게 이르되 "수절하고
네 아비 집에 있어서 내 아들 셀라가 장성하기를

기다리라" 하니 셀라도 그 형들같이 죽을까 염려함이라. 다말이 가서 그 아비 집에 있으니라.

문제는 유다가 다말에게 아비 집에 가서 수절하라고 한 데 있습니다. 성경 시대는 우리 나라 조선 시대와 다릅니다. 다말은 수절하면 열녀문을 세워 주고 정절을 못 지키면 은장도로 자결하는 문화에 사는 여자가 아니었어요. 가나안 땅에는 수절이란 것이 없었습니다. 남편이 죽으면 얼마든지 자신의 의사에 따라 다른 남자와 결혼할 수 있었습니다. 즉 다말이 다른 남자와 결혼하기를 포기한다는 것은 그 당시 가나안 사회에서 당연한 일이 아니라 아주 이상한 일이었습니다. 그런데 왜 유다는 다말에게 이런 말을 하게 된 것일까요?

유다가 다말을 수절시킨 이유

두 가지 가능성을 생각할 수 있습니다. 하나는 유다가 다말에게 희망을 심어 주었다고 보는 것입니다. "너는 재혼하지 말아라. 만약 네가 네 마음을 지킨다면 이스라엘 안에서 씨를 가지게 해 주겠다. 씨를 갖는다는 것은 굉장한 축복이야. 큰아들도 죽고 둘째도 죽었지만 네가 원한다면 셋째도 있지 않으냐? 하지만 셋째는 아직 어리니 클 때까지 기다려 보거라." 이런 식으로 언질을 주었다고 보는 것입니다.

또 다른 하나는 유다 편에서 그런 희망이나 언질을 주려고 한 말이 아니라 다말 자신이 이것을 워낙 강력하게 소망했기 때문에 나온 말이라고 보는 것입니다. 다시 말해서 다말이 유다의 집에 남기를 강력하게 소원하며 요청하는데 그렇다고 셋째 아들을 덥석 주기는 아까우니까, 일단 아비 집에 가서 있으라고 말했을 수 있습니다.

저는 후자의 가능성이 훨씬 크다고 생각합니다. 오늘 본문을 보면 유다가 셋째 아들까지 다말에게 주는 것을 상당히 꺼리고 있음을 알 수 있습니다. 그는 이 여자와 관계를 맺은 아들이 둘이나 죽는 걸 보면서 이 여자에게 무슨 문제가 있는 것은 아닌가 의심했습니다. 다시 말해서 미신적인 생각을 한 것이지요. '이 여자와 관계를 맺은 아들들은 다 죽었다. 이 여자는 무언가 불길한 운명을 가지고 있는 것이 틀림없어. 셋째를 주면 그 애도 죽고 말 거야.'

유다는 자기 아들들이 하나님 앞에서 무슨 죄를 지었느냐는 생각지도 않고, 무조건 이 이방 여자에게 문제가 있을 것이라고 생각하고 있습니다. 사실 남성 위주의 사회는 전부 이런 식입니다. 우리 나라에서도 여자가 아이를 낳지 못하면 무조건 여자 쪽에 문제에 있는 것으로 몰아붙이지 않았습니까? 비단 아이 낳는 문제뿐 아니라 집에 무슨 좋지 않은 일이 생기기만 해도 "여자가 잘못 들어와서 이런 불길한 일이 자꾸 생긴다"고 몰아가는 일이 많았습니다.

이번에는 다말의 입장에서 한번 생각해 봅시다. 남편이 죽은 후 그는 얼마든지 다른 남자와 재혼할 수 있었습니다. 그런데도 다말은 그렇게 하지 않고 자꾸 유다에게 이스라엘의 씨를 달라고 요구했습니다. 자기가 아스라엘의 아들을 낳아 합법적인 이스라엘 백성이 될 수 있게 해 달라는 것입니다. 그렇지 않았다면 유다가 집에 가서 수절하고 있으라는 말을 했을 리가 없습니다.

그렇다면 다말은 왜 그렇게 히브리인의 씨를 원했을까요? 여기에 엄청난 비밀이 있습니다. 다말은 시아버지 유다를 통해 한 새로운 세계를 보았습니다. 마치 룻이 시어머니 나오미를 통해 새로운 믿음의 세계를 본 것과 같습니다. 비록 유다가 신앙적으로 타락하고 침체된 상태에 있긴 했지만, 그래도 가나안 사람들과는 질이 달랐습니다. 마치 귀족이 망해서 거지가 되어도 그 몸에서 풍겨나는 품위는 감출 수 없는 것이나 마찬가지입니다.

다말은 유다를 통해 야곱 집의 비밀을 알게 되었고, 특히 후손과 땅의 약속을 들은 것이 분명합니다. 그래서 어떤 일이 있어도 그 씨를 가져야 하며 하나님의 약속을 움켜쥐어야 한다고 생각한 것입니다. 하나님 나라에서 땅을 차지하려면 반드시 씨를 가져야 합니다. 아들이 없으면 나그네에 불과해요. 그런데 남편이 죽음으로써 아들을 낳을 가능성이 없어졌고, 그 동생은 의도적으로 피임을 하다가 죽고 말았습니다. 집에 가서 수절하면서 기다려 보았지만 시간이 지나도 시아버지에게서는 아무 소식이 없었습니다. 다말에게는 약속의 씨를 가질 수 있는 정상적인 기회가 없었습니다. 그럼에도 불구하고 그는 너무나도 강력하게 씨를 갖고 싶었습니다.

"그 백성의 복을 붙들고 싶다!"

우리의 개념으로 보면 이상한 것 같지만, 하나님 나라의 개념으로 보면 굉장히 아름다운 열망입니다. '나는 창피해도 좋고 업신여김을 받아도 좋다. 시동생이라는 사람이 들어와서 피임했을 때에는 말할 수 없는 굴욕감까지 느껴야 했지만 그래도 상관없다. 나는 결코 포기하지 않겠다. 무슨 수를 써서라도 나는 이 축복을 붙들고 싶다!' 는 것입니다. 그는 결국 하나님의 축복을 움켜쥡니다. 창녀로 변장하고 시아버지 유다와 관계를 맺음으로써 이스라엘의 씨를 얻어 낸 것입니다.

단지 유다의 재산이 탐나서가 아니었습니다. 어떻게 해서든지 하나님 나라의 당당한 백성이 되고 싶은 소원과 자기 후손으로 하여금 그 나라 안에서 당당하게 땅을 차지하는 축복을 받게 하고야 말겠다는 열망 때문이었습니다. 그는 마침내 자신의 소원대로 이스라엘에서 가장 복받은 여자가 되었습니다. 이스라엘 백성들은 오고 오는 세대에 다말을 복 있는 여자로 칭송했습니다. 그가 하나님의 백성이 되고 믿음의 아들들을 낳기까지는 많은 현실적인 어려움이 있었습니다. 그럼에도 불구하고 그는 결국 믿음의 아들을 낳았고, 그로부터 다윗의 왕가가 나왔습니다.

오늘 본문이 우리에게 말씀하고자 하는 것이 무엇입니까? 이 세상 어느 누구도 다말이라는 이 이방 여자를 주의해 보는 사람이 없었지만, 하나님께서는 그를 보고 계셨다는 것입니다. 다말 자신은 몰랐지만 하나님은 수많은 타락한 여자들 가운데서 그를 보고 계셨고, 유다의 타락과 시련을 통해 하나님의 온전한 백성으로 인도하셨습니다.

우리는 유다가 자기 형제들을 버리고 일시적으로 타락한 삶을 살게 된 이유를 알 수 없습니다. 그러나 이 모든 일의 결과를 볼 때 하나님께서 모든 것을 합력하여 선을 이루셨음을 알게 됩니다. 하나님께서는 유다의 타락과 불순종과 실패를 통해서 이 귀한 한 영혼을 구원하셨습니다.

우리 한 사람 한 사람도 바로 이런 과정을 통하여 하나님의 백성이 되었습니다. 그 과정은 마치 거대한 파노라마와 같습니다. 깊은 구덩이에 빠져 있는 한 어린이를 구출하기 위해서 수많은 장비와 인력이 동원되는 것처럼, 하나님께서는 내가 모르는 사이에도 나를 보고 계셨고, 파노라마 같은 수많은 과정을 통해 나를 찾아와 복음을 듣게 하셨으며, 결국 이 축복을 움켜쥐게 하셨습니다.

또한 오늘 본문은 교회가 얼마나 중요한지에 대해 말씀하고 있습니다. 신앙의 공동체는 눈에 보이지 않는 하나님의 보호막으로 둘러싸인 피난처입니다. 우리가 모인 곳이야말로 구약의 선지자들이 꿈에도 그리던 시온 성이에요. 그런데 사람들은 이 신앙의 공동체가 완전하지도 않고 문제도 많아 보이고 자기 욕망을 채워 줄 것 같지도 않으니까 제 마음대로 들락날락거립니다. 그것은 굉장히 위험한 일입니다. 유다는 만신창이가 되어서야 돌아왔습니다. 그러나 유다처럼이라도 돌아오는 사람보다는 못 돌아오는 사람이 훨씬 더 많습니다.

요즘 젊은이들이 너무 계산적이라는 것은 참으로 안타까운 일입니다. 그들은 매사에 자기 중심적으로 생각하고 판단하고 행동합니다. 그러나 믿음의 사람들은 그렇게 하지 않습니다. 항상 신앙의 공동체와의 관계를 중심으로 생각합니다. 예를 들어 집을 구해도 신앙의 공동체에 신실하게 동참할 수 있고, 내 자녀들이 신앙 교육을 받을 수 있으며, 늘 기도하러 갈 수 있고, 다른 성도들도 초청할 수 있는 집을 구합니다.

우리 교회는 사람이 오는 것을 크게 환영하지만 가겠다는 사람을 억지로 잡지는 않습니다. 자기 스스로 알아야 합니다. 이 공동체에 속한다는 것이 정말 귀중한 일이라는 것, 환영하기는커녕 등을 떼밀면서 쫓아내도 들어와야 한다는 것, 문을 부수고서라도 들어와야 한다는 것을 알아야 해요. 사람들이 참 어리석습니다. 우리는 지금 눈에 보이지 않는 하나님의 보호막 안에 있기 때문에, 누군가 나를 위해 기도하고 있으며 눈에 보이지 않는 손이 지키고 있기 때문에 웬만한 시험은 그냥 지나가고 있다는 사실을 알아야 합니다. 마치 공기가 지구를 싸고 있기 때문에 웬만한 운석은 다 비켜가는 것과 같습니다.

유다가 신앙의 형제들을 떠났을 때 그 아들들이 죽었습니다. 하나님이 그들을 용서하시지 않았어요. 엘리멜렉이 모압 땅에 갔을 때에도 하나님은 베들레헴에서와 다른 방식으로 그들을 대하셨고, 엘리멜렉과 두 아들은 바로 죽었습니다.

야곱의 형제들은 문제가 많은 사람들이었습니다. 그럼에도 불구하고 그 공동체에는 하나님의 이름이 있었고 그의 임재가 있었으며 성령의 역사가 있었습니다. 유다가 그 곳을 쉽게 떠난 것은 실수였습니다. 그는 결국 사랑하는 엘을 잃고 오난까지 잃은 후, 흉년이 들었을 때에야 비로소 만신창이가 되어서 돌아옵니다.

그러나 무엇보다 오늘 본문의 핵심을 이루고 있는 것은 다말의 열심입니다. 다말은 새로운 삶을 살 수 있었습니다. 세상적인 방법으로 얼마든지 새출발할 수 있는 젊음을 가지고 있었습니다. 그러나 그렇게 하면 자신에게 찾아온 믿음의 기회를 잃을 수밖에 없었습니다. 그가 정상적인 방법으로 믿음의 씨를 가질 수 있는 가능성은 점점 줄어들고 있었습니다. 남편도, 시동생도 죽었고, 그 밑엣동생은 시아버지가 주지 않았습니다. 결국 그는 시아버지에게 쳐들어가서 씨를 받아 냈습니다. 도덕, 비도덕의 문제를 떠나 정말 엄청난 열망이 아닐 수 없습니다. 하나님은 다말을 축복하셔서 그의 쌍둥이 아들 중 한 명을 통해 예수 그리스도를 보내셨습니다.

물론 믿음의 씨는 예수 그리스도를 예표하는 것이기 때문에, 그리스도가 오신 신약 시대에는 이런 열심을 그대로 적용할 수 없습니다. 그럼에도 불구하고 어떻게 하든지 예수 그리스도를 구하고 그 안에 거하려 하며 그가 주시는 힘으로 이 세상을 살리고 하는 열망은 오늘 우리에게도 있어야 합니다. 사도 바울은 무엇이라고 했습니까?

> 그러나 무엇이든지 내게 유익하던 것을 내가
> 그리스도를 위하여 다 해로 여길 뿐더러
> 또한 모든 것을 해로 여김은 내 주 그리스도
> 예수를 아는 지식이 가장 고상함을 인함이라.
> 내가 그를 위하여 모든 것을 잃어버리고 배설물로
> 여김은 그리스도를 얻고 그 안에서 발견되려 함이니
> (빌 3:7-9상)

예수 그리스도 안에 있는 것, 예수 그리스도 안에 붙들리는 것, 예수 그리스도가 자기 안에서 일하시게 하는 이것이야말로 사도 바울의 열망이었습니다. 그 외에는 원하는 것이 없었습니다. 그는 나머지를 다 배설물로 여겼습니다.

오늘날 우리가 다말처럼 믿음의 씨를 낳을 수는 없습니다. 그러나 나의 모든 것이 그리스도에게서 나오며 그분이 온전히 내 안에서 일하시도록 하기 위해 기꺼이 모든 것을 잃겠다는 믿음은 곧 다말의 믿음과 같은 것입니다.

성령께서는 아무에게나 충만하게 나타나시지 않습니다. 세상도 취하고 말씀도 취하며 하나님께도 인정받고 사람에게도 인정받으려고 하는 사람에게는 역사하시지 않습니다. 하나님은 자기의 모든 학벌이나 재능이나 계획이나 생활의 편의를 다 배설물로 여기고, 오직 그리스도 안에서 발견되며 그 안에 있으려는 그 사람에게 성령을 퍼부어서 구원 역사의 주인공이 되게 하십니다.

하나님의 나라에서 주인공과 엑스트라는 바뀌는 법이 없습니다. 영화 촬영을 할 때는 엑스트라가 갑자기 발탁되어 주인공이 되는 수가 있을지 몰라도, 하나님 나라에서는 절대로 그렇지 않습니다. 한번 엑스트라는 영원한 엑스트라이고 한번 주인공은 영원한 주인공입니다. 왜 그렇습니까? 그리스도를 위해 잃어버린 만큼 주님이 그 사람 안에서 역사하시기 때문입니다. 주님을 위해서 돈을 잃어버린 사람에게는 그 잃어버린 돈만큼 주님께서 역사하십니다. 주님을 위해서 친구를 잃고 미래를 잃어버린 사람에게는 또 그 잃어버린 친구나 미래만큼 찾아오셔서 역사하십니다.

우리 앞에는 두 가지 선택의 길이 있습니다. 하나는 세상적으로 잘되려 하는 것입니다. 다말이 재혼해서 살 수 있었던 것처럼, 우리도 세상에 나가서 살 수 있습니다. 또 한 가지 길은 다말처럼 다른 모든 것을 포기하고 오직 하나님의 약속만을 구하는 것입니다. 그는 자기가 할 수 있는 모든 방법을 다해서 하나님의 약속을 붙들었고 결국 그 축복을 받아 냈습니다.

사랑하는 성도 여러분, 여러분은 어떤 길을 택하겠습니까?

9 유다의 불륜

얼마 후에 유다의 아내 수아의 딸이 죽은지라.
유다가 위로를 받은 후에 그 친구 아둘람 사람
히라와 함께 딤나로 올라가서 자기 양털 깎는
자에게 이르렀더니 혹이 다말에게 고하되 "네
시부가 자기 양털을 깎으려고 딤나에 올라왔다"
한지라. 그가 그 과부의 의복을 벗고 면박으로
얼굴을 가리고 몸을 휩싸고 딤나 길 곁 에나임
문에 앉으니 이는 셀라가 장성함을 보았어도
자기를 그의 아내로 주지 않음을 인함이라.
그가 얼굴을 가리웠으므로 유다가 그를 보고
창녀로 여겨 길 곁으로 그에게 나아가 가로되
"청컨대 나로 네게 들어가게 하라" 하니
그 자부인 줄 알지 못하였음이라. 그가 가로되
"당신이 무엇을 주고 내게 들어오려느냐?"
유다가 가로되 "내가 내 떼에서 염소 새끼를
주리라." 그가 가로되 "당신이 그것을 줄 때까지
약조물을 주겠느냐?" 유다가 가로되
"무슨 약조물을 네게 주랴?" 그가 가로되
"당신의 도장과 그 끈과 당신의 손에 있는
지팡이로 하라." 유다가 그것들을 그에게 주고
그에게로 들어갔더니 그가 유다로 말미암아
잉태하였더라. 그가 일어나 떠나가서 그 면박을
벗고 과부의 의복을 도로 입으니라.
유다가 그 친구 아둘람 사람의 손에 부탁하여
염소 새끼를 보내고 그 여인의 손에서 약조물을
찾으려 하였으나 그가 그 여인을 찾지 못한지라.
그가 그 곳 사람에게 물어 가로되
"길 곁 에나임에 있던 창녀가 어디 있느냐?"

그들이 가로되 "여기는 창녀가 없느니라."
그가 유다에게로 돌아와 가로되
"내가 그를 찾지 못하고 그 곳 사람도 이르기를
'여기는 창녀가 없다' 하더라." 유다가 가로되
"그로 그것을 가지게 두라. 우리가 부끄러움을
당할까 하노라. 내가 이 염소 새끼를 보내었으나
그대가 그를 찾지 못하였느니라."
석 달쯤 후에 혹이 유다에게 고하여 가로되
"네 며느리 다말이 행음하였고 그 행음함을
인하여 잉태하였느니라."
유다가 가로되 "그를 끌어내어 불사르라!"
여인이 끌려갈 때에 보내어 시부에게 이르되
"이 물건 임자로 말미암아 잉태하였나이다.
청컨대 보소서. 이 도장과 그 끈과 지팡이가
뉘 것이니이까?" 한지라. 유다가 그것들을
알아보고 가로되 "그는 나보다 옳도다. 내가
그를 내 아들 셀라에게 주지 아니하였음이로다"
하고 다시는 그를 가까이하지 아니하였더라.
임산하여 보니 쌍태라. 해산할 때에 손이
나오는지라. 산파가 가로되 "이는 먼저 나온 자라"
하고 홍사를 가져 그 손에 매었더니 그 손을 도로
들이며 그 형제가 나오는지라. 산파가 가로되
"네가 어찌하여 터치고 나오느냐!" 한 고로
그 이름을 '베레스' 라 불렀고 그 형제, 곧 손에
홍사 있는 자가 뒤에 나오니 그 이름을 '세라' 라
불렀더라.

창 38:12-30

다니엘 호손의 〈주홍 글씨〉라는 소설을 보면, 불륜으로 사생아를 낳은 후 한평생 주위 사람들의 조롱과 멸시를 받는 여자가 나옵니다. 그 여자는 붉은 글씨로 'A'라고 수놓은 표시를 가슴에 달고 다니는데, 'A'는 간음을 뜻하는 영어 단어 'adultery'의 첫 글자입니다. 그런데 사람들은 그 여자와 관계를 맺은 남자가 누구인지 몰랐습니다. 그 여자가 끝까지 입을 열지 않았기 때문입니다. 사실 그 여자와 간음한 남자는 그 고장에서 가장 존경받는 목사였습니다. 나중에 그가 병들어서 더 이상 살 수 없게 되었을 때 가슴을 찢는데 보니까 그의 옷 안에도 'A'라는 글자가 있었습니다. 그는 자기 스스로 그 글자를 새겨 놓고 수없이 괴로워하면서 살아온 것입니다. 결국 그는 자기가 죄인이라는 것을 고백하고 죽습니다.

만일 어떤 사람이 성인이 되고 난 후에 자신의 출생을 둘러싼 불륜의 사실을 알게 되었다면 어떤 반응을 보이겠습니까? 예를 들어 자기가 정상적인 부모에게서 태어난 것이 아니라 어머니가 도저히 용납될 수 없는 불륜의 죄를 저지른 결과로 태어났다는 것을 알게 되었다면 어떻게 반응하겠습니까? 대략 세 가지 반응이 나타나리라고 생각합니다.

첫번째 반응은 죽을 때까지 그 충격에서 벗어나지 못하는 것입니다. 자기 어머니가 그런 방식으로 자기를 낳았다는 사실 자체를 인정하지 못해서 계속 고민하고 괴로워하면서 술로 세월을 보내는 것입니다. 술을 계속 마셔 대는 사람들에게 왜 그렇게 마시냐고 물으면 맨정신으로는 도저히 살 수가 없어서 마신다고들 하지 않습니까?

두번째 반응은 할 수 있는 한 그 사실을 감추고 어떻게 해서든지 다른 사람이 되려고 애를 쓰는 것입니다. 출생의 비밀을 아무도 모르게 숨기고 자신도 망각 속에 묻어 둔 채, 다른 사람 행세를 하면서 살아가는 것이지요.

세번째 반응은 어머니의 행동을 적극적으로 두둔하는 것입니다. 그때 그 상황에서 생각해 볼 때 연약한 여성으로서는 다른 도리가 없었으리라고 보는 것이지요. 그래서 예수님의 말씀대로 '누구든지 죄 없는 자가 돌을 들어 이 여자를 치라'는 식으로 어머니의 불륜을 두둔하거나, 아니면 거기서 한 걸음 더 나아가 종교적으로 승화함으로써 합리화시키려고 하는 것입니다.

어느 여성 신학자가 있었습니다. 그는 한국 여성의 마음 속에 자리잡은 한(恨)이라는 감정이 아주 중요하다고 생각하고, 이 한을 푸는 것을 자기 신학의 주제로 삼았습니다. 그런데 그가 이런 주제를 잡게 된 것은 우연히 자기 출생의 비밀을 알았기 때문이라고 합니다. 지금까지 어머니로 알았던 분은 친어머니가 아니었고, 진짜로 자기를 낳아 준 분은 이 집안에 아들을 낳아 주기 위해 씨받이로 들어왔던 여자라는 사실을 알게 된 것입니다. 그 씨받이 여인은 아들은 낳지 못하고 딸만 낳았는데, 결국 이 딸을 빼앗긴 충격으로 정신병자가 되었습니다. 그 여성 신학자는 이러한 출생의 비밀을 알게 되면서, 봉건 체제에서 딸을 빼앗기고 자신의 삶까지 잃은 어머니의 한을 자기 신학의 중심 사상으로 삼게 되었습니다. 즉 그는 어머니의 슬픔을 신학적으로 대변하는 적극적인 입장을 취한 것입니다.

오늘 본문은 이스라엘 열두 지파 가운데 가장 중요한 유다 지파의 출생 비밀을 폭로하고 있습니다. 유다 지파는 열두 지파 중에서도 가장 중요한 지파로서, 이 지파에서 이스라엘의 왕인 다윗이 나왔습니다. 다른 지파들이 망했을 때에도 유다는 끝까지 하나님의 백성으로 남았고, 그리스도께서도 이 지파를 통해 오셨습니다. 그런데 오늘 본문을 보면 이 유다 지파의 시작에 엄청난 부정과 불륜의 관계가 얽혀 있다는 사실을 발견하게 됩니다. 즉 유다 지파는 유다가 며느리 다말과 관계를 맺음으로써 낳은 불륜의 아들에게 그 뿌리를 두고 있는 것입니다.

아마 유다 지파에게 오늘 본문보다 더 치욕스럽고 부끄러운 기록은 없을 것입니다. 할 수만 있었다면 이 본문의 기록만큼은 지우고 싶었을 거예요. 그러나 하나님의 말씀은 누가 부끄러워한다고 해서 지우거나 없앨 수 있는 성질의 것이 아닙니다. 일단 지나간 과거는 영원히 하나님의 것이기 때문입니다.

이스라엘 열두 지파 중에서도 가장 중요한 이 지파의 뿌리에 대한 비밀을 하나님께서 이렇게 폭로하시는 이유가 무엇입니까? 앞으로 유다의 왕이 나올 뿐 아니라 이스라엘을 구원할 메시아가 나올 지파라면 할 수 있는 대로 좋은 내용만 기록해도 모자랄 텐데, 왜 이렇게 엄청난 불륜의 과거를 폭로하시는 것입니까?

1. 유다의 불륜

다말의 작전　　본문에 따르면 유다는 가나안 사람인 아내가 죽은 후 상당히 적적했던 것 같습니다. 어느 날 그는 아둘람 사람 히라라는 친구와 함께 양털을 깎으러 딤나에 가게 되었습니다. 이 소식을 들은 다말은 지금까지 입고 있던 과부의 복장 대신 화려하고 반짝이는 창녀의 옷을 입고 얼굴에는 면박을 쓴 채, 딤나로 가는 길 옆 에나임 문에서 시아버지를 기다렸습니다. 의도적으로 그를 노리고 기다린 것입니다.

　예상대로 유다는 다말에게 걸려들었습니다. 그렇지 않아도 적적했던 터에 창녀를 보니 욕정이 끓어오른 것입니다. 그는 이 창녀와 관계를 맺고 싶었지만 마침 수중에 가지고 있는 것이 없었습니다. 이것을 보면 처음부터 창녀를 찾아갈 의도는 없었고, 그저 길을 가다가 우연히 보고 유혹을 느꼈던 것 같습니다. 그런데 이 창녀는 너무나 고맙게도 외상도 된다고 했습니다. 그래서 유다는 나중에 염소 새끼를 한 마리 주겠다고 약속했고, 그 창녀는 약속한 것을 줄 때까지 약조물로 그의 도장과 끈과 손에 든 지팡이를 달라고 했습니다. 유다는 달라는 것을 주고 창녀에게 들어가 관계를 맺었습니다. 그리고 다말은 바로 시아버지의 아이를 잉태했습니다.

　다말은 시아버지와 관계를 맺은 후 딤나에서 바로 철수했습니다. 그는 창녀의 옷을 벗고 원래 입었던 과부 옷을 다시 꺼내 입었습니다. 유다는 창녀와의 약속을 지키고 자기 물건을 되찾기 위해 친구 히라 편에 염소 새끼를 보냈지만 어디에서도 그 창녀를 찾을 수 없었습니다. 그래서 주위 사람들에게 물어 보니 원래 딤나에는 창녀가 없다고 했습니다. 히라는 할 수 없이 염소 새끼를 다시 데리고 왔고, 유다는 굉장히 언짢아하면서 혹시 이 말이 퍼지면 수치스러우니 굳이 약조물을 찾으려 들지 말고 이쯤에서 끝내자고 했습니다.

그런데 석 달쯤 후에 며느리 다말이 다른 남자와 행음하여 아기를 가졌다는 소문이 들렸습니다. 유다는 너무 화가 나서 다말을 끌어내 불로 태워 죽이라고 명령했습니다. 그랬더니 다말이 자신과 불륜을 저지른 남자의 물건이라면서 도장과 끈과 지팡이를 꺼냈습니다. 그것은 유다 자신의 것이었습니다. 그 때서야 비로소 유다는 자기와 관계를 맺은 창녀가 진짜 창녀가 아니라 며느리 다말이었다는 사실을 알았습니다. 그리고 이 결정적인 순간에 그는 많은 사람들 앞에서 자기의 죄를 시인하면서 다말을 죽이지 못하게 했습니다.

우리는 여기에서 유다의 두 얼굴을 봅니다. 그는 겉으로 볼 때 대단히 도덕적인 생활을 하는 것 같았습니다. 그는 창녀에게서 자기의 증표를 찾을 때 혹시라도 좋지 않은 소문이 날까 봐 친구를 대신 보냈고, 며느리가 간음해서 임신했다고 하자 당장 끌어와 불에 태워 죽이라고 명령했습니다. 그러나 그의 마음은 겉과 달랐습니다. 창녀를 본 순간 참을 수 없는 충동에 사로잡혔고, 수중에 가진 것이 없자 도장을 꺼내 주고 끈도 끌러 주고 지팡이를 맡기면서까지 자기 정욕을 채우고자 했습니다.

유다의 두 얼굴이 드러나다

이 모든 일이 드러났을 때 유다가 깨달은 것이 무엇입니까? 아버지 집을 떠난 후 갈 데까지 가 버린 자신의 모습입니다. 비록 알지 못하는 가운데 저지른 죄이긴 하지만 그 대상이 바로 며느리였다는 것을 알게 된 순간, '나는 도저히 구제받을 수 없는 인간이구나. 정말 갈 데까지 다 가 버렸구나' 하는 것을 깨달았습니다. 그는 자기 안에 더 이상 어찌 할 수 없는 죄악이 가득 차 있다는 것을 인정하지 않을 수 없었습니다.

유대인들은 죄인과 접촉함으로써 죄가 감염되기 때문에 사람이 죄를 짓는다고 생각했습니다. 그래서 죄인들과의 접촉을 막기 위해 많은 규정을 만들었습니다. 손을 씻지 않으면 음식을 먹지 않는 것도 그런 규정 중에 하나였습니다. 그래서 유대인들은 예수님의 제자들이 손을 씻지 않고 먹는 것을 보고 그들을 공격했습니다. 그 때 예수님께서는 손을 씻지 않고 음식을 먹는 것이 사람을 더럽히는 것이 아니라, 사람의 마음 속에서 나오는 것이 사람을 더럽힌다고 말씀하셨습니다. 다시 말해서 사람이 죄를 짓는 것은 단순히 죄인과 접촉했기 때문이 아니라 그 마음이 이미 타락해 있고 썩어 있기 때문이라는 것입니다. 그 타락한 마음이 죄스러운 분위기에 접촉되기만 하면 바로 스파크가 일어나면서 불이 붙게 되어 있습니다.

유다가 믿음의 형제들과 함께 있을 때에는 그래도 어느 정도 죄성이 통제되는 것 같았습니다. 또 아내가 살아 있는 동안에는 그나마 정욕이 통제되는 것 같았습니다. 그러나 아내가 죽고 혼자 가나안 땅에 떨어져 있다가 길에서 아름다운 창녀를 보게 되자 도저히 정욕을 다스릴 수가 없었습니다. 그래서 스스로 그 유혹에 빠져 들어갔는데, 하필이면 상대가 바로 자신의 며느리였습니다.

2. 다말이 유다를 노린 이유

오늘 본문은 이 불륜의 관계가 며느리 다말의 치밀한 계획에 의해 이루어진 것임을 보여 줍니다. 다말은 왜 유다와 이런 불륜의 관계를 가지려고 했을까요?

시아버지 유다를 너무나도 사랑했기 때문은 아니었습니다. 다말이 유다를 사랑할 이유가 없어요. 유다는 그 때 이미 많이 늙어 있었습니다. 그렇다고 시아버지에게 복수하기 위해서도 아니었습니다. 셋째 아들이 자라면 주겠다고 해 놓고, 다 자란 후에도 주지 않으니까 복수하려고 저지른 일이 아니었다는 것입니다. 그렇다면 다말이 이런 엄청난 죄를 저지른 이유는 도대체 무엇입니까?

그것은 오직 하나, 이스라엘의 씨를 갖기 위해서였습니다. 38장 14절을 보십시오.

다말이
원한 것은?

> 그가 그 과부의 의복을 벗고 면박으로 얼굴을 가리고
> 몸을 휩싸고 딤나 길 곁 에나임 문에 앉으니
> 이는 셀라가 장성함을 보았어도 자기를 그의 아내로
> 주지 않음을 인함이라.

이방 여자였던 다말은 유다의 큰아들 엘과 결혼함으로써 하나님을

알게 되었습니다. 그런데 남편은 하나님 앞에 죄를 짓고 죽어 버렸습니다. 그 때 그가 선택할 수 있는 길은 둘 중에 하나였습니다. 하나는 다시 가나안 여자로 돌아가는 것입니다. 그러면 재혼해서 행복하게 살수도 있었습니다. 그러나 그는 유다 집안에 남는 길을 택했습니다. 유다를 통해 가나안 사람들의 세계와 근본적으로 다른 세계를 보았기 때문입니다. 비록 유다가 제대로 신앙생활을 한 것은 아니었지만, 그럼에도 불구하고 그의 몸에 배어 있는 하나님의 세계는 다말에게 참으로 새로운 것이었습니다.

아마 처음에는 유다가 먼저 "다시 가나안 여자로 돌아가지 마라. 네가 히브리인의 아이를 낳는다면 영원히 하나님의 백성이 될 수 있다"고 권면한 것 같습니다. 둘째 아들 오난에게 형수와 관계를 맺어 자식을 낳게 하라고 명한 것도 바로 유다였습니다. 이것은 다말에게는 완전한 복음이었습니다. 다말은 유다를 통해 인격적인 하나님을 알게 되었고, 그 후손들이 이 가나안 땅을 차지할 것이며 약속의 후손을 통해 하나님께서 온 세상을 구원하시리라는 이야기를 들었을 것입니다. 물론 그가 이러한 약속에 대해 어느 정도까지 자세하게 알았는가는 분명치 않습니다. 그러나, 그 후손의 씨가 아주 중요하다는 것과 그 씨를 통해 하나님의 축복이 이루어진다는 것만큼은 알았을 것입니다.

사실 형수가 시동생과 관계를 맺음으로써 아이를 가진다는 것은 결코 유쾌한 일이 아닙니다. 이것은 자식을 구걸하는 것이나 다를 바가 없습니다. 더구나 며느리가 늙은 시아버지와 관계를 맺어서 후손을 갖는다는 것은 너무나도 굴욕스러운 일일 뿐 아니라 대단히 위험한 죄였습니다. 그러나 아이 없이 과부가 된 이방 여자는 이스라엘 안에서 아무 소망이 없었고, 단지 나그네요 객의 자리에 머물 수밖에 없었습니다. 이 때 다말이 결심한 것은 아무리 치욕을 당하고 사람들에게 손가락질을 받는다 해도 이스라엘의 씨를 가질 기회를 놓치지 않겠다는 것이었습니다. 다말은 가나안 여자로 돌아가지 않기로 했습니다. 어떻게 해서든지 이 기회를 움켜쥐기로 했습니다. '약속의 씨는 이 집안에 있고, 나는 그 씨를 낳고야 말겠다' 는 이 생각이 다말로 하여금 이 엄청난 짓을 저지르게 한 것입니다.

만일 우리 나라 왕궁에서 어느 궁녀에게 왕의 씨를 가질 수 있는 기회가 주어졌다고 합시다. 그 기회를 놓칠 사람이 어디 있겠습니까? 하물며 다말은 왕의 아들이 아니라 온 세상을 구원할 하나님의 약속의 씨를 가지려 하는 것입니다. 이스라엘에 열두 지파가 있지만 온 세상을 구원할 하나님의 아들은 유다의 후손으로 올 것입니다. 다말이 이것을 어느 정도까지 자세히 알았는지는 모릅니다. 그러나 그는 어떤 굴욕과 위험이 있어도 이 씨를 가져야겠다고 생각했고, 결국 그 약속의 씨를 얻었습니다.

3. 유다의 자백

우리는 오늘 이 사건에서 다말의 행동을 결코 정당화할 수 없습니다. 그의 행동은 분명한 불륜이었고 마땅히 불에 타 죽어야 할 죄였습니다. 유다는 다말을 끌어내서 불에 태워 죽이라고 명령했습니다. 족장에게는 그렇게 명할 자격이 있었습니다.

다말도
죄를 지었지만

그런데 중요한 일은 그 다음에 일어났습니다. 유다는 그 여자가 제
시하는 물건을 보았을 때 그와 관계를 맺은 사람이 바로 자기 자신이
었다는 것과 며느리가 의도적으로 자기에게 접근했다는 것을 알게 되
었습니다. 다말이 창녀 같은 몸치장을 하고 시아버지를 유혹해서 관계
를 맺은 것은 불에 태워 죽여 마땅한 죄였습니다. 그러나 유다는 그 여
자가 제시하는 증표를 보았을 때 자기가 이 여자보다 훨씬 더 악하고
무서운 죄를 지었다는 것을 알았습니다. 25절과 26절을 보십시오.

여인이 끌려나갈 때에 보내어 시부에게 이르되
"이 물건 임자로 말미암아 잉태하였나이다. 청컨대
보소서. 이 도장과 그 끈과 지팡이가 뉘 것이니이까?"
한지라. 유다가 그것들을 알아보고 가로되
"그는 나보다 옳도다. 내가 그를 내 아들 셀라에게
주지 아니하였음이로다" 하고 다시는 그를 가까이하지
아니하였더라.

"나는 더 악하다"   유다는 다말의 행동이 죽임을 당해야 할 죄라는 것은 분명하지만,
사실은 자기가 며느리보다 더 큰 죄인이라는 것을 알았습니다. 여기에
서 유다는 결정적으로 방향을 바꿉니다. 만일 유다의 양심이 철저하게
죽어 있었다면 자기 체면을 위해 거짓말을 했을지도 모릅니다. "저것
들은 내가 얼마 전에 도둑질당한 물건이야. 저 여자가 자기 죄를 나한
테 뒤집어씌우려는 거라구"라고만 말하면 그냥 끝나는 거예요. 어느
누구도 이 이방 여자의 말을 믿어 주지 않을 것입니다.

그러나 이 결정적인 순간에 유다는 모든 사람 앞에서 자기의 죄를 자백합니다. "저 물건은 진정 나의 것이며 저 여자의 몸 속에 있는 아이는 나의 아이입니다. 물론 저 여자의 행동이 옳은 것은 아니지만 내 행동은 더 악한 것이었습니다. 나는 내 셋째 아들을 준다고 해 놓고 그렇게 하지 않았습니다. 저 여자가 이런 일을 저지른 것은 순전히 내가 약속을 지키지 않았기 때문입니다."

유다는 다말이 제시한 증표를 통해서 무엇을 느꼈을까요? 지금 자기가 다말을 재판하고 있는 줄 알았더니, 실제로는 하나님께서 자기를 재판하고 계시더라는 것입니다. 다말이 제시한 도장과 끈과 지팡이는 유다 자신이 지금까지 어떻게 살아왔으며 현재 영적 상태가 어떠한지를 생생하게 보여 주는 증거였습니다.

여기서 유다는 하나님 앞에서 자기의 죄를 자복하고 굴복합니다. 그는 사람들 앞에서 여러 가지 핑계를 대면서 빠져나가려고 하지 않았습니다. "그는 나보다 옳도다"라는 것은 '내가 다말보다 더 큰 죄인'이라는 자백입니다. 즉 만약 다말이 불에 타 죽어야 한다면 자신은 여러 번 타 죽어야 마땅한 사람이라는 것입니다.

유다의 자백이 모두를 살리다

유다는 하나님의 약속이 무엇이며 그 약속의 씨가 얼마나 중요한 것인지 알고 있었으면서도 그것을 중요하게 생각하지 않았습니다. 이 이방 여자는 자기 목숨을 걸고 이 씨를 가지려고 했는데, 그는 이방 신전의 창녀에게 그냥 갖다 바치려고 했습니다. 여기에 나오는 '창녀'는 요즘 개념의 창녀가 아니라 종교적인 창녀(temple prostitute)입니다. 가나안 종교에는 풍요를 비는 다산의 의식이 있었고, 그것을 위해 신전에 창녀를 두었습니다. 그리고 제사를 지낸 후에는 그들과 무분별한 성관계를 가졌습니다. 그는 이렇게 더러운 창녀에게 자기 몸을 줄 정도로 타락해 있었던 것입니다.

유다는 사람의 눈만 속이면 될 줄 알았습니다. 그런데 그 증표가 자기 며느리 손에 있었고, 그로 인해 자신이 얼마나 타락한 생활을 해 오고 있었는지가 모든 사람 앞에서 폭로되었습니다. 그 때 유다는 하나님과 여러 사람 앞에서 자신의 타락한 생활과 죄를 솔직하게 인정했습니다. 그 인정과 자백이 유다와 다말과 뱃속에 있는 아이를 다 살렸습니다.

만일 유다가 끝까지 거짓말을 하고 자기 책임을 다말에게 뒤집어씌웠더라면 다말과 아이는 죽었을 것이고 결국 하나님께서 유다도 죽이셨을 것입니다. 그러나 그가 사람들 앞에서 자신의 죄를 인정함으로써 모든 사람이 다 살 수 있었고, 다말이 낳은 아들 가운데 한 명의 씨를 통해 그리스도가 오실 수 있게 되었습니다.

이 자백에 담긴 뜻

그러면 유다의 자백이 유다와 다말의 죄를 정당화할 수 있을까요? 그럴 수는 없습니다. 자백을 한다고 해서 모든 것을 원점으로 돌릴 수는 없습니다. 그러나 이 자백은 하나님 외에는 어느 누구도 우리의 죄를 해결할 수 없다는 믿음의 표현입니다. 그는 이 자백을 통해 하나님의 구원과 용서를 바라보았습니다. 즉 여기에는 '우리는 이 문제를 해결할 수 없습니다. 이것은 제가 죽거나 다말이 죽는다고 해서 해결될 수 있는 문제가 아닙니다. 하나님, 이 죄를 사실로 인정합니다. 이제 그 약속한 씨를 보내셔서 우리를 구원해 주십시오. 그것만이 우리가 살 수 있는 유일한 길입니다'라는 뜻이 들어 있는 것입니다. 그는 하나님께서 약속하신 자가 오지 않는 이상 이스라엘에는 아무 소망이 없다는 것을 알았습니다. 결국 유다의 죄는 약속하신 그 분이 오시지 않는 이상 인간의 죄는 해결되지 않는다는 것을 보여 주는 것입니다.

유다로 하여금 자기 죄를 자백하게 만든 것은 다말이 유다에게 받아 둔 증표였습니다. 다말은 자신의 행동이 본인은 물론이고 앞으로 태어날 아기의 생명까지 위태롭게 하리라는 것을 잘 알고 있었습니다. 그래서 유다와 관계를 맺기 전에 삼중의 증표, 즉 도장과 끈과 지팡이를 요구했습니다. 아마 그 당시에는 도장을 반지로 만드는 대신 끈으로 연결해서 묶어 놓고 본인이 풀지 않는 이상 절대로 몸에서 떨어질 수 없게 만들었던 것 같습니다. 또 지팡이는 그 주인의 권세나 지도력을 나타내는 아주 중요한 물건이었습니다.

다말은 유다에게 삼중의 증표를 요구했습니다. 아마 한 가지만 요구했다가는 목숨이 위태로워질지도 모른다고 생각했던 것 같습니다. 도장만 가지고 있으면 누군가 자는 사이에 끊어갔다고 주장할 수도 있고, 지팡이는 여러 개가 있을지도 모르지 않습니까? 그는 나중에라도 도저히 본인이 부인할 수 없도록 삼중의 증표를 요구했고, 결국 그 증표로 인해 자신은 물론이고 태중에 있는 아이들의 생명까지 구할 수 있었습니다.

여리고 성의 기생 라합도 이런 증표를 요구했습니다. 그는 이스라엘의 두 정탐꾼들을 살린 후에 그들을 달아 내려 준 붉은 끈을 증표로 삼았습니다. 그 붉은 끈이 달려 있는 집은 안전하게 보호받게 되어 있었고 그 안에 다른 죄인이 들어와도 다 살게 되어 있었습니다. 그 붉은 끈은 생명을 건 증표였기 때문입니다.

왜 이런 증표들이 필요한 것일까요? 사람의 마음은 수시로 변하기 때문입니다. 사실 십자가라는 증표가 없다면 우리가 하나님 앞에서 무죄한 의인으로 서리라는 것을 장담할 수 없습니다. 나중에 하나님의 심판대 앞에서, 우리보다 훨씬 의롭고 고결하며 만인의 존경을 받던 이들이 엄청난 죄인으로 판정받고 지옥으로 쫓겨나는 모습들을 볼 때 우리는 감히 그 앞에 서지도 못할 것입니다. 그러나 예수 그리스도의 십자가 보혈만 있으면 아무리 무서운 죄를 지은 자라 하더라도 당당하게 설 수 있습니다.

사실 예수 그리스도의 십자가는 결코 자랑스러운 것이 아닙니다. 유다의 증표가 그의 음란의 대가였던 것처럼 그리스도의 십자가도 그가 가장 수치스럽게 처형당하신 상징입니다. 그러나 하나님께서는 그 수치스러운 십자가로 우리를 구원하기를 기뻐하셨습니다.

증표는
연합시킨다

오늘 본문에서도 마찬가지입니다. 만일 다말이 불에 타 죽어야 한다면 유다도 타 죽어야 합니다. 다말이 가지고 있는 증표가 유다와 다말을 연합시키고 있기 때문입니다. 결국 그 여자가 이렇게 죽게 된 원인은 유다에게 있습니다. 다말에게 중요한 것은 염소 새끼 한 마리가 아니었습니다. 그에게 정말 중요한 것은 자기 뱃속에 있는 아이가 바로 유다의 아이라는 증표였습니다.

만약 십자가를 믿는 사람이 멸망당해야 한다면 예수님은 또다시 십자가에 달리셔야 합니다. 십자가는 우리와 그리스도를 연합시키고 있기 때문입니다. 우리를 하나님 앞에서 살게 하는 것은 이 세상의 많은 재산이나 권력이 아닙니다. 하나님의 아들의 증표입니다. 예수의 십자가를 믿는 사람이 멸망한다면 그것은 예수 그리스도를 다시 한 번 십자가에 매다는 것과 같은 일입니다.

그러므로 우리는 하나님께 다른 것을 요구하면 안 됩니다. 누구든지 가질 수 있는 염소 새끼 한 마리나 자동차나 냉장고 같은 것을 요구하면 안 됩니다. 하나님의 아들이 이 세상에 다시 오실 때 우리가 영원히 살 수 있는 증표, 하나님의 심판의 불을 통과할 수 있는 증표를 요구해야 합니다. 그것이 무엇입니까? 예수 그리스도의 십자가 보혈이요 우리 안에 계신 성령의 역사입니다. 이 이중의 증표가 우리를 영원히 살게 할 것입니다.

사랑하는 여러분, 만일 우리 안에 성령이 계시다면 어떤 불시험도 다 통과할 수 있습니다. 우리는 잘 모르지만 우리 주위에는 너무나도 많은 사망의 골짜기가 있습니다. 우리가 이 모든 시험을 통과하고 어떤 어려움과 불확실한 상황 가운데서도 끝까지 살 수 있는 길은 십자가와 성령의 역사밖에 없습니다.

만약 예수를 믿는 우리가 멸망한다면 그리스도도 멸망해야 합니다. 우리와 그리스도는 십자가와 성령으로 하나가 되었습니다. 다말을 태우려면 유다도 태워야 하는 것처럼, 우리를 태우려면 그리스도도 태워야 합니다. 그만큼 십자가와 성령은 우리에게 분명한 증표입니다.

4. 다말, 마리아의 예표

유다가 사람들 앞에서 자신의 책임을 인정했을 때 하나님께서는 유다와 다말과 뱃속의 아기를 전부 살려 주셨습니다. 결국 다말은 쌍둥이 아들을 낳았습니다. 이 쌍둥이 아들은 이미 죽은 유다의 두 아들을 대신해서 하나님께서 주신 것입니다. 다말은 자기 품에서 두 명의 남자가 죽는 것을 경험했습니다. 그러나 하나님께서는 새로운 두 명의 아들을 주셨습니다.

출산할 때 한 아이의 손이 먼저 나와서 산파가 얼른 붉은 실을 그 손에 매어 주었습니다. 그런데 그 손이 안으로 들어가고 다른 아이가 먼저 나왔습니다. 그래서 손이 먼저 나온 아이를 제치고 태어난 이 아이의 이름을 '베레스'라고 지었는데, 이 이름은 '터친다'는 뜻을 가지고 있습니다. '터친다'는 것은 누군가 자기가 가지려고 하는 물건을 가지려고 할 때 그것을 밀쳐 내고 자기가 차지하는 것과 같은 것입니다. 결국 홍색 실을 맨 아이가 아니라 터치고 나온 베레스가 유다의 주된 지파가 됩니다.

사생아를
낳은 여인들 오늘 본문이 우리에게 보여 주려는 핵심이 무엇입니까? 인간의 가장 부끄러운 본성과 죄 가운데 하나님의 은혜가 있다는 것입니다. 사실 오늘 본문 같은 말씀을 누가 자기 아이들에게 읽어 주겠으며, 특히 딸을 가진 부모가 어떻게 읽어 줄 수 있겠습니까? 인간의 가장 부끄러운 치부를 하나님께서 드러내신 것은 바로 이런 상태에서 하나님의 구원이 이루어지며, 그가 이런 우리들을 찾아오기를 부끄러워하지 않으신다는 것을 보여 주시기 위한 것입니다.

이런 의미에서 다말은 예수 그리스도의 모친 마리아의 예표가 됩니다. 다말은 정상적인 방법으로는 이스라엘의 씨를 가질 수가 없었습니다. 남편도 죽었고 시동생도 죽었습니다. 또 셋째는 시아버지가 주지 않았습니다. 그래서 그는 시아버지와 관계를 맺는 비정상적인 방법으로 씨를 가졌습니다. 다말의 아이들은 아마 사생아 취급을 받으면서 부끄럽게 컸을 것입니다. 그런데 그들에게서 유다의 왕이 나왔습니다. 하나님께서는 그 사생아들을 축복하셨습니다.

예수의 모친 마리아는 정상적으로는 아이를 가질 수가 없었습니다. 아직 정식으로 결혼하지 않았기 때문입니다. 그럼에도 불구하고 그는 하나님의 말씀을 듣고 순종하여 기쁨으로 그 씨를 받았습니다. 마리아에게 잉태된 아이는 사생아였습니다. 마리아는 이 아이 때문에 한평생 부정한 여자로 낙인찍힌 채 살아야 했고, 예수도 사생아 취급을 받아야 했습니다. 그가 고향에서 설교를 했을 때 동네 사람들은 그를 절벽에 떨어뜨려 죽이려고 했습니다. 사생아 주제에 목수 일이나 할 것이지 설교는 왜 하고 다니느냐는 것이지요. 예수 그리스도에 대한 좋지 못한 이미지는 그가 성인이 되었을 때도 고향 사람들의 마음 속에 남아 있었습니다. 그러나 이 부끄러운 사생아는 하나님의 아들이었고 그의 기름부음을 받으신 분이었습니다. 하나님께서는 이 사생아를 통해서 온 세상을 구원하기를 기뻐하셨습니다.

이것이 보여 주는 바가 무엇입니까? 하나님께서는 인간의 가장 부끄러운 죄악 가운데서 우리를 찾아오고 구원하며 축복하기를 기뻐하신다는 것입니다. 진정으로 하나님의 나라를 소유하려고 하는 사람은 그런 취급을 받는 부끄러움을 개의치 말아야 합니다. 하나님께서는 우리가 고상하게 믿기를 원치 않으십니다. 우리의 본질을 제대로 안다면 절대로 고상하게 믿을 수가 없습니다. 유다는 자기가 고상하다고 믿었을지 모르지만, 결국 자기가 창녀의 남편이요 쌍둥이 사생아의 아버지라는 것을 부인할 수가 없었습니다. 그리고 이것을 인정한 유다의 자백은 자신뿐 아니라 모든 사람을 살려 냈습니다.

기독교는
사생아의 종교

기독교를 고상한 종교로 생각한다면 분명히 잘못 생각하고 있는 것입니다. 박사 학위 가진 고결한 성품의 소유자가 설교하고, 부정한 것은 쳐다보지도 못하는 천사 같은 성도들이 모인 종교를 기독교로 생각하는 사람은 기독교를 믿으면 안 돼요. 기독교는 그런 종교가 아닙니다. 기독교는 창녀들의 종교이고 사생아들의 종교입니다. 그 이유가 무엇입니까? 우리 안에 들어 있는 것이 결코 고상한 것이 아니기 때문입니다. 우리 안에 있는 것은 이런 음란하고 더러운 것들입니다. 그럼에도 불구하고 자신의 부끄러움을 개의치 않고 하나님께 나아올 때 하나님께서는 바로 그 창녀와 사생아들 가운데 임하셔서 놀라운 구원의 역사를 이루고 그들을 축복하시며 그들을 살리십니다.

하나님께서는 우리가 있는 모습 그대로 나아오는 것을 기뻐하십니다. 정신병에 걸려서 몇 번씩 병원에 들락날락거리고, 우울증에 걸려서 정상적인 직장생활도 하지 못하며, 성장과정에서 학대받고 누구의 사랑도 받지 못한 그 모습 그대로 나아오기를 바라십니다.

저는 오늘 우리의 예배에 감사가 넘치기를 바랍니다. 하나님께서 창녀 같고 사생아 같은 우리를 찾아오셔서 우리와 함께 계시다는 것에 진심으로 감사하는 예배가 되길 바랍니다. 이 시간, 우리가 가지고 있는 모든 위선의 탈을 벗어 버립시다. 내 모습 그대로 내어놓고 은혜를 간구합시다. 그렇게 할 때 하나님께서는 우리에게 도장과 끈과 지팡이를 내어주셔서, 이 세상의 불 같은 시험 가운데 어느 누구도 손가락 하나 대지 못하도록 우리를 지켜 주실 것입니다.

오늘 이 본문은 대단히 비윤리적인 출생의 비밀을 우리에게 알려 주고 있습니다. 물론 정상적인 부모 밑에서 태어난 대부분의 사람들은 이런 이야기를 듣는 것 자체가 부담스럽겠지만, 사실 우리 안에 있는 본성은 그렇게 아름다운 것이 아닙니다. 그 상한 모습 그대로 하나님께 나아갈 때, "잘 왔다. 내 도장과 끈과 지팡이를 너에게 주마. 이 세상의 어떤 고귀한 자들도 너에게 손가락 하나 대지 못하도록 지켜 주마. 내가 너를 구원해 주마"라고 말씀해 주실 것입니다.

이 세상에서 가장 복된 자가 누구입니까? 자기의 모습을 있는 그대로 보고, 하나님께서 이 모습 그대로 사랑하신다는 사실을 발견하는 사람입니다. 그는 그만큼 더 풍성한 하나님의 은혜를 체험할 수 있을 것입니다.

다말을 생각해 보십시오. 다말은 약속의 씨에 대한 이야기를 들은 후 모든 부끄러움을 개의치 않고 시동생에게 씨를 구걸했습니다. 그리고 그것도 안 되니까 시아버지를 유혹해서 그 씨를 도둑질했습니다. 다말은 하나님의 은혜를 도둑질한 여자입니다. 그는 사생결단하고 하나님의 약속을 붙잡았습니다. 온갖 부끄러움과 멸시를 무릅쓰고 약속의 씨를 얻어냈습니다. 그리하여 결국 이스라엘 중에서 가장 복받은 여자가 되었습니다.

처녀가 임신을 하면 얼마나 부끄럽겠습니까? 예수의 모친 마리아는 그런 처녀였습니다. 그는 하나님의 아들을 잉태하리라는 말씀 앞에 모든 부끄러움을 기꺼이 감당했습니다. 그 이유가 무엇입니까? 자신의 명예와 자랑과 꿈을 다 버리더라도 하나님께서 약속하신 그리스도가 오셔야 하며, 자신이 나서서 그분을 영접해야 한다는 믿음 때문이었습니다. 오늘 이 땅에 구원이 이루어질 수 있었던 것은 다말과 마리아 같은 여인들의 헌신이 있었기 때문입니다.

사랑하는 성도 여러분, 우리의 마음 속에는 베레스와 세라 같은 불행한 과거와 상처가 있습니다. 그러나 하나님께서는 그런 우리를 구원하기를 부끄러워하지 않으시고, 그런 우리와 함께하시기를 기뻐하십니다. 그래서 약속의 아들을 바로 그런 모습으로 우리에게 보내 주신 것입니다.

오늘 우리 모두 다말처럼, 마리아처럼 기도합시다. "주여, 오시옵소서. 사람들이 나를 손가락질해도 좋습니다. 비웃어도 좋습니다. 오직 주 예수여, 오시옵소서. 성령이여, 오시옵소서. 그리하여 나의 이 비참한 삶과 몸을 통해서 모든 사람을 축복해 주옵소서!"

10 고난받는 종

요셉이 이끌려 애굽에 내려가매 바로의 신하
시위대장 애굽 사람 보디발이 그를 그리로 데려간
이스마엘 사람의 손에서 그를 사니라.
여호와께서 요셉과 함께하시므로 그가 형통한
자가 되어 그 주인 애굽 사람의 집에 있으니
그 주인이 여호와께서 그와 함께하심을 보며 또
여호와께서 그의 범사에 형통케 하심을 보았더라.
요셉이 그 주인에게 은혜를 입어 섬기매
그가 요셉으로 가정 총무를 삼고 자기 소유를
다 그 손에 위임하니 그가 요셉에게 자기 집과
그 모든 소유물을 주관하게 한 때부터 여호와께서
요셉을 위하여 그 애굽 사람의 집에 복을
내리시므로 여호와의 복이 그의 집과
밭에 있는 모든 소유에 미친지라.
주인이 그 소유를 다 요셉의 손에 위임하고
자기 식료 외에는 간섭하지 아니하였더라.
요셉은 용모가 준수하고 아담하였더라.
그 후에 그 주인의 처가 요셉에게 눈짓하다가
동침하기를 청하니 요셉이 거절하며 자기 주인의
처에게 이르되 "나의 주인이 가중 제반 소유를
간섭지 아니하고 다 내 손에 위임하였으니
이 집에는 나보다 큰 이가 없으며 주인이

아무것도 내게 금하지 아니하였어도 금한 것은
당신뿐이니 당신은 자기 아내임이라. 그런즉 내가
어찌 이 큰 악을 행하여 하나님께 득죄하리이까?"
여인이 날마다 요셉에게 청하였으나
요셉이 듣지 아니하여 동침하지 아니할 뿐더러
함께 있지도 아니하니라.

창 39:1-10

얼마 전에 어느 교수 부인이 법원에서 파산 선고를 받았습니다. 그는 오빠의 사업에 보증을 서 주었다가 그 사업이 망하는 바람에 모든 부채를 뒤집어썼습니다. 그런데 자기의 간호사 봉급과 남편의 교수 봉급을 다 합쳐도 도저히 그 빚을 갚을 길이 없자, 결국 법원에 파산 신청을 한 것입니다. 그는 교수 부인이요 경력이 많은 간호사로서 사회적으로 안정된 지위와 신분을 가지고 있었습니다. 그러나 오빠의 빚 보증을 잘못 서 주는 바람에 하루 아침에 알거지가 되었을 뿐 아니라 파산자라는 딱지를 한평생 붙이고 살게 되었습니다.

우리 주위에는 자기 잘못 때문이 아니라 다른 사람을 믿었던 탓에 하루 아침에 신세가 곤두박질치는 사람들이 많습니다. 자기 잘못 때문에 그렇게 되었다면야 어쩔 수 없지만 다른 사람 때문에 신세가 비참해진 경우, 피해를 입은 그 사람의 심정이 어떻겠습니까? 아마 자기가 사람을 너무나도 쉽게 믿은 것을 두고두고 후회할 것이고, 또 자기를 이렇게 망하게 만든 그 사람을 쉽게 용서하지 못할 것입니다. 마음이 진정된 후에도 경제적인 문제가 닥칠 때마다 미움과 원망이 일어날 거예요. 이런 식으로 한 번 망해 본 사람은 다시는 아무도 믿으려 하지 않을 뿐 아니라 마음까지 병드는 경우가 많습니다. 그러면 정말 비참해지는 것입니다. 생활이 어려워진 것만도 억울한데 마음도 병들고 육체까지 병들게 될 때, 그는 정말 폐인이 되고 맙니다.

억울한 고난에 어떻게 반응할 것인가?

우리는 오늘 본문에서 요셉이 애굽에 팔려와 본격적으로 노예생활을 시작하는 모습을 봅니다. 요셉이 노예가 된 것은 자신의 잘못 때문이 아닙니다. 노름을 하다가 빚을 얻었거나 전쟁에 나갔다가 포로가 된 게 아니에요. 순전히 형들을 돕기 위해서 아버지의 명령에 따라 찾아간 것인데 형들이 배신하고 팔아 버리는 바람에 이렇게 된 것입니다. 요셉의 아버지는 엄청난 부자입니다. 노예값 정도 물어주는 것은 아무것도 아닙니다. 아버지는 그 몇십 배 몇백 배라도 줄 수 있는 부자였습니다. 그러나 요셉의 말을 믿어 주는 사람은 아무도 없었고, 결국 요셉은 애굽에 팔려와 노예생활을 시작하게 되었습니다. 채색옷을 입은 사랑받는 아들에서 이방의 노예로 하루 아침에 전락하고 만 것입니다.

그런데 놀랍게도 요셉은 이 노예생활에 잘 적응하고 있습니다. 그는 사랑받던 아들의 대접을 받으려고 하지 않았습니다. 자기를 배신하고 노예로 팔아넘긴 형들을 미워하거나 원망하지도 않았고, 다른 사람들에게 꿈 이야기를 하면서 자기가 얼마나 존귀한 사람인지 설명하려 들지도 않았습니다. 도망을 치려고 하거나 아버지 집에 편지를 보내서 자기가 살아 있다는 소식을 알리려고 하지도 않았습니다. 그는 자기가 노예라는 사실을 겸손하게 인정하고 노예로서 최선을 다했습니다. 그는 어느 곳에 배치되든지 그 곳에서 최선을 다해 일했고 노예로 인정

받았습니다. 물론 자기 마음만큼은 결코 인격 없는 노예가 되게 하지 않았지만, 삶으로는 철저하게 노예가 되었고 노예로서 최선을 다했습니다.

요즘 우리 믿는 사람들의 삶의 자세는 어떻습니까? 우리의 삶에는 고난이라는 개념이 빠져 있습니다. 할 수 있는 대로 세상 사람들과 똑같이 잘되려고 하고 똑같이 높아지려고 합니다. 자기가 실패할 수 있다는 것을 인정하려 들지를 않아요. 이런 입장에서 보면 요셉의 고난을 이해할 수가 없습니다. 어떻게 하나님을 믿는 사람이 이토록 철저하게 낮아질 수 있습니까? 어떻게 하나님이 그 사랑하는 자녀를 이런 고난의 구렁텅이에 빠뜨리실 수가 있습니까? 그러나 요셉은 이런 원망을 하지 않았습니다. 그는 그저 노예로서 최선을 다했습니다.

오늘 본문이 이야기하려는 것은 믿음의 조상 요셉의 성공 사례가 아닙니다. 오히려 오늘 본문이 이야기하려는 것은, 요셉의 고난은 하나님께서 함께하신 고난이며 가나안에 있는 그의 형제와 온 가족을 구원하기 위한 준비 과정이라는 것입니다. 하나님께서는 요셉의 고난을 통해 그 가족과 모든 애굽 사람을 구원할 계획을 하나씩 실천하고 계셨습니다. 하나님의 백성들이 낮아지고 고난을 받을 때, 우리는 그 고난이 단순한 고난이 아니요 다른 사람을 구원하기 위한 준비 과정이라는 것을 알 필요가 있습니다.

하나님께서는 요셉을 철저하게 밑바닥까지 낮추시고 그 밑바닥에서 그와 함께하셨습니다.

1. 하나님이 함께하시는 고난

요셉은 애굽에 노예로 팔려 옴으로써 화려한 채색옷을 입은 사랑받는 아들에서 비천한 노예의 신분으로 하루 아침에 전락했습니다.

요셉이 이끌려 애굽에 내려가매 바로의 신하
시위대장 애굽 사람 보디발이 그를 그리로 데려간
이스마엘 사람의 손에서 그를 사니라(39:1).

노예의 가장 큰 고통은 한 인격체로 인정받지 못한다는 것입니다. 노예는 주인이 소유하고 있는 소나 말과 하나도 다를 바가 없습니다. 단지 차이가 있다면 말을 알아들을 수 있다는 것뿐입니다.

애굽에서 요셉을 기다리고 있는 것은 요행이 아니었습니다. 그는 모든 면에서 다른 노예들과 똑같았습니다. 그는 노예들이 거치는 과정을 그대로 거쳤습니다. 거기에는 요셉이 누구이며 얼마나 사랑받는 아들이었는지, 그가 가졌던 비전이 무엇인지 알아주는 사람이 한 명도 없었습니다. 오직 그는 애굽의 수많은 노예 중 한 명이었을 뿐입니다.

노예 요셉에게
나타난 특징

그런데 애굽의 노예로서 사는 요셉의 모습에는 두 가지 특징이 나타납니다. 하나는 그가 스스로 노예라는 사실을 철저하게 인정했다는 사실입니다. 그는 도망치려 하거나 자존심을 내세우거나 고집을 부리지 않고 노예로서 철저하게 주인에게 헌신했습니다. 그리고 다른 하나는 이런 요셉에게 하나님께서 함께하시는 역사가 자꾸 나타났고, 그것을 주인이 알았다는 사실입니다.

여호와께서 요셉과 함께하시므로 그가 형통한 자가

되어 그 주인 애굽 사람의 집에 있으니 그 주인이

여호와께서 그와 함께하심을 보며 또 여호와께서

그의 범사에 형통케 하심을 보았더라(39:2, 3).

사실 이 두 가지는 결코 흔히 일어나는 일이 아닙니다. 노예가 아니었던 사람이 노예라는 신분을 이렇게 잘 받아들이고 주인에게 충성한다는 것도 흔한 일이 아니고, 인격적인 신을 믿지 않는 애굽인이 노예의 행동을 보고 하나님이 함께하심을 알아챘다는 것도 흔한 일이 아닙니다.

물론 요셉도 사람이기 때문에 처음부터 노예생활에 잘 적응한 것은 아니었을 것입니다. 노예로 팔리고 난 다음 날 아침부터 '아, 나는 이제 노예구나. 노예로서 최선을 다해야지' 라고 결심하지는 않았을 거예요. 요셉도 처음에는 울기도 하고, 형들을 원망도 하며, 이 젊은 나이에 낯선 땅에 팔려 와 한평생 노예로 살아야 하는 자신의 기구한 운명에 낙심도 했을 것입니다.

그러나 그것이 전부는 아니었습니다. 그는 울었고 절망했고 분노했지만, 그것이 그의 마음의 전부는 아니었어요. 그의 마음 속에는 어딘지 모르게 따뜻하고 밝은 부분이 남아 있었습니다. 그것이 무엇입니까? 하나님의 약속의 말씀이었습니다. '하나님은 결코 나를 버리지 아니하시며 약속한 것을 반드시 이루신다. 하나님께서 주신 꿈은 절대로 헛되지 않다' 는 확신이었습니다. 하나님이 주셨던 꿈을 꾸었을 때를 생각하면 지금 노예로 살고 있다는 사실조차 잊을 정도로 영혼이 흥분

요셉의 마음을
지켜 준 것

되고 가슴이 벅차 왔습니다.

요셉도 사람입니다. 그에게도 분노가 있었고 모든 것을 때려치우고 자포자기하고 싶은 심정이 있었을 것입니다. 그러나 이러한 분노와 절망이 마음을 전부 채우고 있는 것은 아니었습니다. 그의 마음 속에는 무언가 이유를 알 수 없는 기쁨이 있었습니다. 그것은 말로 표현할 수 없는 영광스러운 기쁨이었습니다. 이 기쁨이 요셉으로 하여금 애굽의 노예라는 극한 상황 속에서도 낙심하지 않고 오히려 더 현실에 충실할 수 있게 한 것입니다.

베드로 사도는 많은 어려움 가운데 처해 있는 성도들에게 이렇게 편지했습니다.

예수를 너희가 보지 못하였으나 사랑하는도다.
이제도 보지 못하나 믿고 말할 수 없는 영광스러운
즐거움으로 기뻐하니 (벧전 1:8)

초대 교회 교인들은 굉장히 어려운 상황에 처해 있었습니다. 어떤 사람은 생활형편이 어려웠고 어떤 사람은 가정생활이 어려웠으며 어떤 사람은 박해 때문에 어려웠습니다. 그런데 그들에게는 현실적인 고난을 능가하는 기쁨이 있었습니다. 그것은 무언가 말로 표현할 수 없는 영광스러운 기쁨이었습니다. 이 세상 사람들의 기쁨처럼 무슨 이유가 있는 기쁨이 아니었어요. 도저히 이유를 알 수 없고 설명할 수 없는 기쁨, 하나님께서 함께하시는 기쁨이었습니다.

바울과 실라가 빌립보 성에서 전도했을 때입니다. 이것은 복음을 최초로 유럽 대륙에 전하는 기회였는데, 이 전도가 굉장히 힘들었습니다. 귀신들려서 점을 치는 한 소녀가 집요하게 따라다니면서 괴롭히고 조롱했기 때문입니다. 바울은 주님의 능력으로 그 귀신을 쫓아냈습니다. 그런데 이제 그 노예 소녀를 통해 더 이상 돈을 벌 수 없게 된 주인이 바울과 실라를 고발하는 바람에 감옥에 잡혀가서 심하게 매질을 당해야 했습니다. 그들은 온몸이 상처투성이가 되고 발이 착고에 채워진 채 깊은 감옥에 갇혔습니다. 그런데 한밤중이 되었을 때 그들의 마음에 이상한 기쁨이 일어나기 시작했습니다. 그것은 말로 설명할 수 있는 기쁨이 아니었습니다. 죄수들은 그들이 그 기쁨으로 기도하고 찬미하는 소리를 들었습니다. 그 때 갑자기 지진이 일어나면서 옥문이 열리고 사람들을 매어 놓은 사슬이 전부 풀리는 역사가 일어났습니다.

애굽에 노예로 팔려 온 요셉에게는 바로 이와 같은 기쁨이 있었습니다. 그는 분명히 분노했고 절망했습니다. 형들의 원수를 갚고 싶었습니다. 그러나 그것이 전부는 아니었습니다. 마음 한구석에 무언가 설명할 수 없이 따뜻한 기쁨과 희망이 남아 있었습니다. 그것은 하나님이 요셉을 버리지 않으셨다는 증거였습니다.

그는 노예로 지내면서 오히려 하나님을 더 가까이 느낄 수 있었습니다. 그가 가나안에 있을 때 경험한 하나님은 다분히 이론적인 하나님이었습니다. 그러나 이 애굽 땅에서 함께하시는 하나님은 실제적인 하나님, 그를 지혜롭게 하시며 그의 마음이 무너지지 않도록 붙들어 주시며 분노에 사로잡히지 않도록 지켜 주시는 하나님이었습니다. 신앙은 이론적인 하나님이 아니라 실제적인 하나님을 만나는 것입니다. 애굽에서 하나님은 요셉에게 실제적인 분이 되셨습니다.

이론적 신앙에서
실제적 신앙으로

그뿐만 아니라 주인이 요셉에게 맡긴 일들은 그 결과가 아주 좋았습니다. 그것도 그냥 좋은 정도가 아니라 아주 뛰어났어요. 노예가 집안에서 할 수 있는 일 중에서 그렇게 뛰어나게 할 만한 일이 무엇이 있었을까요? 추측에 불과합니다만, 보디발이 시위대장으로 있으면서 장사도 약간 했을 가능성이 있습니다. 그런데 요셉이 이 보디발의 사업에 관여해서 그의 재산을 엄청나게 불려 준 일이 있지 않았을까 생각합니다. 그렇지 않으면 노예가 그렇게 뛰어난 수완을 발휘할 일이 뭐가 있겠습니까? 방을 쓸어 봐야 얼마나 뛰어나게 쓸겠으며, 말털을 빗겨 봐야 얼마나 뛰어나게 빗기겠습니까? 그냥 부지런히 할 뿐이지요. 하지만 요셉이 한 일은 아주 뛰어났습니다. 사실 요셉은 회계 부분에서 아주 뛰어난 사람이었습니다.

그러나 그에게 사업적인 수완만 있었던 것은 아닙니다. 그에게는 미래를 예측할 수 있는 능력이 있었습니다. 사람들은 바로 이 능력 때문에 하나님이 요셉과 함께하신다는 것을 알게 되었습니다. 애굽 사람들은 인격적인 하나님을 믿지 않았습니다. 그런데 놀랍게도 요셉은 불확실한 상황 가운데서 미래를 예측했고, 그의 추론과 예측은 늘 정확했습니다. 아마 사람들은 그에게 물었을 것입니다. "아니, 너는 어떻게 늘 이렇게 정확하게 예측하는 거냐?" 그 때마다 요셉의 입에서는 "여호와 하나님이 나에게 지혜를 주시기 때문입니다"라는 말이 나왔을 것입니다. 그러니까 '저 노예 뒤에 누가 있기는 있는 모양이다. 그렇지 않으면 족집게 도사도 아니면서 어떻게 늘 정확하게 미래를 예측할 수 있겠는가' 하는 생각이 들게 된 것이지요.

마침내 요셉은 보디발의 모든 재산을 관리하는 노예가 되었습니다.

요셉이 그 주인에게 은혜를 입어 섬기매 그가 요셉으로
가정 총무를 삼고 자기 소유를 다 그 손에 위임하니
그가 요셉에게 자기 집과 그 모든 소유물을 주관하게
한 때부터 여호와께서 요셉을 위하여 그 애굽 사람의
집에 복을 내리시므로 여호와의 복이 그의 집과
밭에 있는 모든 소유에 미친지라(39:4, 5).

주인이 요셉을 선대하니 하나님께서 그 주인을 더 축복하셨습니다.
시험 삼아 요셉에게 좋은 자리를 줘 보니까 하나님이 더 축복하시는
거예요. 그러니까 요셉을 무시할 수가 없었습니다. 하나님께서 노예
요셉을 도와 주며 지켜 주고 계셨습니다.

여기에서 생각해야 할 것이 몇 가지 있습니다. 첫째는 그 당시 사람
들은 지역신의 신관(神觀)을 가지고 있었다는 것입니다. 즉 신을 믿는
다 하더라도 그것은 지역에 한정된 신으로서, 일단 그 지역을 벗어나
면 아무 영향력도 행사할 수 없다고 믿었습니다. 그러나 요셉의 신앙
은 그렇지 않았습니다. 그는 하나님이 어디에서나 자기와 함께하시며
동행하신다는 믿음을 가지고 있었습니다.

오늘날 많은 사람들은 자기 안에 있는 종교적인 열정을 불태우는 것
을 신앙으로 생각합니다. 물론 자기 안에 하나님을 향한 열정이 있음
에도 불구하고 그것을 억누르고 세상적인 일에 빠져 있는 것도 좋은
것은 아닙니다. 그러나 믿음의 조상들이 보여 주는 신앙의 모습은 속
에 있는 열정을 불태우는 그런 것이 아닙니다. 그들이 가지고 있던 신
앙의 모습은 철저히 하나님과 동행하는 것이었습니다.

그러면 하나님과 동행한다는 것은 무엇입니까? 어떤 사람은 '하나님과 내가 손을 잡고 함께 걸어가는 것'이라고 표현하기도 하고, 또 어떤 사람은 '나는 혹시 손을 놓치더라도 하나님 편에서 그 큰 손으로 나를 붙드시는 것'이라고 말하기도 합니다. 이런 것들도 틀린 말은 아닙니다. 그러나 구체적으로 하나님과 동행한다는 것은, 내가 어떤 경우에도 하나님의 말씀을 버리지 않고 붙드는 것이며 그럴 때 하나님께서 나의 모든 삶을 지켜 주시고 붙들어 주시며 책임지시는 것입니다.

아브라함이 어떻게 살았습니까? 상황이나 주위의 여건을 보지 않고 오직 말씀만 바라보며 좇아갔습니다. 그것이 하나님과 동행하는 것입니다. 요셉은 하나님의 약속을 버리지 않았고 그가 자기에게 보여 주신 말씀을 붙들었습니다. 그리고 하나님께서는 놀라울 정도로 성실하게 요셉을 지켜 주시고 그와 함께하셨습니다.

하나님은 신전에 머물러 계시거나 어느 한 지역에 한정되는 분이 아닙니다. 민간인에게만 역사하고 군대에는 없는 분이 아니에요. 그는 자기 백성이 있는 곳이라면 어디든지 찾아가서 함께하시는 분입니다. 내가 어느 곳에 있든지 말씀을 붙들기만 하면 나의 삶을 책임지시며 나를 축복하는 자들에게 복을 주시는 분입니다.

하나님은 누구라도 움직이신다

둘째는, 하나님께서 자기 백성을 돕기 위해 하나님을 전혀 모르는 사람들을 사용하셨다는 것입니다. 누가 시위대장 보디발의 마음을 움직여서 요셉에게 관심을 가지게 할 수 있다고 생각했겠습니까? 그러나 하나님께서는 눈에 보이지 않게 일하시는 분이시며, 하나님을 모르는 사람의 마음이라도 얼마든지 움직여서 자기 백성을 도우실 수 있는 분입니다.

우리는 하나님이 믿는 자 안에서만 일하신다고 생각할 때가 너무 많습니다. 그래서 내가 상대해야 하는 사람이 하나님을 전혀 모를 때, 아예 마음 문을 닫고 처음부터 그 사람을 정죄하며 부정하는 경우가 많습니다. 그러나 하나님은 믿는 사람 속에서만 역사하는 분이 아닙니다. 믿지 않는 사람도 얼마든지 움직일 수 있는 분입니다. 보디발뿐 아니라 바로도 움직여서 당신의 선한 뜻을 이루시는 분이에요. '예수 믿는 과장은 움직이실지 몰라도 그 위에 있는 술고래 부장이나 더 위에 있는 불교 신자 사장은 절대로 못 움직이실 거야'라고 생각하지 마십시오. 하나님은 모든 사람을 움직이실 수 있습니다.

셋째로, 하나님의 백성들에게는 이 세상에 잘 적응하는 일이 꼭 필요하다는 것입니다. 아무리 자기 속에 꿈이 있고 계획이 있고 비전이 있는 그리스도인이라 하더라도 이 세상에 살고 있는 이상 이 곳에 꼭 필요한 사람이 되어야 합니다. 하나님께서 우리를 살게 하신 이 세상은 천사들만 사는 낙원이 아닙니다. 신앙적으로는 도저히 먹혀 들어가지 않는 악한 사람들이 살고 있는 곳이에요. 만약 애굽에서 요셉이 일은 하지 않고 자기가 꾼 꿈만 설명하고 자기가 본 엄청난 환상만 이야기했다면 사람들이 어떻게 반응했을 것 같습니까? 아마 더 먼 아프리카로 팔아 버렸을 겁니다.

요셉이 깨달은 것이 무엇입니까? 그는 처음에 자기가 꾼 꿈을 형들에게 알려 주기만 하면 그들을 변화시킬 수 있다고 생각했습니다. 하나님이 자기에게 주신 비전, 계획, 자기가 체험한 계시로서의 말씀을 나누기만 하면 말씀이 그들을 변화시킬 거라고 생각했어요. 하지만 형들은 변하지 않았습니다. 오히려 그 이야기를 듣고 더 마음이 완악해져서 결국 자신을 노예로 팔아먹는 자리까지 나아가게 되었습니다.

이 일을 통해 요셉이 알게 된 사실은, 진리 그 자체로 할 수 있는 일은 아무것도 없다는 것이었습니다. 하늘에 높이 떠 있는 진리로는 단 한 사람도 바꾸지 못합니다. 진리는 반드시 성육신의 과정을 거쳐야 합니다. 다른 사람들이 납득할 수 있는 수준으로, 그들이 알아들을 수 있고 용납할 수 있는 수준으로 성육신되어야 합니다.

요셉은 애굽에서 꿈 이야기를 한 마디도 하지 않았습니다. 그 대신 철저하게 노예의 자리로 낮아져서 다른 사람들을 섬겼습니다. 진리가 진리 되기 위해서는 이처럼 낮아져야 합니다. 낮아질 대로 낮아져서 내가 미워하던 사람을 사랑할 수 있게 될 때, 내가 정죄하고 판단하던 그 사람을 이해할 수 있게 될 때, 비로소 진리는 진리가 되는 것입니다.

만일 진리 그 자체만으로 우리가 구원을 얻을 수 있다면 그리스도께서 이 세상에 오실 이유가 없었을 것입니다. 그러나 그는 죄인의 몸으로 이 세상에 오셔서 우리가 알아들을 수 있는 이야기를 하셨고, 우리처럼 사셨으며, 우리보다 훨씬 비참한 자리로 내려가셨습니다. 그는 진리를 성육신시키셨습니다.

어떤 사람을 사랑한다는 것은 그 사람과 똑같이 낮아지는 것입니다. 그 때 진리가 살아납니다. 요셉은 그것을 알았습니다.

2. 고난보다 무서운 유혹

애굽에서의 요셉은 적어도 노예로서는 성공한 것처럼 보였습니다. 그러나 전혀 생각지도 못한 어려움이 그를 기다리고 있었습니다. 주인 보디발의 아내가 그를 성적으로 유혹했던 것입니다. 이것은 육체적인 고난보다 훨씬 더 무서운 것이었습니다.

주인이 그 소유를 다 요셉의 손에 위임하고
자기 식료 외에는 간섭하지 아니하였더라.
요셉은 용모가 준수하고 아담하였더라.
그 후에 그 주인의 처가 요셉에게 눈짓하다가
동침하기를 청하니(39:6, 7).

젊은 청년 요셉에게 육체적인 고난보다 더 무서운 것은 성적인 유혹이었습니다. 그 당시에는 여주인들이 남자 노예를 자신의 성적 노리개로 사용하는 예가 빈번하게 있었습니다. 요셉도 남자요 정욕이 있는 사람입니다. 그뿐만 아니라 그는 노예입니다. 노예한테 무슨 인격이 있습니까? 여주인이 눈짓으로 부르면 얼른 대령해야지 노예가 어떻게 감히 거부할 수 있습니까? 출세하고 싶으면 오히려 여주인의 말을 듣는 편이 더 유리하지 않겠습니까?

만약 요셉에게 자포자기하는 심정이 조금이라도 있었다면 이런 유혹을 거절하기가 쉽지 않았을 것입니다. 그러나 그는 주인이 자신의 아내를 사랑하는 것까지는 허락지 않았다고 하면서 유혹을 단호하게

거절하기
힘든 유혹

거절했습니다. 8절과 9절 앞부분까지 보십시오.

> 요셉이 거절하며 자기 주인의 처에게 이르되
> "나의 주인이 가중 제반 소유를 간섭지 아니하고
> 다 내 손에 위임하였으니 이 집에는 나보다 큰 이가
> 없으며 주인이 아무것도 내게 금하지 아니하였어도
> 금한 것은 당신 뿐이니 당신은 자기 아내임이라."

요셉의 거절　　지금 요셉은 주인의 아내를 설득하기 위해 설명하고 있습니다. 주인이 집안 모든 일을 자기에게 맡겼지만 그 아내까지는 맡기지 않았고, 사실 아내는 맡길 수 있는 성질의 것도 아니라는 것입니다. 무슨 뜻입니까? 주인의 아내는 자신의 사람이 아니며, 그럼에도 불구하고 옳지 못한 성관계를 가진다면 주인의 신뢰를 완전히 저버리는 배신 행위가 된다는 것입니다. 물론 아무도 모르게 죄를 지으면 되지 않겠느냐고 할지 모르겠지만, 이것은 사람이 아느냐 모르느냐의 문제가 아니라 근본적으로 신뢰를 배신하는 무서운 죄였습니다. 요셉의 머리 속에는 이처럼 자기 것과 자기 것 아닌 것이 정확히 구별되어 있었고, 그는 자기 것 아닌 것에 대해 좋지 않은 마음을 품는 것 자체가 교만이며 죄라는 것을 알고 있었습니다.

　　요셉은 자기가 이 정도로 말하면 여자가 알아들을 줄 알았습니다. 그러나 정욕에 논리적인 설명은 아무 소용이 없습니다. 강제로 떼어 놓든지 아니면 그 자리에서 도망치는 수밖에 없습니다. 어디 논리적으로 죄짓는 사람 봤습니까? 또는 논리적으로 추론한 결과 죄는 좋지 못

하다는 결론을 내리고 죄를 포기하는 사람 봤습니까? 정욕은 불입니다. 논리적인 설명으로 잠재워지는 것이 아닙니다.

그러나 요셉은 계속해서 이런 탈선이 하나님 앞에서 엄청난 죄가 된다는 것을 설명하고 있습니다.

"그런즉 내가 어찌 이 큰 악을 행하여 하나님께
득죄하리이까?"(39:9하)

요셉은 주인의 아내를 건드리는 것은 자신을 믿고 사랑해 준 주인에 대한 배신일 뿐 아니라 사람을 남자와 여자로 만드신 하나님께 엄청난 범죄가 된다는 사실을 이야기하고 있습니다. 이것은 일종의 선포입니다. 즉 다른 사람에게 상처를 주는 것은 그 사람에 대한 죄로 끝나는 것이 아니라, 모든 사람에게 자신의 형상을 주신 하나님께 상처를 드리는 것이며 그분의 얼굴에 침을 뱉는 것과 같다는 것입니다. 이것이 요셉의 신앙이었습니다.

사실 이 여자가 유혹해 오는 것 자체가 요셉에게는 너무나도 큰 고통이었습니다. 그것은 이 여자가 자신을 정말 노예로 생각하고 있다는 증거였기 때문입니다. 만일 그가 요셉을 존귀한 존재로 생각한다면 어떻게 감히 이런 식으로 유혹할 수 있겠으며 동침하기를 요구할 수 있겠습니까? 이것은 그가 정말 요셉을 한낱 노예로 보고 있다는 뜻입니다. 여주인은 요셉의 외모가 마음에 들었습니다. 그리고 자신이 눈짓만 하면 꼼짝 못 하고 자기 뜻에 따르리라고 생각했습니다. 그 사실 자체가 요셉에게는 큰 고통이었습니다.

"너는 노예일 뿐"

지금까지 요셉이 당한 고난은 거룩한 고난이었습니다. 그러나 만일 여기서 범죄한다면 지금까지 받아 온 고난은 진짜 고난이 아니라 생고생에 그치게 될 것이고, 그는 하나님의 뜻에 따라 된 노예가 아니라 진짜 노예가 될 것입니다. 그러면 지금까지 받아 온 것이 연단인지 죄에 대한 심판인지 구별할 수 없게 되는 것입니다.

고난중에 유혹이 위험한 이유

하나님의 백성에게 가장 비참한 것은 하나님께서 주신 어려움 가운데서 범죄하는 것입니다. 그렇게 범죄하면 지금까지 아름다웠던 모든 고난이 엉망이 되어 버립니다. 아무리 지금까지 잘 참아 왔다 해도 범죄하는 순간 모든 것이 다 무너지고 맙니다. 한순간의 유혹을 참지 못하고 넘어지면 그 때까지 붙들고 있던 모든 믿음이 와르르 무너져 버리는 것입니다. 그러면 정말로 비참해집니다.

하나님의 백성들에게 가난이나 질병보다 더 무서운 것이 바로 이러한 유혹입니다. 이것은 단순히 성적인 유혹만 의미하지 않습니다. 하나님의 인도를 잘 따라가다가 결정적인 순간에 '이게 아닐지도 몰라. 내가 혹시 잘못 믿은 거 아닐까?' 하는 의심이 들면서 그 인도하심을 부인하게 된다든지, 자기 자신을 학대해서 술을 퍼마신다든지, 벽에 머리를 처박는다든지, 자신을 분노 가운데 내던져 버리는 것도 다 유혹입니다.

이스라엘 백성들이 애굽을 떠나서 광야를 방황할 때 참으로 그들을 위험하게 했던 것은 더위나 전갈이나 불뱀이 아니라 하나님을 향한 불신과 원망과 성적인 유혹이었습니다. 대충 입고 춤추는 모압 여자들을 보자마자 "우리는 40년 동안 이런 여자들 못 봤다" 하면서 덤벼들다가 하루에 3만 명이 죽어 버렸어요. 하나님 앞에서 가장 무서운 것은 가난이나 질병이나 어려운 상황이 아닙니다. 정말 무서운 것은 그러한 상황 가운데서 마음을 지키지 못하고 자신을 방탕이나 성적인 유혹에 내던지는 것이며, 하나님을 불신하고 원망하는 것입니다.

요셉이 이 여자의 집요하고 무서운 유혹으로부터 자신을 지킬 수 있었던 가장 중요한 이유는 무엇입니까? 그의 마음에 진정한 존귀함이 있었기 때문입니다. 하나님이 주시지 않은 여자나 남자에게 자신의 몸을 던지는 것, 분노에 자신을 맡기거나 스스로 학대하는 것은 하나님이 주신 존귀함을 포기하는 행동입니다. 존귀한 사람은 절대로 그렇게 하지 않습니다. 별 것 아닌 일에 바르르 떨면서 뒤로 넘어가지 않아요. 또 누군가 자기를 좋지 못한 농담거리로 삼을 때 분명히 거절합니다.

요셉은 노예로 전락했고 그 신분을 받아들였지만 마음만은 절대로 노예가 되지 않게 했습니다. 그는 자신의 존귀함을 놓치거나 포기하지 않았습니다. 그는 화를 내지 않았습니다. 노예가 되어 애굽까지 끌려온 것도 억울한데, 여기에서 화까지 낸다면 너무 비참하지 않겠습니까?

부부도 마찬가지입니다. 그렇지 않아도 살기 어려울 때 싸움까지 하게 되면 정말 비참해집니다. 형편이 어려울 때일수록 남편은 아내를 '사랑한다'고 보듬어 주어야 하고, 아내는 남편을 '당신이 최고'라고 세워 주어야 합니다. 그렇지 않고 서로에게 분노를 터뜨리면 그 때부터 시험이 진짜 시험 되고 위기가 진짜 위기 되는 것입니다. 어려울 때 아내나 남편을 공격하지 마십시오. 진짜 싸우고 싶으면 어려움이 끝나고 나서 싸워야지, 먹을 것도 없고 돈도 없고 외부적으로 막 눌리는 상황에서 서로 화내고 싸우고 각 방 쓰면 정말 비참해집니다.

요셉이 여자의 유혹에 넘어가지 않은 것은 몸은 노예였어도 마음만큼은 결코 노예가 되지 않았기 때문입니다. 그는 더러운 여자의 일시적인 충동의 노예가 되는 것은 곧 자기 안에 있는 하나님의 언약을 포기하는 행동이라는 사실을 알았습니다. 그는 놀라울 정도로 건강한 자아상을 가지고 있었습니다. 사람들은 그가 노예로 최선을 다하는 것을 보고 자존심까지 다 버린 줄 알았습니다. 그러나 그는 자존심을 버리지 않았습니다. 아무도 그를 죄에 굴복시킬 수 없었습니다. 그가 노예 생활에 최선을 다한 것은 여기에 하나님의 뜻이 있다고 생각해서 자발적으로 자신을 낮추었기 때문이지, 마음까지 노예가 되었기 때문이 아니었습니다. 오히려 그의 마음은 아버지 밑에서 사랑받을 때보다 더 놀랍게 치료되어 있었습니다.

이것이 그리스도인들에게 고난이 필요한 이유입니다. 그리스도인들이 어려움 가운데 빠져 있을 때에는 죄에 아주 민감해져서 마음 속으로만 죄를 지었을 때에도 금방 회개합니다. 이 어려움 가운데서 자기를 지켜 줄 분은 오로지 하나님 한 분 뿐이며, 만일 하나님으로부터도 버림을 받는다면 더 이상 바라볼 분이 없다는 것을 알기 때문입니다. 그래서 고난 가운데 있는 성도들을 만나 보면 놀랍게도 죄에 민감하게 깨어 있는 것을 느낄 수 있습니다.

네 마음은
건강한가?

오늘 자기 자신을 한번 돌아보십시오. 너무 쉽게 화를 내고, 너무 쉽게 유혹에 넘어가며, 너무 쉽게 자신을 학대하지는 않습니까? 만약 그렇다면 마음이 많이 파괴되어 있는 것입니다. 요셉은 그렇게 하는 것이 진짜 자신을 비참하게 만드는 길이라는 것을 알았습니다. 그는 '몸은 비록 노예가 되었을지 몰라도 나는 절대 노예가 아니다. 나는 자유인이며 사랑받는 아들이다' 라는 자신의 존귀함을 굳게 지켰기 때문에, 여자의 유혹을 이길 수 있었습니다.

3. 하나님께서 요셉을 낮추신 이유

이 일에서 우리에게 잘 이해되지 않는 것이 하나 있습니다. 하나님께서는 왜 이렇게 요셉을 낮추시는 것일까요? 하나님은 분명히 요셉을 사랑하시지 않습니까? 그런데 왜 굳이 그를 노예로 만드시고 그 상황에서 그와 함께하시는 것일까요? 요셉을 사랑하시며 함께하실 거라면 아예 처음부터 이런 고통을 받지 않게 하는 편이 더 좋지 않습니까?

물론 하나님께서도 요셉이 이런 고통과 환난당하는 것을 좋아하시지 않으십니다. 그럼에도 불구하고 그를 이렇게 낮추신 것은 하나님의 계획을 이루시기 위해서입니다. 앞으로 십수 년 후에 팔레스타인과 애굽 지역에는 굉장히 무서운 흉년이 닥칠 것입니다. 하나님께서는 그 엄청난 재앙에서 애굽 사람들과 그 주위에 있는 사람들, 특히 가나안에 있는 이스라엘 사람들을 살리기 위해 요셉을 미리 이 곳에 보내신 것입니다. 요셉 혼자만의 문제라면 그는 노예가 될 필요가 없습니다. 그러나 하나님께서는 그를 통해 온 세상을 무서운 기근으로부터 구원하실 계획이 있었기 때문에 그를 낮추셨습니다.

한번 생각해 보십시오. 평생에 단 한 번도 고생하지 않고 늘 채색옷만 입으면서 잘사는 것이 행복한 일입니까, 일시적으로 인생 밑바닥까

온 세상을
기근에서
구하시려고

지 낮아지는 한이 있더라도 앞으로 닥쳐올 재난의 7년 동안 자신의 지혜와 미래를 예측할 수 있는 능력으로 모든 사람들을 엄청난 기근에서 살리는 것이 더 복된 일입니까?

물론 개인적으로 보면 한 번도 고생하지 않고 편하게 사는 쪽이 더 좋겠지요. 그러나 그렇게 살면 7년 기근에 자기 자신도 살아남지 못합니다. 그보다는 인생 밑바닥까지 내려간다 해도 거기에서 삶의 지혜와 하나님의 인도하심을 배우고 다른 사람들을 끌어안을 수 있는 능력과 마음의 여유를 얻는 것, 그래서 자기 형제들뿐 아니라 모든 애굽 사람을 살리는 위대한 구원자가 되는 편이 더 복되지 않겠습니까? 요셉의 고난은 그의 형제들을 살리는 준비 과정이었고 온 애굽인을 살리는 준비 과정이었습니다.

그뿐만 아니라 하나님께서는 야곱 집안에 있는 엄청난 죄를 요셉 한 사람에게 뒤집어씌움으로써 그들을 속죄하기로 작정하셨습니다. 요셉이 그 점에 관해 어느 정도까지 자세히 깨달았는지는 모르겠습니다. 그러나 하나님의 넓은 계획 안에는 요셉의 노예생활을 통해 형제들의 살인과 음란과 그 모든 죄를 치료하는 일이 포함되어 있었습니다. 요셉이 채찍에 맞을 때 그 형제들이 나음을 입고, 그가 매를 맞아 신음할 때 그들의 죄가 씻겨나가게 하신 것입니다.

그래서 또 한 번 요셉은 예수 그리스도의 완전한 모형이 됩니다. 만일 그리스도 혼자의 문제였다면 이 세상에 오셔서 고난을 받으실 필요가 없었습니다. 사실 이 세상에 오신 것 자체가 그분께는 엄청난 고난이었습니다. 죄인들이 그를 거역한 것을 보십시오. 끝내 그를 십자가에 못박아 죽인 것을 보십시오. 그는 이 세상에서 정말 모진 고난을 받으셨습니다. 그러나 그 결과가 무엇입니까? 우리 죄인들을 하나님의 무서운 심판에서 구원하신 것입니다. 그가 채찍에 맞아 신음하실 때 우리의 죄는 하나님 앞에서 씻겨나갔습니다. 그가 고난의 매를 맞고 가시에 찔리고 피를 흘릴 때 우리의 죄는 하나님 앞에서 면제되었습니다.

그리스도는 우리로 하여금 풍성한 삶을 살게 하시려고 모든 것을 다 버리고 죄인의 형상과 노예의 모습으로 우리에게 오셨습니다. 이보다 더 큰 사랑은 없습니다.

요셉은 애굽에서 절대로 형들을 미워하거나 원망하지 않았습니다. 어떻게 그렇게 할 수 있었습니까? 자신의 문제를 하나님과의 관계에서 보았기 때문입니다. 물론 그도 처음에는 애굽의 노예생활을 받아들이기 힘들었을 것입니다. 그러나 나중에 그는 형제들에게, 자신을 애굽에 오게 한 분은 하나님이시므로 그들에게 보복할 의사가 없다고 고백합니다. 하나님의 성령이 그 마음에 간섭하셔서 미움을 사라지게 하신 것입니다.

남을 미워하는 자는 결코 남을 도울 수가 없습니다. 하나님의 백성이 되는 데에는 개인적으로 가지고 있는 분노나 열등감이 크게 문제되지 않습니다. 그러나 남을 구원하기 위해서는 무엇보다 먼저 내 마음 속에 있는 분노가 완전히 없어져야 합니다. 속에 분노가 남아 있는 사람은 절대로 남을 돕지 못합니다. 머리를 숙일 줄 모르는 사람은 남을 도울 수 없어요. 남을 미워하고 원망하는 사람은 절대로 남의 발을 씻는 종이 될 수가 없습니다. 마음 속에 열등감과 분노가 가득 차 있는 사람은 결코 노예의 신분을 인정할 수 없습니다.

우리가 병원에서 의사들을 만나면서 느끼는 것이 무엇입니까? 의사들은 환자를 너무 모른다는 겁니다. 환자가 알아들을 수 없는 소리만 해요. 그래서 나이든 분들 중에는 병원에 가느니 차라리 기도원에 가는 편이 낫다고 말하는 사람들까지 있습니다. 왜 그렇습니까? 의사들이 한 번도 환자처럼 아파 보지 않았기 때문입니다. 남을 진정으로 도우려면 자기가 바닥까지 낮아져 봐야 합니다. 진짜 의사가 되려면 환자의 심정으로 아파 봐야 합니다. 낮아지지 않는 사람은 계속 나와 남을 구별해서 나는 높이고 남은 무시하는데, 그것은 바보나 하는 짓입니다. 똑똑한 사람은 절대로 그렇게 하지 않습니다.

우리 속에 있는 분노와 열등감이 치료되지 않으면 남이 나를 무시하는 말을 한마디만 들어도 바르르 화를 내면서, "주님이고 뭐고 필요없다! 너 죽고 나 죽자"고 덤벼듭니다. 물론 그렇게 한다고 해서 지옥에 가는 것은 아니지만 그런 사람은 하나님 나라에서 아무 쓸모가 없습니다. 예수를 믿는다고 하면서도 계속 분노와 열등감과 콤플렉스를 가지고 있는 사람은 하나님께 쓰임받을 수가 없어요.

왜 하나님께서 요셉을 구원자로 택하셨는지 여기에서 알 수 있습니다. 그는 절대로 분노하지 않았습니다. 다른 형제들 같았으면 자기 성질에 지레 기절해 버렸을 겁니다. 남이 때려 주지 않아도 자기가 먼저 벽에 머리 박고 죽어 버렸을 거예요. 그러나 요셉은 자기에게 주어진 모든 상황을 기쁨으로 받아들였고, 원수인 형들과 애굽인들을 사랑했습니다. 그리스도께서는 십자가 위에서도 자기를 못박고 욕하는 자들을 위해 하나님께 용서를 구했습니다. "아버지여, 저희를 사하여 주옵소서. 자기의 하는 것을 알지 못함이니이다"(눅 23:34).

어떤 사람이 정말 평화의 사도인지 아닌지는 한 대 때려 보면 알 수 있습니다. 맞으면서도 자기를 때린 그 사람들을 위해 기도하고 그들을 불쌍히 여기는 마음이 솟아나오는 사람이라야 평화의 사도가 될 수 있습니다. 욕하면서 닮는다는 말이 있습니다. "저 사람은 틀렸어. 엉터리야" 하면서 남을 비난하던 사람이 나중에 보면 그와 똑같은 짓을 합니다. 왜 그렇습니까? 그 사람의 속이 치료되지 않아서 그렇습니다. 남을 욕하면 자기한테서는 바른 것이 나올 것 같습니까? 천만에 말씀입니다. 욕하는 자신의 마음 속에서는 괴물이 나옵니다.

속에 분노가 있는 사람은 상대를 선별합니다. 자기가 좋아하는 스타일과 좋아하지 않는 스타일의 사람으로 나누어 놓고, 자기가 좋아하지 않는 사람은 망해도 좋다고 생각합니다. 하나님 앞에서 이보다 더 악한 것이 없습니다. 그리스도인은 좋아하는 스타일을 만들면 안 됩니다. 좋은 사람일수록 덜 좋아해야 하고, 좋아하기 힘든 사람일수록 더 관심을 가져야 합니다. 마음이 맞는 사람들하고만 가까이 만난다면 안 믿는 사람과 하나도 다를 게 없어요. 이것은 굉장히 무서운 일입니다. 하나님께서는 할 수 있는 대로 모든 사람이 하나님의 구원에 이르기를 원하십니다. 좋아하는 사람을 따로 만들지 마십시오. 할 수 있는 한 내가 가지고 있는 선입견으로 사람의 영혼까지 판단하지 않도록 주의해야 합니다.

성도들의 고난은 자신이 알지 못하는 많은 사람들을 구원하는 준비 과정입니다. 내가 기쁨으로 고난의 길을 걸어갈 때, 기쁨으로 이유를 알 수 없는 고난을 감당할 때, 하나님께서 그 낮아짐과 고난을 통해 진리를 성육신시키시고 내 형제들이나 가족들의 죄까지 용서해 주실 것입니다. 공중에 떠 있는 진리로는 단 한 사람도 살릴 수 없습니다. 진리는 성육신되어야 합니다. 요셉이 꾼 꿈으로는 한 사람도 변화시킬 수 없었습니다. 그러나 그가 기쁨으로 노예가 되었을 때, 그의 진리는 하나님을 모르는 사람들 가운데 살아 역사하는 진리가 되었습니다.

사랑하는 여러분, 쉽게 화내는 것은 좋은 것이 아닙니다. 자기 자신을 학대하는 것은 결코 좋은 것이 아닙니다. 오늘 주님께 나의 상한 마음을 고쳐 달라고 구하십시오. 내 속에 존귀한 형상을 회복시켜 달라고 기도하십시오. 화내지 마십시오. 자신을 더러운 농담거리로 내주지 마십시오. 나에게 주어진 상황에 기쁨으로 적응하십시오. 그 때 하나님께서 나의 고난을 통해 다른 사람들을 살리실 것입니다.

11 감옥에 갇힌 요셉

그러할 때에 요셉이 시무하러 그 집에
들어갔더니 그 집 사람은 하나도 거기 없었더라.
그 여인이 그 옷을 잡고 가로되 "나와 동침하자!"
요셉이 자기 옷을 그 손에 버리고 도망하여
나가매 그가 요셉이 그 옷을 자기 손에 버려 두고
도망하여 나감을 보고 집 사람들을 불러서
그들에게 이르되 "보라, 주인이 히브리 사람을
우리에게 데려다가 우리를 희롱하게 하도다!
그가 나를 겁간코자 내게로 들어오기로
내가 크게 소리질렀더니 그가 나의 소리질러
부름을 듣고 그 옷을 내게 버려 두고 도망하여
나갔느니라" 하고 그 옷을 곁에 두고
자기 주인이 집으로 돌아오기를 기다려
이 말로 그에게 고하여 가로되
"당신이 우리에게 데려온 히브리 종이 나를
희롱코자 내게로 들어왔기로 내가 소리질러
불렀더니 그가 그 옷을 내게 버려 두고
도망하여 나갔나이다."
주인이 그 아내가 자기에게 고하기를
'당신의 종이 내게 이같이 행하였다' 하는
말을 듣고 심히 노한지라. 이에 요셉의 주인이
그를 잡아 옥에 넣으니 그 옥은 왕의 죄수를

가두는 곳이었더라. 요셉이 옥에 갇혔으나
여호와께서 요셉과 함께하시고 그에게 인자를
더하사 전옥에게 은혜를 받게 하시매 전옥이
옥중 죄수를 다 요셉의 손에 맡기므로 그 제반
사무를 요셉이 처리하고 전옥은 그의 손에
맡긴 것을 무엇이든지 돌아보지 아니하였으니
이는 여호와께서 요셉과 함께하심이라.
여호와께서 그의 범사에 형통케 하셨더라.

창 39:11-23

우리 나라 군사 정권 시절에 '삼청교육대'라는 것이 있었습니다. 이것은 사회 각층의 부조리를 청소한다는 취지 아래, 깡패나 범죄의 소지가 있는 사람들을 데려다가 교화시키겠다는 명분으로 만들어진 것입니다. 그러나 실제로는 여기 끌려갈 이유가 없는데도 단지 힘 있는 사람의 눈에 미운 털이 박혔거나 사회에 대한 불만을 토로했다가 잡혀가서 짐승 같은 취급을 받으며 억지로 훈련받은 경우들이 많았습니다. 그런 사람들은 거기에서 나온 후에도 육체적으로나 정신적으로 오랫동안 심한 후유증을 앓아야 했습니다.

오늘 본문을 보면 애굽에 노예로 팔려 와 그런 대로 잘 적응하던 요셉이 여주인의 유혹을 완강하게 거절하는 바람에 미움을 사서 강간미수죄로 감옥에 들어가는 내용이 나옵니다. 우리는 이와 비슷한 이야기들을 많이 알고 있습니다. 우리 나라만 해도 변사또의 수청을 거절한 춘향이가 호된 매를 맞고 감옥에 갇히게 되는 이야기라든지, 한 남자가 온갖 여자들의 유혹을 다 이겨 내고 결국 자기가 사랑하는 약혼녀를 찾아간다는 식의 이야기들이 많이 있습니다. 그런데 이러한 이야기의 주인공들이 끝까지 유혹을 이길 수 있는 것은 그들에게 사랑하는 남자나 여자가 있기 때문입니다. 그 사랑이 자포자기할 수밖에 없는 절망적인 상황에서도 그 마음을 지켜 줌으로써 죄와 타협하지 않고 끝까지 이기게 해 준 것입니다.

사랑의 힘 그러나 요셉의 경우는 다릅니다. 그는 사랑하는 여자가 있기 때문에 여주인의 유혹을 거절한 것이 아닙니다. 그를 유혹에서 지켜 준 것은 여인의 사랑이 아니라 하나님의 사랑이었습니다. 하나님이 자신의 모든 행동을 보고 계시며 자신과 함께 계신다는 그 사실이 여주인의 집요한 유혹을 거부할 힘을 준 것입니다.

그 결과 그는 가장 악명 높은 감옥에 들어가게 되었습니다. 우리가 생각하기에는 그래도 왕의 죄수들이 들어가는 감옥의 환경이 다른 감옥들보다는 나을 것 같지만, 그 당시 사정은 오히려 정반대였습니다. 요셉이 들어간 감옥은 한번 들어가면 죽을 때까지 나오기 힘든 곳이었습니다. 그러나 그 무서운 감옥 안에서도 그는 썩지 않았습니다. 오히려 그 안에서 하나님과 동행하는 삶을 살았고 주위 사람들에게 인정을 받았습니다.

l. 여주인의 유혹과 요셉의 거절

우리는 이미 지난 본문을 통해서 보디발의 아내가 그렇게 정숙한 여자가 아니라는 것을 알았습니다. 이 여자는 자주 요셉에게 유혹의 눈짓을 보냈고 때로는 노골적으로 그를 침실로 끌어들이려고 애를 썼습니다.

성경은 보디발을 '내시'라고 기록하고 있습니다. 그래서 여주인이 그렇게도 요셉을 유혹하려고 애쓴 것인지, 아니면 그저 잘생긴 노예를 성적 노리개로 삼았던 일반적인 상류층 여인들의 풍습에 따라 그렇게 한 것인지는 알 수 없습니다. 또 성경에 나오는 '내시'라는 표현이 우리 나라에서처럼 성기능이 없는 사람을 가리키는 것인지, 아니면 그 당시에 웬만한 신하는 다 그렇게 불렀던 것인지도 알 수 없습니다.

여하튼 보디발의 아내는 요셉에게 대단히 부담스러운 존재였습니다. 전혀 사랑하지 않는 여자가 계속 성적으로 유혹해 온다고 생각해 보십시오. 이것은 보통 괴로운 일이 아닙니다. 여하튼 항상 기회를 엿보고 있던 여주인은 마침 집 안에 아무도 없는 틈을 타서 결정적으로 요셉을 무너뜨리려고 했습니다. 39장 11절과 12절을 보십시오.

그러할 때에 요셉이 시무하러 그 집에 들어갔더니
그 집 사람은 하나도 거기 없었더라.
그 여인이 그 옷을 잡고 가로되 "나와 동침하자!"
요셉이 자기 옷을 그 손에 버리고 도망하여 나가매

이 여주인에게서는 체면도, 위신도 찾아볼 길이 없습니다. 그래도 여주인이면 노예 앞에서 최소한의 체통 같은 것을 지킬 수도 있었을 텐데, 이 여자는 정욕에 눈이 어두워진 나머지 노예에게 애원하다시피 매달리고 있습니다. 그리고 그것도 여의치 않자 무력으로 일을 성사시켜 보려고 남자의 옷을 잡고 늘어집니다.

누가 노예인가?

이 여자가 이렇게 된 이유가 어디에 있습니까? 완전히 정욕의 노예가 되었기 때문입니다. 겉으로 보기에는 이 여자가 자유인이고 요셉이 노예인 것 같지만, 정욕의 문제에서는 오히려 요셉이 자유인이고 이 여자가 노예였습니다. 사실 이것은 비단 이 여자만의 문제가 아닙니다. 사람이라면 누구나 그 속에 무서운 정욕을 가지고 있습니다. 평소에는 교양이나 신분이 먹혀 들어가고 지성인이자 도덕가로 행세하는 것이 가능하지만, 속에 있는 동물적인 욕구가 자극을 받아서 한번 발동하기 시작하면 어떤 장사도 당할 도리가 없습니다.

죄성이
자극받을 때

죄성이란 사람의 속에 잠재되어 있는 이러한 욕망을 가리키는 말입니다. 모든 사람 안에는 엄청난 죄성이 잠재되어 있습니다. 그러다가 무슨 자극이 주어지거나 기회가 제공되기만 하면 이 죄성이 그의 인격을 지배해서 본인의 의사와 전혀 상관 없이 그 사람을 끌고 가기 시작합니다.

하나님 앞에서 문제가 되는 것은 겉으로 나타난 모습이 아니라 우리 안에 잠재되어 있는 이 죄성, 이 욕망입니다. 여주인의 광란하는 모습을 보십시오. 이 여자도 평소에는 이런 식으로 행동하지 않았을 것입니다. 그러나 집 안에 아무도 없다는 사실이 확인되었을 때 속에 있는 죄성이 그를 완전히 지배함으로써, 체면도 염치도 없는 동물의 수준으로 전락시켜 버렸습니다.

이 여자의 잘못이 무엇입니까? 잘생긴 남자 노예를 보고 멋있다고 생각하는 그 자체를 죄라고 말할 수는 없을 것입니다. 혹시 한순간 마음 속에 좋지 않은 생각이 떠올랐다고 해도 그것 자체만 가지고 큰 죄라고 말할 수도 없습니다. 그러나 이 여자는 그런 음란한 생각을 통제하지 않았고, 계속 그런 생각을 가지고 요셉을 바라보았으며, 그 생각을 실천할 수 있는 기회를 기다렸고, 그 기회가 포착되자마자 자신을 정욕에 내던짐으로써 인간의 기본적인 도리를 포기해 버렸습니다.

가인이 아벨에게 좋지 않은 감정을 가지고 있었을 때 하나님께서는 이렇게 말씀하셨습니다.

> "네가 선을 행하면 어찌 낯을 들지 못하겠느냐?
> 선을 행치 아니하면 죄가 문에 엎드리느니라.
> 죄의 소원은 네게 있으나 너는 죄를 다스릴지니라"
>
> (창 4:7).

가인은 자존심이 상해서 어떻게 해서든지 아벨에게 복수하려고 기회를 엿보고 있었습니다. 그것이 그의 마음 속에 있는 "죄의 소원"입니다. 다시 말해서 죄의 욕망이 그의 마음 속에 엎드린 채 덤벼들 기회만 노리고 있었던 것입니다. 그러나 하나님께서는 가인에게 그 죄를 다스리라고 말씀하셨습니다. 이것은 모든 인간을 향한 명령이기도 합니다.

사람의 마음 속에서 죄스러운 욕망이 일어나는 것까지 없앨 수는 없습니다. 인간인 이상 이런 마음이 틈틈이 일어나는 것은 막을 수가 없어요. 살다 보면 아주 끔찍한 생각이나 충동들이 떠오르기도 하고, 어떨 때는 예배 시간에까지 흉칙한 생각이 솟아오르기도 합니다. 그것까지는 우리 힘으로 어쩔 수가 없습니다. 그러나 하나님께서는 이런 욕망에 자기 자신을 내던지지는 말라고 하십니다. '이런 욕망이 문 앞에

다스리라

서 엎드려 너를 삼키려고 노리고 있지만, 너는 절대로 이 욕망에 기회를 주지 말고 이 욕망을 다스리라' 는 것입니다.

이것은 모든 인간을 향한 명령

　　이것은 모든 인간을 향한 명령입니다. 가인도 이 명령을 들어야 하고 요셉의 여주인도 이 명령을 들어야 합니다. 하나님을 알든지 모르든지 간에 어쨌든 인간이라면 좋지 못한 욕망에 자신을 내던지지 말아야 합니다. 한두 번 눈짓을 했는데도 뜻대로 안 되는 걸 보았으면 포기를 해야지요. 계속 죄지을 기회를 노리다가 마침 집에 아무도 없다는 사실을 알게 되자마자 자기 안에 있는 양심의 등불을 꺼버리고 욕망의 하수인이 되어 요셉에게 덤벼든 것은 자신의 가치를 스스로 짓밟는 짓입니다.

　　지금 이 여자의 마음 속에서는 하나님이 주신 일반 은총이 완전히 사라져 버렸습니다. 모든 사람에게는 예의나 도리 같은 기본적인 은총이 주어져 있습니다. 물론 이것이 사람을 새롭게 해 주지는 못하지만, 적어도 벌거벗은 모습은 가려 줍니다. 일단 예의를 지키면 그 안에 아무리 추한 욕망이 있어도 서로 못 보지 않습니까? 그렇게만 되어도 훨씬 낫지요. 그러나 이 여자는 욕망의 노예가 되어 예의나 도리의 옷을 다 벗어 버린 채 벌거숭이가 되어 덤벼들고 있습니다. 이것은 그가 죄성의 노예라는 것을 보여 줍니다.

　　그러나 요셉은 결코 이 여자의 유혹에 넘어가지 않았습니다. 그는 분명한 태도로 거절했고, 분명한 거절로도 이 여자의 욕망을 가라앉힐 수 없다는 것을 알게 되자 여자가 붙잡고 있던 옷을 벗어 버리고 도망을 쳤습니다.

　　여기서 몇 가지 생각할 것이 있습니다. 우선, 남자인 요셉이 여주인보다는 아무래도 힘이 더 셌을 텐데 왜 옷을 빼앗겼느냐 하는 점입니다. 여자의 손에서 옷을 빼내서 도망을 쳤더라면 불리한 증거가 남지 않았을 텐데 왜 옷을 벗어 두고 도망을 쳐서 결국 누명을 뒤집어썼느냐는 것이지요.

두번째 문제는 좀더 심각합니다. 요셉도 남자니까 그 안에 육체의 정욕이 있었을 텐데 이렇게 사생결단하고 덤비는 여자의 유혹에 어떻게 끝까지 넘어가지 않고 자신을 지킬 수 있었을까요? 그에게는 자신을 기다리는 약혼녀도 없었고, 게다가 그는 비천한 노예였습니다. 노예가 이렇게 살든 저렇게 살든 무슨 상관이 있습니까? 아무렇게나 굴러먹는 것이 노예들의 인생 아닙니까? 그런데 무엇이 요셉으로 하여금 이 여자를 끝까지 밀쳐 내고 옷까지 벗어 던진 채 도망치게 했을까요?

이 두 가지는 결국 같은 질문입니다. 요셉이 이 여자로부터 옷을 빼내지 못하고 벗은 채 도망친 것은 자기 안에서 죄성이 발동하는 것을 느꼈기 때문입니다. 요셉은 돌이 아닙니다. 욕망도 느끼지 못하고 감정도 없는 목석 같은 사람이 아니에요. 다른 정상적인 사람들처럼 요셉 안에도 욕망이 있고 죄성이 있고 타락한 본성이 있었습니다. 그런데 여자가 집요하게 옷을 잡고 늘어지자 요셉 안에 있던 이 죄성이 움직이기 시작했습니다. 거기서 일초라도 지체한다면 옷을 빼내는 것은 고사하고 자기 자신조차 감당할 수 없는 상태가 올 것입니다.

그는 이처럼 자기 안에 있는 짐승이 서서히 잠을 깨는 것을 보았고, 당장 거기서 도망치지 않는다면 분명히 범죄할 수밖에 없다는 것을 알았습니다. 물론 힘으로만 치자면 옷을 빼앗아 올 수도 있어요. 그러나

요셉은 죄성을
어떻게 다스렸나?

그 순간 그의 안에서 무서운 욕망이 고개를 쳐들고 있었습니다. 요셉은 자신에 대해서 '비상사태'를 선언했습니다. 그래서 앞뒤 재지 않고 불난 집에서 도망치듯이 무서운 그 상황에서 몸만 빠져나온 것입니다.

가장 어리석은 사람은 불난 집에서 지갑도 챙기고 열쇠도 챙기고 일기장도 챙기는 사람입니다. 그렇게 다 챙기다가 타 죽습니다. 무서운 죄성이 고개를 쳐들고 있는데도 체면이나 인간 관계 때문에 자신을 위험한 상태에 계속 방치하는 것은 아주 어리석은 짓입니다. 자기가 지금 유혹에 빠졌다, 사탄의 꾀임에 빠졌다고 생각되면 즉시 비상등을 켜고 무슨 수를 써서라도 빠져나와야 합니다. 일초도 지체하면 안 돼요. 죄에서 빠져나올 때 예의 다 지키는 사람은 바보입니다. 그런 사람은 절대로 도망치지 못합니다. 요셉처럼 옷을 던져 두고라도 뛰어나와야 합니다.

요셉을 유혹에서 지켜 준 힘은 무엇이었습니까? 하나님과의 관계였습니다. 하나님과의 관계가 그런 무서운 죄에 자신을 내던지는 것을 거부하게 했습니다. 그는 평소에 하나님과 늘 가까이 동행했기 때문에 죄가 가까이 올 때 알레르기 반응을 나타냈습니다. 한편으로는 호기심이 생기기도 했지만 다른 한편으로는 거부감이 생겼습니다. 그럼에도 불구하고 이 죄의 유혹이 너무나도 강해서 계속 거기에 머무르면 스스로를 지킬 수 없다는 것을 알았기에, 그는 한순간도 머뭇거리지 않고 유혹의 현장에서 도망쳤습니다.

2. 감옥에 갇히다

여인의 욕망을 거부한 요셉은 그로부터 무서운 보복을 당하게 되었습니다. 이 여자는 이성을 잃은 짐승 같았습니다. 그러면서도 요셉에게 보복하는 일에서는 거의 천재적인 두뇌회전을 보여 주고 있습니다. 요셉이 옷을 벗어 던지고 도망을 치자 자존심이 상한 이 여자는 요셉이 자신을 강간하러 들어온 것처럼 죄를 뒤집어씌우기로 했습니다.

그가 요셉이 그 옷을 자기 손에 버려 두고 도망하여
나감을 보고 집 사람들을 불러서 그들에게 이르되
"보라, 주인이 히브리 사람을 우리에게 데려다가
우리를 희롱하게 하도다! 그가 나를 겁간코자 내게로
들어오기로 내가 크게 소리질렀더니 그가 나의
소리질러 부름을 듣고 그 옷을 내게 버려 두고
도망하여 나갔느니라" 하고(39:13-15)

여자는 막 소리를 질러서 사람들을 불러모았습니다. 그리고 옷을 보이면서 요셉이 자기를 겁탈하러 들어오길래 소리를 질렀더니 옷을 벗어 두고 도망쳤다고 거짓말을 했습니다. 사람들은 그 말을 믿을 수밖에 없었습니다. 그들은 여주인이 지르는 소리를 들었고 그의 손에는 요셉의 옷이 들려 있었기 때문입니다. _{누명}

이것은 요셉으로서는 꼼짝달싹할 수 없는 불리한 증거였습니다. 아무도 현장을 본 사람이 없었고 오직 요셉의 옷만 남아 있었습니다. 그리고 다른 노예들은 대개 요셉을 시기하고 있는 자들이었습니다. 늦게 온 주제에 집안의 모든 것을 다 관리하는 요셉에게 좋은 감정을 가졌을 리가 있겠습니까? 그리고 누가 감히 여주인이 노예를 유혹하려 했다가 거절당했다고 생각하겠습니까? '건방진 노예가 여주인까지 건드리려고 들어갔다가 안 되니까 도망쳤다'는 것과 '여주인이 노예에게 꼬리치다가 안 되니까 누명을 씌우려고 한다' 중에 어느 것이 더 말이 됩니까? 이 일의 증인은 오직 하나님 한 분밖에 없었습니다.

악으로 선을 이루시는 분을 믿느냐?

    사실 이 여주인과 요셉의 관계는 피할 수 없는 숙명적인 관계입니다. 이 여자가 아니었더라면 요셉은 감옥에 들어갈 일이 없었을 것이고, 그랬더라면 바로 앞에 서지 못했을 것입니다. 여주인은 요셉의 인생을 망하게 했고, 요셉은 그 망한 자리에서 다시 존귀해졌습니다. 하나님께서는 이 여자의 악을 사용하셔서 자신의 선을 이루셨습니다. 이 여자가 정욕에 눈이 뒤집혀 요셉에게 죄를 뒤집어씌우지 않았더라면 요셉의 영광은 있을 수 없었을 것입니다. 이 여자의 이야기가 생략될 경우 요셉의 생애에는 도저히 설명할 수 없는 불연속점이 생기게 됩니다.

    그러므로 우리는 악한 자를 원망하거나 그에게 보복하려고 해서는 안 됩니다. 하나님께서는 그런 악한 자를 사용하셔서 누구도 할 수 없는 일을 하시기 때문입니다.

    여인은 의기양양하게 요셉의 옷을 옆에 두고 주인이 돌아오기를 기다렸습니다.

    그 옷을 곁에 두고 자기 주인이 집으로 돌아오기를

기다려(39:16)

욕망이 거절당했을 때의 분노는 어떻게 해서든지 상대방을 파멸시켜야만 만족이 됩니다. 그래서 그는 즐거운 마음으로 주인이 돌아오기를 기다렸고, 주인이 돌아오자 참을 수 없는 말로 그를 충동질해서 분노를 불러일으켰습니다. 17절과 18절을 보십시오.

이 말로 그에게 고하여 가로되
"당신이 우리에게 데려온 히브리 종이 나를 희롱코자
하여 내게로 들어왔기로 내가 소리질러 불렀더니
그가 그 옷을 내게 버려 두고 도망하여 나갔나이다."

학자에 따라서는 보디발이 고자였기 때문에 이 일이 더 그의 자존심을 상하게 했을 것이라고 주장하는 이들도 하지만, 고자가 아내를 데리고 살 리가 있겠느냐고 생각하는 이들도 있습니다. 하여튼 이 말은 보디발을 엄청나게 분노하게 만들었습니다.

보디발의 분노

주인이 그 아내가 자기에게 고하기를 '당신의 종이 내게
이같이 행하였다' 하는 말을 듣고 심히 노한지라(39:19).

아마도 보디발은 자기가 이 히브리 노예를 너무 믿었다고 생각한 것 같습니다. 그래서 믿은 만큼 더 증오했을 것입니다. 그가 정말 요셉을 신뢰했다면 한 번쯤은 요셉을 불러서 자세한 내막을 물어 볼 수도 있

었겠지만, 자세한 내막을 들어 봐야 둘 중에 하나입니다. 요셉이 거짓말하는 것이 아니라면 자기 아내가 거짓말하는 거예요. 그러면 누구를 택하고 누구를 버려야 하겠습니까? 결국 팔은 안으로 굽게 되어 있습니다. 보디발은 요셉을 버렸습니다.

그래서 보디발의 분노에 대해 요셉에게 배신감을 느꼈기 때문이라고 생각하는 사람들이 있는가 하면, 그가 아직도 요셉을 믿긴 하지만 이런 일이 불거져 나왔다는 사실 자체에 화가 났을 것이라고 보는 사람도 있습니다. 어쨌든 주위 사람들의 말이나 아내의 방에 요셉의 옷이 남아 있는 정황으로 볼 때 요셉의 혐의에는 변명의 여지가 없었습니다. 요즘 세상이라고 해도 여자의 비명 소리가 들리고 남자의 옷이 현장에 떨어져 있다면 누구를 의심하겠습니까? 결국 사람들은 요셉을 죄인으로 낙인찍어 버렸습니다.

요셉은 이 여자의 유혹을 거절했다가 지금까지 쌓아 온 신뢰와 명성을 하루 아침에 다 잃게 되었습니다. 적어도 요셉을 아는 사람들은 다 크게 실망했을 것입니다. '정말 정직한 사람인 줄 알았는데 이제 보니 겉 다르고 속 다른 위선자'라고 생각했을 거예요.

사망의 옥(獄)으로 떨어지다

오늘 본문에서 중요한 것은 요셉이 들어간 감옥이 어떤 곳이냐 하는 점입니다. 20절 상반절을 보십시오.

이에 요셉의 주인이 그를 잡아 옥에 넣으니
그 옥은 왕의 죄수를 가두는 곳이었더라.

왕의 죄수를 가두는 감옥이라고 좋은 곳이 아닙니다. 오히려 그 반대예요. 왕의 감옥은 가장 악명 높은 정치범 수용소였습니다. 그 당시 바로 왕은 애굽인이 아니었습니다. 힉소스 족이 애굽을 침범하여 세운 힉소스 왕조가 정권을 잡고 있었습니다. 이렇게 침략자들이 애굽인들을 다스리고 있는 입장이었기 때문에, 안정된 통치를 위해서는 공포의 정치범 수용소가 필요했습니다. 그래서 반역의 의사를 가진 중죄수들을 이 왕의 감옥에 가두었고, 거기 갇힌 죄수는 사형 내지는 종신형을 받았습니다. 애굽에 '타르의 감옥'이라고 불리던 유명한 정치범 수용소가 있었다는 사실은 역사적 고증에 의해서도 확인된 바입니다.

그렇다면 보디발은 왜 요셉을 일반 감옥에 넣거나 손목을 자르거나 목을 치지 않고 이 악명 높은 정치범 수용소에 가두었을까요? 아마도 그는 요셉을 일반 감옥에 넣거나 그를 죽임으로써 자기 집안의 불미스러운 이야기가 다른 사람 입에 오르내리게 되는 것을 원치 않았던 것 같습니다. 물론 당장 손목을 자르거나 목을 쳐 버리면 직성이야 풀리겠지만 아무래도 자기 집안 이야기가 사람들의 입에 오르내리게 될 것 같으니까, 자기에게 불명예가 돌아오지 않도록 노예 한 명 없애는 셈 치고 한번 들어가면 다시는 나오지 못하는 정치범 수용소에 집어 넣은 것입니다. 그는 요셉을 사랑하고 신뢰했던 것만큼 자신의 호의를 싹 거두어 버렸습니다. 왕의 죄수들을 가두는 감옥에 넣었다는 것은 요셉을 완전히 죽인 것이나 다름없는 일이었습니다.

요셉은 지금 이중적인 죽임을 당하고 있습니다. 하나는 그래도 지금 이중의 죽음까지 주위 사람들에게 얻었던 신뢰와 좋은 평판을 잃고 하루 아침에 가장 파렴치한 강간미수범으로 전락한 것입니다. 이것은 사회적인 죽음이었습니다. 오늘까지 요셉은 양심 하나는 깨끗하게 붙들고 살아왔습니다. 그런데 정숙하지 못한 여자의 한마디에 모든 사람들의 의심을 한몸에 받게 되었고 파렴치범이자 위선자로 낙인찍히고 말았습니다.

그리고 다른 하나는 더 이상 태양을 볼 수 없는 무서운 정치범 수용소에 갇히게 된 것입니다. 바로의 특별한 배려 없이 거기서 살아 나온다는 것은 불가능한 일이었습니다. 하지만 바로가 무엇 때문에 별 볼일 없는 이 히브리 노예를 배려해 주겠습니까? 이것은 그에게 육체적인 죽음이나 마찬가지였습니다.

노예로 팔려서 애굽에 온 것은 고난의 전부가 아니었습니다. 그는 거기서 더 낮은 곳으로 내려가야만 했습니다. 거의 완전한 죽음의 장소, 다시는 살아서 나올 수 없는 곳, 모든 사람들이 무덤이라고 부르는 곳, 그 무서운 정치범 수용소까지 내려가야만 했습니다. 요셉은 완전히 죽은 것과 같았습니다.

옥에 내려가신
그리스도

이 점에서도 요셉은 우리 주 예수 그리스도의 완전한 모형이 되고 있습니다. 주님께서 인간의 몸을 입고 이 세상에 오셨다는 것은 그 자체가 말할 수 없는 굴욕입니다. 요셉이 노예로 애굽에 팔려 온 것보다 더 굴욕적인 일이에요. 그러나 그것은 그리스도가 당하실 고난의 전부가 아니었습니다. 그는 이 땅에서 더 굴욕적인 취급을 받아야만 했습니다. 하루 아침에 하나님을 모욕한 자, 로마에 반역한 자로 낙인찍혀 파렴치한 살인범과 함께 십자가에 달려야 했던 것입니다. 그는 모든 사람들의 존경과 신뢰를 다 잃어 버렸습니다. 그래도 유대 사회에서는 그를 존경스러운 랍비로 생각하는 사람들이 많았습니다. 그러나 벌거벗긴 채 파렴치범들과 함께 십자가에 못박혔을 때, 그를 아는 모든 사람들이 실망했고 침을 뱉었으며 욕을 했습니다. 그는 감옥에 내려가셨

습니다. 그 곳은 아무도 살아 나온 적이 없는 감옥, 곧 지옥이요 사망
이었습니다. 그러나 그는 거기서 썩을 수 없었습니다. 하나님께서 그
와 함께하셨기 때문입니다.

3. 감옥에서 함께하신 하나님

성경은 요셉이 감옥에서 어떤 고생을 했는지 기록하고 있지 않지만,
분명히 그는 감옥에서 심한 신고식을 당했을 것이며 모진 육체적인 고
통과 정신적인 두려움을 겪었을 것입니다. 그러나 그 감옥 안에서도
빛은 감춰질 수 없었습니다. 그가 감옥에 갇힌 후부터 감옥이 달라지
기 시작했습니다. 21절부터 보십시오.

여호와께서 요셉과 함께하시고 그에게 인자를 더하사
전옥에게 은혜를 받게 하시매 전옥이 옥중 죄수를
다 요셉의 손에 맡기므로 그 제반 사무를 요셉이
처리하고 전옥은 그의 손에 맡긴 것을 무엇이든지
돌아보지 아니하였으니 이는 여호와께서 요셉과
함께하심이라. 여호와께서 그의 범사에 형통케 하셨더라.

요셉이 처음부터 노예생활에 잘 적응한 것이 아닌 것처럼 처음부터
감옥생활에 잘 적응한 것은 아니었을 것입니다. 감옥에 들어간 그 다
음 날부터 '오늘부터는 감옥에 잘 적응해야지. 하나님은 여기에서도

절망을 이기는
힘은 어디에서?

나와 함께하시니까' 하면서 기쁨으로 지내지는 않았을 거예요. 아마 그는 자신의 기구한 처지에 굉장히 절망했을 것입니다. 애굽에 노예로 팔려 온 것만 해도 말할 수 없는 절망이고 견딜 수 없는 고통이었는데, 이제는 강간미수범으로 몰려서 이 엄청난 정치범 수용소까지 들어오게 되었습니다. 하나님께서 살아 계신다면 어떻게 이런 일이 일어날 수 있습니까?

"나는 더 연단
받아야 한다"

그러나 그는 자기가 죄인이 아님에도 불구하고 감옥에 있어야 한다는 사실을 인정했습니다. 어떻게 그렇게 할 수 있었을까요? 둘 중에 하나입니다. 첫째로, 지금까지 자기가 많은 고난을 받긴 했지만 그래도 아직 자기 안에 죄성이 남아 있기 때문에 고난을 더 받아야 한다고 생각했을 수 있습니다. 여주인에게 잡혀서 옷을 벗어 던지고 도망을 쳤을 때 분명히 자기 안에 생각해서는 안 될 충동이 일어났다는 것을 그 자신은 알고 있었습니다. 양심이 죽은 여주인은 그런 짓을 하고서도 오히려 당당할 수 있었지만, 요셉은 자기 안에 일어났던 그 실현되지 않은 욕망을 심히 부끄러워하면서, 아직 자기에게는 더 많은 연단과 훈련이 필요하다고 생각했을 것입니다. 그래서 감옥생활을 기꺼이 감수했을 수 있습니다.

죄인들은 자기가 죄가 없다고 생각합니다. 감옥에 갇힌 사람들을 보면 저마다 "이 세상에 나만큼 죄 안 지은 인간 있으면 나와 보라고 해" 하면서 억울해합니다. 그러나 오히려 정말로 하나님 앞으로 의롭게 살려고 하는 사람들은 자기 안에 남모르는 죄의 충동이 있다는 것을 인정하면서 자신은 심판받아 마땅한 사람이라고 이야기합니다. 그래서 야고보 사도는 이렇게 권면했습니다.

그러므로 모든 더러운 것과 넘치는 악을 내어버리고

능히 너희 영혼을 구원할 바 마음에 심긴 도를

온유함으로 받으라(약 1:21).

우리 안에는 언제나 악이 솟구쳐 오르고 있습니다. 그럼에도 불구하고 차일피일하면서 그 악을 포기하려고 하지 않습니다. 무슨 일이 터져야 그제서야 하나님 앞에 무릎을 꿇지, 그 전까지는 정말 자기 생활이 교만하고 오만방자함에도 불구하고 그것을 버리려고 하지 않아요. 그래서 큰 어려움을 당한 성도들이 자주 하는 말이 "올 것이 왔습니다. 오히려 담담하네요"라는 것입니다. 이것은 자기한테 이런 연단이 필요하다는 것을 아는 사람이 할 수 있는 말입니다.

하나님께서는 저를 여러 가지 방법으로 연단하셨습니다. 그런데 그 연단이 끝났다고 생각되었을 때 제가 느낀 것은 '내 죄의 뿌리에 비해 연단의 기간이 굉장히 짧았다' 는 것이었습니다. 이 정도면 죄의 뿌리가 뽑혔을 수도 있겠다고 생각했는데, 실제로 보니까 여전히 마음 속에 악하고 교만한 생각들이 남아 있었습니다. 엄청난 연단을 통과한 성도들도 다 그렇게 말합니다. 연단받던 당시에는 밤이 너무 긴 것 같고 영원히 지속될 줄만 알았는데 끝나고 나서 보니 오히려 너무 짧았다는 것입니다. 자기한테는 아직 더 변해야 할 부분, 더 연단받아야 할 부분이 많다는 것입니다.

요셉이 감옥에서 절망하지 않을 수 있었던 또 다른 힘은 하나님의 말씀에서 왔습니다. 요셉의 마음 속에는 여전히 그 꿈의 약속이 남아 있었습니다. 과정은 알 수 없지만 하나님께서 그 꿈의 약속을 반드시

"나는 말씀을 믿는다"

이루시리라는 것을 믿었기에, 그는 무서운 감옥에서도 절망하지 않을 수 있었습니다. 그는 이 믿음으로 그 무서운 감옥에도 잘 적응했고 거기에서 전옥의 사랑과 신뢰를 얻었습니다.

믿음이 무엇입니까? 자기 혼자 어떤 사실을 믿어 버리는 것은 믿음이 아니라 신념입니다. 예를 들어 고시 공부할 때 "나는 합격한다! 하면 된다!" 하면서 밀어붙이는 것은 신념이에요. 믿음은 하나님과 동행하는 것입니다. 창세기에서 죽 보아 왔듯이, 어려울 때나 편안할 때나 하나님과 동행하는 것이 믿음입니다.

믿음의 조상들에게 늘 좋은 일만 생겼던 것은 아닙니다. 어려운 일들도 있었고 절망적인 일들도 있었습니다. 하지만 그들은 그 때마다 하나님이 함께하시는 것을 느꼈습니다. 어떻게 느꼈습니까? 그 어려움이 항상 감당할 수 있는 범위 안에서 일어나더라는 것입니다. 처음에는 죽을 것 같습니다. 그 일은 자신의 한계를 벗어나는 것으로서 절대로 감당할 수 없을 것만 같아요. 그런데 막상 부딪혀 보니까 의외로 쉬운 것입니다. 왜 그렇습니까? 하나님께서 그 짐을 함께 지고 계시기 때문입니다.

어떤 아저씨가 손수레에 짐을 잔뜩 싣고 고개를 올라가고 있습니다. 그는 처음에 고개를 도저히 올라가지 못할 것이라고 생각했습니다. '나는 저 고개 올라가다 죽을 거야.' 고개는 너무 높고 짐은 너무 무겁습니다. 그런데 이상하게 생각보다 쉽게 올라가는 거예요. 다 올라가서 보니까 뒤에서 어떤 학생이 수레를 밀어 주고 있었습니다.

이것이 믿음입니다. 모든 것이 내 뜻대로 되기를 바라는 것은 믿음이 아닙니다. 그것은 신념이에요. 믿음은 하나님과 함께 걸어가는 것입니다. 하나님과 함께 수많은 어려움과 역경을 헤쳐 나가는 것입니다.

또 하나 생각하게 되는 것은 여기 나오는 '형통케 한다'는 말이 무슨 뜻이냐 하는 것입니다. 요셉이 형통케 되는 길은 감옥에서 나가는 것이 아니겠습니까? 그러나 하나님께서는 요셉을 감옥 안에서 형통케 하셔서, 다른 사람들이 요셉을 사랑하게 하시고 그의 지혜로 감옥 안에 벌어지는 여러 어려움들을 원만하게 해결하게 하셨습니다. 왜 하나님께서는 이렇게 요셉을 감옥에 가두어 두신 채 그 안에서 일어나는 작은 일들을 도와 주시는 것입니까?

하나님의 일에는 때가 있기 때문입니다. 이 세상 일에는 때가 없습니다. 아무 일이든지 마음 내킬 때 하면 됩니다. 자고 싶을 때 자고 먹고 싶을 때 먹으면 돼요. 그러나 하나님의 일은 그렇지가 않습니다. 반드시 때가 있습니다. 그 때가 되기까지 하나님은 절대로 그 사람을 풀어 놓지 않으십니다.

요셉의 믿음은 바로 그 하나님의 때가 되기까지 주어진 환경에서 최선을 다하는 것이었습니다. 요셉의 삶은 감옥 밖에서만 의미 있는 것이 아니었습니다. 감옥 안에서나 밖에서나 그의 인생은 그의 인생이었고, 그는 하나님 앞에서 최선을 다할 필요가 있었습니다. 주님은 제자들에게 작은 일에 충성된 자가 큰 일에도 충성되다고 말씀하셨습니다. 여러 사람에게 각광 받는 큰 일만 중요한 것이 아닙니다. 작은 일도 중요합니다. 아주 작은 일에 만족하고 최선을 다하는 사람이 결국 큰 일에서도 하나님께 영광을 돌릴 수 있습니다.

이 시대의 특징이 무엇입니까? 너무나도 경쟁적이어서 다른 사람들보다 한 걸음이라도 먼저 사회적인 사닥다리를 올라가는 것을 성공으

지금 그 자리에서
겸손을 배우라

로 믿는다는 것입니다. 그래서 중학생 때 고등학교 공부를 하고 고등학생 때 대학교 공부를 하는 것이 남보다 한 걸음 앞서 나갈 수 있는 길이라고 생각합니다. 그러나 하나님께서 그 백성에게 요구하시는 것은 한 걸음 더 빨리 가는 것이 아닙니다. 하나님이 요구하시는 것은 철저하게 겸손을 배우는 것입니다. 하나님께서는 겸손한 사람을 들어서 모든 것을 다 주십니다. 왜냐하면 하나님은 사람의 중심을 보시는 분이시며, 이 세상 모든 것을 처분하고 결정하실 수 있는 주인이시기 때문입니다.

오늘날 사람들이 아직 큰 일을 맡을 만한 그릇이 되지 않았으면서도 자꾸 큰 자리에 앉으려고 하는 것을 많이 보게 됩니다. 소인배일수록 큰 자리에 앉으려고 하는데 그것은 자신에게도 불행이고 다른 많은 사람들에게도 불행입니다.

때가 되면
높이시리라

사람들은 대개 진화론적인 사고방식을 가지고 있습니다. 오늘 내가 다른 사람보다 한 걸음 앞서 나가면 그것을 기초로 내일은 더 앞서 나갈 수 있다고 생각하는 것입니다. 그래서 다른 사람들보다 한 걸음이라도 더 빨리 가면서 경쟁자를 물리치는 것을 성공의 비결로 여깁니다. 그러나 하나님께서는 준비된 사람을 통해 이 세상을 뒤집어 엎으십니다. 일단 준비되기만 하면 인생 밑바닥에서부터 최고로 끌어올려서 이 세상을 변혁시키십니다.

그렇게 준비된 사람이 있어야 환난의 때에 사람들이 살아남을 수 있습니다. 좋은 학교 다니면서 사람들의 인정을 받아 가며 평탄한 길만 걸어 온 사람들이 뭘 할 수 있겠습니까? 고생 한 번 안 해 보고 좋은 머리로 시험 잘 쳐서 높은 자리 올라간 사람이 뭘 할 수 있겠습니까?

그런 사람들에게는 위기를 극복할 수 있는 능력이 없습니다. 겉보기에는 멀쩡해도 실제로는 아무것도 못해요. 그런 사람이 높은 자리에 앉는 것은 자신에게나 남에게나 불행입니다. 인생 밑바닥에서 하나님의 때가 되기를 기다리며 죽고 또 죽음으로써 겸손이 철저하게 몸에 배인 사람, 그 사람만이 이 세상을 뒤집어 엎을 수 있으며 많은 사람을 위기에서 건져낼 수 있습니다.

오늘 본문이 우리에게 말씀하시는 것이 무엇입니까? 신분이 자유인이라고 해서 진정한 자유인은 아니라는 것입니다. 진정한 자유인은 자기의 욕망과 분노와 기질을 다스릴 수 있는 사람입니다. 요셉의 여주인은 몸은 자유인이었지만 실제로는 정욕의 노예였습니다. 반대로 요셉은 몸은 노예였지만 자신의 정욕을 다스릴 수 있는 힘을 가지고 있었습니다. 진정한 자유인은 자기 안에 있는 분노와 정욕과 헛된 망상을 이기고 정신을 집중시킬 수 있는 사람입니다.

이렇게 정욕을 누를 수 있는 요셉의 힘은 어디에서 나왔습니까? 늘 하나님 앞에서 산 데서 나왔습니다. 누구든지 하나님 앞에 서기 전까지는 결코 진정한 자유를 얻을 수 없습니다. 혈기나 음란한 정욕이나 분노나 욕심의 노예가 될 수밖에 없습니다. 하나님 앞에 서야 비로소 그 욕망의 굴레가 벗겨져서 모든 것을 제대로 보며, 양심에 옳다고 생각하는 바대로 할 수 있습니다. 남이 옷을 잡고 늘어지든 머리채를 잡고 늘어지든 절대로 동요하지 않을 수 있습니다.

하나님께서는 낮아진 요셉을 더 낮추셨습니다. 보디발의 아내라는 악한 여자를 사용하셔서 살아서는 도저히 나올 수 없는 무시무시한 정치범 수용소에 집어넣으신 것입니다. 이제 요셉의 인생은 완전히 끝장입니다. 이 감옥은 죄수들이 영원히 이를 갈며 사는 곳입니다. 그러나 요셉은 친구도, 신뢰도 잃고 강간미수범이라는 낙인까지 찍혔지만 하나님 앞에서는 깨끗했습니다. 그는 감옥 안에서도 썩지 않았습니다. 사람들은 "군대 가서 완전히 썩었지", 또는 "실업자 생활 3년에 완전히 썩었어"라고들 합니다. 그러나 요셉은 썩지 않았습니다. 그는 살아 있었고, 자유의 혼을 가지고 있었습니다. 그는 감옥을 가든 군대에 가든 썩을 수가 없었어요. 왜냐하면 그의 정신만큼은 노예가 아니었기 때문입니다. 그는 하나님 앞에서 자유로웠고 어느 누구에게도 비굴하지 않았기 때문에 남이 자신을 어떻게 부르든지 간에 상관하지 않았습니다.

하나님의 뜻 아래서 낮아지는 것은 결코 망하는 것이 아닙니다. 당장 친구를 잃고 사람들의 신뢰를 잃는 것보다 더 중요한 것은 하나님의 때를 기다리며 더 철저하게 낮아지는 것입니다. 그런 사람만이 다른 사람들을 위기에서 건져 낼 수 있습니다. 예수 그리스도는 철저하게 낮아지셨습니다. 그가 인간으로 오셨다는 것만 해도 말할 수 없는 굴욕인데, 심지어 처참한 십자가 위에서 죄인의 신분으로 처형까지 당하셨습니다. 그러나 그는 음부에서 썩을 수 없었습니다. 하나님께서 그와 함께하셨기 때문입니다.

우리는 주어진 상황에 좀 더 잘 적응할 필요가 있습니다. 그 상황을 부정하고 내 비전, 내 뜻만 주장한다고 해서 알아줄 사람 아무도 없습니다. 오히려 그런 사람은 하나님의 선하심을 체험하지 못할 것입니다. 하나님께서는 우리에게 더 좋은 것을 주기 원하십니다. 그러나 그것은 항상 고난의 잔을 먼저 마신 후의 일입니다. 그러므로 고난의 쓴 잔을 주실 때 고개를 저어서는 안 됩니다. 한 번에 마셔야 합니다.

믿지 않는 부모님께 더 순종하십시오. 직장 분위기나 여건이 좋지 않을수록 더 최선을 다함으로써 선한 인정을 받으십시오. 말단이라고 해서 매일 졸면서 헛된 망상에 빠지면 안 됩니다. 상관이 좋지 않은 사람이라도 요령 피우지 말고 진심으로 복종하십시오. 진짜 현명한 사람은 바닥에 내려갔을 때 최선을 다합니다. 거기에서 기본기가 닦이는 것입니다.

하나님께서 요셉을 형통하게 하셨다는 것은 감옥에서 풀어 주셨다는 뜻이 아닙니다. 감옥 안의 작은 일에 최선을 다하게 하시고, 그 악명 높은 수용소에서 인정받게 하시며, 하나님의 동행하심을 항상 체험할 수 있게 하셨다는 것입니다. 그는 여기에서 자기 가족들뿐 아니라 모든 애굽인들을 살리는 지혜로운 재상으로 준비되었습니다.

사랑하는 형제 자매 여러분, 오늘 주님께 가까이 나아갑시다. 몸만 교회에 와서 형식적인 예배를 드리지 말고 하나님께 더 가까이 나아갑시다. 그러면 내 안에 있는 정욕과 헛된 망상의 굴레가 벗겨질 것입니다. 진정한 자유인이 될 것입니다.